Ludwig Bernlochner
Claus Gigl
Angela Kalks
Sepp Memminger
Michael Salbaum
Ulrike Salbaum
Hans Steidle
Klaus Sturm
Veit Sturm
Dorothee Wege

Ernst Klett Schulbuchverlag Leipzig
Leipzig Stuttgart Düsseldorf

| | |
|---|---|
| **Autoren:** | Ludwig Bernlochner |
| | Claus Gigl |
| | Angela Kalks |
| | Sepp Memminger |
| | Michael Salbaum |
| | Ulrike Salbaum |
| | Hans Steidle |
| | Klaus Sturm |
| | Veit Sturm |
| | Dorothee Wege |
| **Herausgeber:** | Ludwig Bernlochner |
| **Layout, Einbandgestaltung und Auftaktdoppelseiten:** | Krause Büro, Leipzig; Andreas Mönnich, Landsberg; Adam Silye, Wien |
| **Kartenbearbeitung:** | Susanne Mandl, Landsberg; Adam Silye, Wien; Karthografisches Büro Borleis & Weis, Leipzig |
| **Grafiken:** | Susanne Mandl, Landsberg; Rudolf Hungreder, Leinfelden-Echterdingen; Lutz-Erich Müller, Leipzig |

2. Auflage  2 7 6 5 4 3 | 2014 2013 2012 2011 2010
Alle Drucke dieser Auflage können im Unterricht nebeneinander benutzt werden, sie sind untereinander unverändert. Die letzte Zahl bezeichnet das Jahr des Druckes.
© Ernst Klett Schulbuchverlag Leipzig GmbH, Leipzig 2004.
Alle Rechte vorbehalten.

Das Werk und seine Teile sind urheberrechtlich geschützt. Das Gleiche gilt für das Programm sowie das Begleitmaterial. Jede Nutzung in anderen als den gesetzlich zugelassenen Fällen bedarf der vorherigen schriftlichen Einwilligung des Verlages. Hinweis zu § 52 a UrhG: Weder das Werk noch seine Teile dürfen ohne eine solche Einwilligung überspielt, gespeichert und in ein Netzwerk eingestellt werden. Dies gilt auch für Intranets von Schulen und sonstigen Bildungseinrichtungen.

Internetadresse: www.klett.de

Redaktion: Helga Haunschmied, Wien
Satz und Herstellung: Andreas Mönnich, Landsberg; Studio Scheuner, Wien
Druck: Aprinta, Wemding

978-3-12-411560-7

## Liebe Schülerinnen und Schüler,

nun hast du dein neues Geschichtsbuch aufgeschlagen. Jetzt beginnt für dich eine Entdeckungsreise in die Vergangenheit. Beim Durchblättern fallen dir gleich die vielen Bilder, Karten, Tipps und Texte auf. Es sind ganz schön viele; sie sollen dir helfen, deine Fragen zur Vergangenheit zu beantworten.

Wohin geht deine Entdeckungsreise mit *Geschichte und Geschehen* im kommenden Jahr genau? Du kannst
– mittelalterliche Lebenswelten kennen lernen,
– dich auf die Spuren eines Universalgenies der Neuzeit machen,
– Burgen und Schlösser erforschen,
– fremde Länder und Kulturen entdecken lernen.

Ist das alles? Natürlich bietet das Buch noch mehr. Denn dich interessiert sicher auch, wie die Menschen ohne die Technik von heute arbeiteten, wie sie ihre Konflikte lösten, Kriege führten oder wie Mädchen und Jungen, Frauen und Männer ihren Alltag verbrachten.

Auf der Entdeckungsreise durch die Geschichte ist das Buch dein wichtigster und ständiger Begleiter. Wir, die Autorinnen und Autoren deines Buches, bieten darin sehr unterschiedliche und abwechslungsreiche Möglichkeiten an, Vergangenes zu entdecken.
Heute ist für dich der Umgang mit dem Internet und CD-ROMs genauso selbstverständlich wie das Lesen eines Buches. Daher gibt es zu *Geschichte und Geschehen* zusätzliche Materialien, die die Beschäftigung mit der Vergangenheit bereichern und erleichtern.
– Im Internet unter der Adresse „www.klett-verlag.de/gug" findest du u. a. Angebote, die zum Bauen historischer Gegenstände, zum Schneidern alter Kleidung oder zum Surfen im Internet anregen.
– Die CD-ROM „Geschichte und Geschehen multimedial – Mittelalter und Frühe Neuzeit" ist eng auf die Kapitel des Buches abgestimmt. Historische Computerspiele, anschauliche Videos, Spaziergänge durch 3-D-Räume und vieles mehr ermöglichen dir faszinierende Einblicke in die Vergangenheit.

**Bei deiner Reise durch die Zeit wünschen wir dir viel Spaß!**

**Die Autorinnen und Autoren**

# Inhaltsverzeichnis

## Wie arbeite ich mit diesem Buch? 6

### Europa im Mittelalter 8

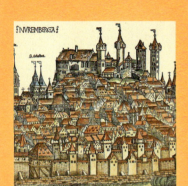

1. Karl der Große erobert Europa — 10
   Methode: Arbeiten mit Geschichtskarten — 11
2. Karl der Große herrscht als Kaiser über das Fränkische Reich — 12
3. Die Karte Europas verändert sich — 16
4. Herrschaft über Land und Leute: Grundherrschaft — 20
5. Herrschaft durch persönliche Bindung: Lehenswesen — 23
6. Wenige oben, viele unten: Die Bauern müssen die Herren ernähren — 26
7. Woher nehmen Könige und Kaiser ihre Macht? — 30
8. Kampf zwischen Kaiser und Papst — 35
9. Letzter Höhepunkt mittelalterlichen Kaisertums: Friedrich Barbarossa — 39
10. Die Welt der Ritter — 42
11. Kulturen treffen aufeinander: die Kreuzzüge — 46
    Methoden ergänzen sich — 50
12. Begegnung von Abendland und Morgenland — 52
13. Stadtluft macht frei — 56
14. Die Bürger in der mittelalterlichen Stadt — 60
15. Außerhalb der Bürgergemeinschaft — 64
    Methode: Mittelalterliche Bauwerke erkennen — 68
16. Vertiefung: Das Werden unserer Stadt: Beispiel Regensburg — 70
    Methode: Bilder machen Texte lebendig – der Sachsenspiegel — 74
17. Erlebnis Geschichte: Wir werden Burgherr — 76
18. Erlebnis Geschichte: Neue Wege der Archäologie — 78

### Die europäische Staatenwelt auf dem Weg in die Neuzeit 80

1. Königliche Nachbarn im Norden und im Westen: England und Frankreich — 82
2. Das Heilige Römische Reich deutscher Nation: Kaiser – König – Fürsten — 86
3. Die Wittelsbacher herrschen in Bayern — 90
4. Polen und Tschechen – Nachbarn im Osten — 93
5. Der Sultan herrscht in Istanbul — 96
6. Vertiefung: Friedrich II. – „das Staunen der Welt" — 100
7. Erlebnis Geschichte: Streiten lernen – am historischen Beispiel — 102

4

## Neue geistige und räumliche Horizonte  104

1. Katastrophen verändern das Leben der Menschen  106
2. Die Fugger – ein neuartiges Unternehmertum  110
3. Der Mensch im Mittelpunkt – ein neues Denken entsteht  114
4. Fortschritt durch neue Erfindungen?  119
5. Europäer entdecken die „Neue Welt"  124
6. Europäer erobern und unterwerfen die „Neue Welt"  129
7. Die Kirche ist in einem schlimmen Zustand  134
8. Die Reformation beginnt  137
9. Die Bauern kämpfen für ihre Rechte  142
10. Die Reformation breitet sich aus  145
11. Dreißig Jahre Krieg verwüsten Europa  150
12. Vertiefung: Maria Sibylla Merian: Eine ungewöhnliche Frau macht eine ungewöhnliche Reise  156
13. Vertiefung: Die wunderbare Reise des Marco Polo  158
14. Vertiefung: Karte, Globus und Druck verbinden Kontinente – ein neues Weltbild entsteht  160

## Frankreich und England setzen neue Maßstäbe  164

1. Ludwig XIV. – ein Gott auf Frankreichs Thron?  166
   Methode: Textquellen befragen  171
2. Von der französischen Vorherrschaft zum europäischen Gleichgewicht  172
3. Der Blaue Kurfürst – Bayern im Zeitalter des Absolutismus  175
   Methode: Bauwerke zum Sprechen bringen  178
4. Im Glanz des Barock  180
5. England geht einen eigenen Weg  184
6. Erlebnis Geschichte: Wir „spielen" Geschichte  188
7. Erlebnis Geschichte: Wir „schreiben" Geschichte  189
8. Erlebnis Geschichte: Wir „suchen" Geschichte  190

## Vertiefung: Kulturgeschichtliche Spurensuche  192

1. Darf man das glauben? Geschichte im Spielfilm  194
2. Bilder von Herrschaft und Herrschern  197
3. Burgen und Schlösser  200

Grundwissen  204
Verzeichnis der Namen, Sachen und Begriffe  208
Bildnachweis  210

5

# Wie arbeite ich mit diesem Buch?

**METHODEN**

Dieses Buch umfasst fünf Themenbereiche. Jeder beginnt mit einer **Auftaktdoppelseite** (ADS). Bilder, Karten, Texte und Grafiken wollen dein Interesse am Thema wecken. Die Auswahl der Materialien gibt dir auch schon einen Hinweis, was in den nachfolgenden Kapiteln behandelt werden wird.

Jeder Themenbereich ist in mehrere **Kapitel** untergliedert, jedes Kapitel ist auf mehreren Seiten dargestellt. Damit dir klar ist, zu welchem Kapitel die jeweilige Seite gehört, findest du am unteren Seitenrand das Symbol, das schon im Inhaltsverzeichnis den Weg zu diesem Themenbereich weist. Die thematischen Kapitel des Buches sind alle weitgehend gleich aufgebaut: Unter der Überschrift kannst du meist in einer Zeittafel die wichtigsten Jahreszahlen und die dazugehörigen Ereignisse ablesen. Sachinformationen findest du im **Verfassertext** (VT). Die **Zusammenfassungen** (Marginalien) in der Randspalte helfen dir, dich schnell zu orientieren.

Wichtige Begriffe werden in einem Kasten ausführlich erklärt. Am Ende jedes Kapitels findest du **Materialien** (Texte, Bilder, Karten usw.), die das im VT Dargestellte veranschaulichen und vertiefen. Die Fragen und Anregungen helfen dir bei der selbstständigen Erarbeitung der Kapitelinhalte oder deren Wiederholung. **Tipps** weisen über das Buch hinaus: Sie regen dich z. B. an, ein Jugendbuch zum Kapitelthema zu lesen, im Internet zu recherchieren oder eine eigene Arbeit zum Thema zu präsentieren.

6

Am Rand mancher Seiten findest du den Begriff **Methoden**. Auf diesen Seiten lernst du, wie man Textquellen erschließt, Bilder entschlüsselt, Karten auswertet usw. Die Beherrschung dieser Methoden hilft dir, aus geschichtlichen Quellen die richtigen Schlüsse zu ziehen. Auch diese Seite ist mit dem Begriff Methoden überschrieben: Hier kannst du den Umgang mit dem neuen Geschichtsbuch lernen.

Wenn du die Überschrift **Vertiefung** oder **Erlebnis Geschichte** findest, kannst du das, was du bisher gelernt hast, auf neue Lerninhalte anwenden. Dies ermöglicht es dir, Zusammenhänge besser zu verstehen und verschiedene geschichtliche Ereignisse miteinander zu vergleichen. Auf diesen Seiten findest du auch Anregungen zur eigenen kreativen Weiterarbeit an einem Thema.

Auch am Ende dieses Buches findest du **Vertiefungskapitel**. Hier kannst du an besonders interessanten Themen dein Wissen, das du dir in diesem Schuljahr erarbeitet hast, auffrischen und vertiefen.

Kleine Symbole sollen dir helfen, dich in dem Buch leichter zurechtzufinden:

Bis heute streiten sich Menschen über die Geschichte. Mit „kontrovers" sind Texte gekennzeichnet, die sich widersprechen.

Besondere historische Grundbegriffe sind in einem Kasten erklärt. Du findest sie auch, indem du am Ende des Buches im Verzeichnis der Personen, Sachen und Begriffe nachschlägst. Dort sind sie durch fette Buchstaben besonders hervorgehoben.

Das Buch bietet dir Literaturtipps, die Lupe deutet Ideen und Anleitungen für kleine Projekte an.

Zusätzlich gibt es Empfehlungen für die Nutzung des Internets. Auf der Website http://www.klett-verlag.de/gug haben wir weitere Angebote für dich aufbereitet (z. B. Anregungen zum Bauen und Basteln, Linktipps). Den Hinweis findest du bei den „Fragen und Antworten".

Zu welchen Themen es Module auf der Software gibt, erkennst du an der kleinen CD-ROM bei den „Fragen und Anregungen".

7

# EUROPA IM MITTELALTER

Das Mittelalter war bunt und vielschichtig. Die Lebensbedingungen auf dem Land, in der Stadt oder auf einer Burg waren sehr unterschiedlich. Vielfältig waren auch die kulturellen Einflüsse vor allem aus dem orientalischen Raum und dem byzantinischen Reich.

**Auf dem Markt** (Miniatur, 1394)
Nicht mehr die Selbstversorgung der Bauern, sondern der Austausch auf dem Markt bestimmt das Wirtschaftsleben.

**Ein Dorf um 1100** (Rekonstruktion)

**Stadtsiegel von Lübeck** (1256)

**Ein Bauer sät** (franz. Miniatur, 15. Jh.)

**Zwei Bauern pflügen den Acker** (14. Jh.)

**Otto I. gründet das Erzbistum Magdeburg** (Malerei in der Sächsischen Weltchronik, um 1270)

Der König sitzt mit seinen Herrschaftsinsignien auf dem Thron.

**Der Minnesänger Hiltbolt von Schwangau tanzt mit zwei Damen** (Manessische Liederhandschrift, 14. Jh.)

**Friedrich I. Barbarossa als Kreuzfahrer** (Miniatur, 13. Jh.)

**Kampf zwischen Kreuzrittern und Muslimen im Heiligen Land** (Nachzeichnung einer Glasmalerei, 12. Jh.)

# 1. Karl der Große erobert Europa

| | |
|---|---|
| 768 | Karl folgt seinem Vater Pippin als König der Franken nach. |
| 774 | Karl heißt nun „König der Franken und Langobarden". |
| 772–804 | Die Sachsen werden von den Franken unterworfen. |
| 788 | Bayern wird in das Fränkische Reich eingegliedert. |

**M 1** Reiterstandbild Karls
(Bronzestandbild, 9. Jh.)

**Karl der Große** — Dieser auf den ersten Blick ein wenig rundlich wirkende und gemütlich aussehende, gekrönte Reiter ist Karl der Große, der 768 König der Franken wurde. Der Mönch Einhard verfasste eine Biografie (= Lebensbeschreibung) über Karl und beschrieb ihn so: „Er war von breitem und kräftigem Körperbau, hervorragender Größe, das Oberteil seines Kopfes war rund, seine Augen sehr groß und lebhaft, die Nase ging etwas über das Mittelmaß, er hatte schönes graues Haar und ein freundliches, heiteres Gesicht." Wer würde denken, dass dieser Mann Dutzende von Kriegszügen führte, dabei mitunter ziemlich grausam vorging und schließlich beinahe ganz Europa beherrschte?

**Enge Verbindung mit dem Papst** — Schon unter Karls Vater war das Frankenreich zu großer Bedeutung gelangt. So wurde z. B. eine enge Verbindung des Frankenkönigs zum Papst geschaffen: Pippin wurde vom Papst gesalbt und als Schutzherr der Römischen Kirche gesehen. Darauf konnte Karl zu Beginn seiner Herrschaft aufbauen.

**Karl unterwirft: das Langobardenreich** — Ein Hilferuf des Papstes war schließlich auch Anlass für den ersten großen Eroberungsfeldzug Karls. Hadrian I. wurde von den Langobarden aus Oberitalien (Lombardei) bedroht, worauf Karl 774 n. Chr. mit einem großen Heer nach Italien zog und die Langobarden besiegte. Damit aber nicht genug: In der Hauptstadt Pavia ließ er sich mit der so genannten „Eisernen Krone" zum König der Langobarden krönen.

**Sachsen** — Bereits zu dieser Zeit hatte auch die Unterwerfung der Sachsen begonnen, einem heidnischen, germanischen Volk, das sich über Jahrzehnte erbittert gegen die fränkische Eroberung wehrte. Im Zuge dieser Auseinandersetzung griff Karl zu recht brutalen Mitteln. Unter anderem kam es zu Zwangstaufen und einer Massenhinrichtung.

**Bayern** — Das Herrschaftsgebiet wuchs nun immer weiter an. 788 n. Chr. wurde auch Bayern, wo das Adelsgeschlecht der Agilolfinger selbstständig regieren wollte, fränkischer Reichsteil. Den bayerischen Herzog Tassilo verbannte Karl für den Rest seines Lebens ins Kloster.
Ein Unternehmen scheiterte jedoch bei all den Erfolgen, die Karl vorweisen konnte. Die Eroberung des arabisch beherrschten Spanien ist ihm nicht gelungen. Hier musste er eine schwere Niederlage hinnehmen. Dennoch: Das gesamte christliche Kerngebiet Mittel- und Westeuropas war nun in das Frankenreich integriert.

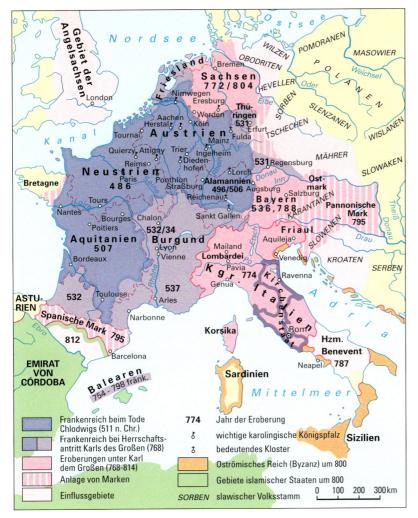

**M 2 Die Ausbreitung der Franken**
Dargestellt ist die Entwicklung des Frankenreiches von seiner Gründung durch den Merowinger Chlodwig (um ca. 500 n. Chr.) bis zum Tod Karls des Großen. Erinnerst du dich noch, wie es nach der Auflösung des Weströmischen Reiches zur Entstehung des Frankenreiches kam?

### Arbeiten mit Geschichtskarten:

Du kennst Geschichtskarten schon aus dem Unterricht des letzten Jahres. Man unterscheidet zwischen Karten, die einen Zustand wiedergeben, und solchen, die eine Entwicklung verdeutlichen. Entwicklungskarten enthalten auf knappem Raum besonders viele Informationen.
Diese Informationen werden durch die Legende, die Maßstabsangabe, die unterschiedliche Farbgebung, die Begriffe, Zeichen und Symbole vermittelt. Mitunter ist es gar nicht so einfach, sich auf einer detailreichen Karte – wie dieser hier – zurechtzufinden. Beantworte nun folgende Fragen und halte die Ergebnisse evtl. in einer Tabelle fest:

1. Welche Gebiete gehörten zum „Kerngebiet" Frankens, welche kamen bis zum Regierungsantritt Karls hinzu, welche wurden von Karl erobert?
2. Wo wurden „Marken" eingerichtet? Beschreibe deren Lage und überlege, welche Funktion ihnen wohl zukam.
3. Welche Gebiete waren „Einflussgebiete"? Was unterscheidet diese von den übrigen Territorien?
4. Welche Orte waren wichtige Anlaufstellen für den König?
5. Welche Entfernung legte man zurück, wenn man das Frankenreich von Westen nach Osten bzw. von Norden nach Süden durchqueren wollte?

### Fragen und Anregungen

❶ Erläutere, warum Karl der Große heute noch oft als „Vater Europas" bezeichnet wird.

❷ Nimm kritisch dazu Stellung, dass Karl schon bald „der Große" genannt wurde. Kennst du weitere Herrscher, die diesen Beinamen verliehen bekamen?

# 2. Karl der Große herrscht als Kaiser über das Fränkische Reich

800  Karl wird in Rom durch den Papst zum Kaiser gekrönt.

**M 1** **Denar (Münze) Karls des Großen** (um 800)
Die Umschrift lautet: „KAROLUS IMP(erator) AUG(ustus)".

**Karl der Große regiert das Fränkische Reich**

Karl stand als Herrscher an der Spitze des Reiches, wobei er auch über alle Fragen der Politik und Gesetzgebung entschied. Dabei stützte er sich auf fränkisches und römisches Recht. Allerdings traf er seine Entscheidungen nicht allein, sondern beriet mit seinen Untertanen auf den jährlichen Reichsversammlungen über wichtige Staatsangelegenheiten. An diesen nahmen hauptsächlich geistliche und weltliche Adelige teil. Da aber das Herrschaftsgebiet rund eine Million Quadratkilometer umfasste, musste Karl weite Strecken zurücklegen, um seine Herrschaft persönlich ausüben zu können. Er regierte also nicht von einer Hauptstadt aus, sondern „aus dem Sattel". Dabei suchte er immer wieder Pfalzen auf, um zu überwintern und um Hof- und Gerichtstage abzuhalten.

**Karl der Große als Kaiser**

Als König des Fränkischen Reiches war Karl der mächtigste Herrscher des Abendlandes, der als christlicher Herrscher gegen Ungläubige kämpfte und der in seinem Reich den christlichen Glaubensgrundsätzen Geltung verschaffte. Dabei stützte er sich auf die göttliche Vorbestimmung der karolingischen Herrschaft.
Als Karl im Jahre 800 in Rom war, weil er den neuen Papst Leo III. nach einem Aufstand unterstützte, wurde er während des Weihnachtsgottesdienstes vom Papst zum Kaiser gekrönt. Einhard berichtet in einer Quelle, dass Karl darüber verärgert war, weil der Papst eine entscheidende Rolle bei der Krönung einnahm und weil er ohne Absprache mit dem byzantinischen Kaiser gekrönt wurde. Mit dem Oströmischen Reich ergaben sich daraus einige Auseinandersetzungen, da es nun zwei Kaiser gab.

**M 2** **Kaiserkrönung Karls des Großen durch Papst Leo III.**
Diese Miniatur des 15. Jahrhunderts zeigt den Akt der Krönung durch Leo III. Bei der Kaiserkrönung Karls kam dem Krönungsakt durch den Papst eine entscheidende Funktion zu, da diese der Akklamation (= beistimmender Zuruf durch die Anwesenden) vorgezogen wurde. Nach byzantinischem Verständnis war die Akklamation die entscheidende Handlung, die vor der Krönung erfolgte. Demnach war die Krönung für die Kaiserernennung eigentlich rechtlich nicht notwendig. Der Papst betonte durch die Abfolge seine Rolle für die Kaiserkrönung.

Zudem leiteten die Päpste in weiterer Zeit daraus den Anspruch her, das alleinige Recht der Kaiserkrönung zu haben. Der spätere Konflikt zwischen Kaiser und Kirche zeichnete sich bereits ab. Dass es sich um ein christliches Kaiserreich handelt, machte Karl durch das Siegel Renovatio Romani imperii (= Erneuerung des Römischen Reiches) deutlich. In Schriften wird das Fränkische Reich als Imperium Christianum (= christliches Kaiserreich) bezeichnet.

**Karl der Große als kultureller Erneuerer**

Die Bestrebung Karls, die kulturelle Erneuerung, die karolingische Renaissance genannt wird, voranzutreiben, war die Voraussetzung dafür, dass eine bedeutende europäische Kultur entstehen konnte. Durch die Einrichtung von Schulen an allen Klöstern und Bischofssitzen im Reich sollten viele Untertanen lesen und schreiben können. Die Schriftlichkeit sollte im Reich wieder die Bedeutung haben, wie sie es im Römischen Reich gehabt hatte. Die Beherrschung der lateinischen Sprache war für die Geistlichkeit und für die Verwaltung von großer Bedeutung. Viele lateinische Texte der Antike sind nur überliefert, weil unter der Herrschaft Karls damit begonnen wurde, die Abschrift dieser zu fördern. Dabei verwendete man in den Klöstern eine neue Schrift, die karolingische Minuskel, die sich im ganzen Abendland durchsetzte. Karl unterstützte besonders die Wissenschaften, die oftmals am römischen Vorbild orientiert waren. Er holte Gelehrte an seinen Hof in Aachen, um seine Untertanen zu ermuntern, sich wie er selbst mit den Künsten zu beschäftigen. Der Mönch Alkuin aus Parma übernahm die Leitung der wissenschaftlichen Bestrebungen, die sich u. a. auf Latein, Griechisch, Grammatik, Rhetorik (= Redekunst), Astronomie und Theologie erstreckten. Ebenso erfuhr die Bautätigkeit einen großen Aufschwung. Aber auch die Sammlung von germanischen Heldenliedern und Sagen wurde in Angriff genommen. Karl soll auch den Auftrag zu einer Grammatik gegeben haben, die eine einheitliche germanisch-fränkische Muttersprache zum Ziel hatte.

**M 3 Modellzeichnung der Aachener Pfalz**

Die ausgedehnte Anlage der Aachener Pfalz diente einem dauerhaften Aufenthalt des Hofes, wobei die repräsentativen Gebäude sich zum Empfang von Gesandtschaften eigneten. Aachen wird in den Quellen oft auch „zweites Rom" genannt. Die auf der rechten Seite abgebildete Marienkirche wurde von Karl dem Großen in Auftrag gegeben, sie war die Pfalzkapelle (1) und in ihr wurde der Reichsschatz aufbewahrt. Sie wurde seit Otto dem Großen zum traditionellen Krönungsort der deutschen Könige. Nördlich und südlich der Kapelle waren zusätzliche Bauten und westlich das Atrium (2). Von dort aus führte ein steinerner Verbindungsgang von 120 m über den Querbau zur Königshalle (3). Über den Verwendungszweck des Querbaus gibt es viele Vermutungen, u. a. soll er Wohnräume des Kaisers enthalten haben. An der Ostseite der Krönungshalle befindet sich ein quadratischer Treppenturm, der Granusturm, der heute noch ebenso wie die Pfalzkapelle erhalten ist. Auf den Grundmauern der Königshalle steht heute ein gotisches Rathaus. Im Hintergrund liegen die heißen Quellen, wegen denen Karl Aachen auch bevorzugte.

13

## M 4 Kaiserkrönung Karls des Großen

**a)** *In den Reichsannalen wird über die Kaiserkrönung Karls am 25. Dezember 800 berichtet:*

Als der König gerade am heiligen Weihnachtstag sich vom Gebet vor dem Grab des seligen Apostels Petrus zur Messe erhob, setzte ihm Papst Leo eine Krone aufs Haupt, und das ganze Römervolk rief dazu: „Karl dem Erhabenen, von Gott gekrönten großen und den Frieden schützenden Kaiser der Römer, sei langes Leben und Sieg beschieden!" Und nach den lobenden Zurufen wurde er vom Papst nach der Sitte der alten Kaiser durch Kniefall geehrt und fortan, unter Weglassung des Titels Patricius, Kaiser und Augustus genannt.

*Annales Regni Francorum (Reichsannalen) 801; in: Lautemann, Wolfgang (Hg.): Geschichte in Quellen: Mittelalter. München 1996, S. 70.*

**b)** *Einhard berichtet über die ablehnende Haltung Karls zur Kaiserkrönung:*

Er (Karl) kam also nach Rom und brauchte daselbst den ganzen Winter, um die Kirche aus der übergroßen Zerrüttung, in die sie verfallen war, zu reißen. Damals war es, dass er die Ernennung zum Kaiser und Augustus empfing; das war ihm zuerst so zuwider, dass er versicherte, er würde an jenem Tage, obgleich es ein hohes Fest war, die Kirche nicht betreten haben. Wenn er des Papstes Absicht hätte vorherwissen können. Den Hass der römischen Kaiser (Irene, oströmische Kaiserin), die ihm die Annahme des Kaisertitels sehr verübelten, trug er mit großer Gelassenheit, und mit der Hochsinnigkeit, in der er ohne alle Fragen weit über ihnen stand, wusste er ihren Trotz zu besiegen, indem er häufig durch Gesandtschaften mit ihnen verkehrte und sie in seinen Briefen als Brüder anredete.

*Einhard, Vita Karoli Magni, cap. 28; in: Lautemann, Wolfgang (Hg.): Geschichte in Quellen: Mittelalter. München 1996, S. 71.*

## M 5 Die Kaiseridee in der Umgebung Karls

*Die hohe Stellung Karls und seine Macht kommen in vielen Quellen zum Ausdruck:*

Der König (Karl) übertrifft alle Könige auf der ganzen Welt an Würde und Weihe, er ist gerechter, und mächtiger als alle ragt er empor. König Karl, das Haupt der Welt, die Liebe und Zierde des Volkes, die bewundernswerte Spitze Europas, der beste Vater, der Held, der Augustus, aber auch mächtig in der Stadt (Aachen), die als zweites Rom zu neuer Blüte gewaltig emporwächst, mit hoch gebauten Kuppeln die Sterne berührend.

*Karolus Magnus et Leo Papa, MG Poet. Lat. I, S. 366–379; in: Lautemann, Wolfgang (Hg.): Geschichte in Quellen: Mittelalter. München 1996, S. 68.*

## M 6 Kämpfe in Spanien, 778

*In diesem Bericht Einhards über die Kämpfe in Spanien findet sich der geschichtliche Kern der Rolandssage:*

Während er (Karl) unaufhörlich und fast ohne Unterbrechung mit den Sachsen zu kämpfen hatte, griff er, nachdem die Grenzen an den geeigneten Plätzen durch Besatzungen gedeckt waren, mit möglichst großer Heeresmacht Spanien an, wo sich ihm nach dem Übergang über die Pyrenäen alle Städte und Burgen, die er angriff, unterwarfen, und kehrte dann ohne Verlust mit seinem Heere wieder heim. Nur in den Pyrenäen selber musste er auf seinem Rückzug etwas von der Treulosigkeit der Waskonen verspüren. Als nämlich das Heer in langem Zuge, wie es die Enge des Ortes zuließ, einhermarschierte, stießen die Waskonen, die sich auf dem Gebirgskamm in den Hinterhalt gelegt hatten (...) von oben auf das Ende des Trosses und die Nachhut, drängten sie ins Tal hinab und machten in dem Kampf, der nun folgte, alles bis auf den letzten Mann nieder (...). In diesem Kampf fielen Egghard, des Königs Truchsess, Anshelm, der Pfalzgraf, und Hruodland (Roland), der Befehlshaber im bretonischen Grenzbezirk, und viele andere.

*Einhard, Vita Karoli Magni, cap. 9; in: Lautemann, Wolfgang (Hg.): Geschichte in Quellen: Mittelalter. München 1996, S. 93 f.*

## M 7 Ausbildung der Geistlichen im Fränkischen Reich, Oktober 802

*Karl der Große erließ Gesetze zur Ausbildung der Geistlichen:*

Befehl Karls an die Bischöfe, Äbte und Priester im ganzen Reiche.

(…) In erster Linie (muss festgestellt werden), wie ein jeder Kleriker, er sei Bischof, Abt, Priester oder Kanoniker oder Mönch, auf sein Amt vorbereitet sei, was nachlässig gehandhabt und was verbesserungswürdig sei, damit Priester, die ihre Pflicht gut kennen, von jetzt an unsere Gnade genießen und ermuntert werden, nach immer Besserem zu streben, wer aber nachlässig und faul gefunden wird, der soll mit wohlverdienter Strafe belegt werden, bis er entsprechende Verbesserung nachweist.

*Capitula de examinandis ecclesiasticis, MG cap. I, Nr. 38, S. 109; in: Lautemann, Wolfgang (Hg.): Geschichte in Quellen: Mittelalter. München 1996, S. 83.*

### LITERATURTIPP

**Wiebke von Thadden: Brun, Geisel des Königs. München: Beltz & Gelberg 1999.**

**M 8 Innenraum der Pfalzkapelle**

Der Thron stand ursprünglich in der Mitte des Oktogons. Anlässlich der Krönung Otto des Großen im Jahre 936 wurde er auf die westliche Empore gestellt. Eine Pfalz ist eine befestigte Anlage, die Wohngebäude und einen Wirtschaftshof aufweist. Sie diente der Beherbergung und Versorgung des umherziehenden Königs und seines Gefolges. Einige Pfalzen hatten repräsentative Gebäude, in denen der König Feste feiern und große Hoftage abhalten konnte. Die bedeutendste Pfalz Karls des Großen war Aachen, die er häufig aufsuchte, in der er oft Ostern und Weihnachten feierte und in der er die letzten Jahre seines Lebens fast ununterbrochen residierte. Geleitet wurde die Pfalz von einem Verwalter, dem die Verwalter der einzelnen Wirtschaftshöfe unterstanden.

## Kaiser

Den Titel Kaiser trägt der höchste weltliche Herrscher. Er entstand aus dem Namen Caesar und wurde als Titel nach dem Untergang des Weströmischen Reiches von dem Byzantinischen fortgeführt. Mit der Kaiserkrönung Karls des Großen begründete sich das abendländische Kaisertum, welches das Weströmische erneuerte. Der Kaiser ist der Repräsentant der christlichen Völkergemeinschaft, die er beschützt.
Eine besondere Rolle spielt der Schutz der Kirche und des Papstes.

## Fragen und Anregungen

1. Vergleiche die beiden Quellen, die von der Kaiserkrönung berichten. Diskutiert, warum sie unterschiedlich ausfallen. (M4)
2. Zeige auf, welche Stellung Karl der Große hatte. (VT, M1, M4, M5)
3. Stelle dar, welche Gründe ausschlaggebend waren, dass Karl den Titel eines Kaisers erhielt. (VT, M5, M6, M7)
4. Beschreibe aus der Sicht eines Besuchers im Mittelalter die Pfalzanlage in Aachen. (M3, M8)
5. Überlege dir, was noch alles vorhanden gewesen sein muss, damit der König mit einem großen Gefolge gut versorgt werden konnte.
6. Informiere dich über die Rolandssage. (M6)

# 3. Die Karte Europas verändert sich

| | |
|---|---|
| 814 | Karl der Große stirbt. |
| 843 | Das Frankenreich wird geteilt. |
| 911 | Der letzte Karolingerherrscher in Ostfranken stirbt. |
| Bis ca. 1000 n. Chr. | Araber, Wikinger, Ungarn fordern Europa heraus. |

**Das Erbe Karls des Großen**

Der Frankenkönig Karl der Große beherrschte vor seinem Tod (814 n. Chr.) fast ganz Europa. Er war zum Kaiser gekrönt worden und der mächtigste Mensch seiner Zeit.
Der Sohn Karls, Ludwig der Fromme, regierte ebenfalls noch das gesamte Frankenreich. Doch unter dessen Söhnen kam es zur Auseinandersetzung um das Erbe des Vaters. Schließlich wurde die alte fränkische Tradition der Reichsteilungen wieder aufgenommen. Der Vertrag von Verdun (843 n. Chr.) setzte die neuen Grenzen der fränkischen Reichsteile fest: Karl der Kahle regierte fortan Westfranken, Lothar I. den Mittelteil des fränkischen Gebietes und Ludwig, der später den Beinamen „der Deutsche" bekam, Ostfranken.

**Frankreich und Deutschland entstehen**

Obwohl in allen drei Teilen noch Karolinger herrschten, lief die Entwicklung von nun ab auseinander: Später wird aus dem Westfrankenreich Frankreich entstehen, aus dem Ostfrankenreich Deutschland. Aus Quellen weiß man, dass zum Zeitpunkt der Reichsteilung in beiden Ländern trotz der gemeinsamen Zugehörigkeit zum Frankenreich schon unterschiedliche Sprachen gesprochen wurden.

**Ende der Karolinger-Herrschaft: Beginn der „deutschen" Geschichte**

Der letzte Karolinger in Ostfranken, Ludwig das Kind (er kam schon als 6-Jähriger auf den Thron), starb 911 ohne direkten Nachfolger. Da die Stellung des Königs ohnehin schon angeschlagen war, nahmen nun die Herzöge des Ostfrankenreiches die Wahl in die Hand und machten keinen Karolinger mehr zu ihrem Anführer. Nach einigen Jahren kam mit Heinrich I. aus Sachsen 919 ein König auf den Thron, der den Grundstein für eine neue Herrscherfamilie (Ottonen) legen konnte.
In diesem Zeitraum siedeln Geschichtswissenschaftler in etwa den Beginn einer eigenständigen „deutschen" Geschichte an.
Wie du an der Karte auf Seite 17 leicht erkennen kannst, ist aber um 1000 n. Chr. von einem „Deutschland" noch nicht die Rede. Dieser Begriff wird sich erst Jahrhunderte später durchsetzen.

**M 1** Die Reichsteilungen des Frankenreiches

16

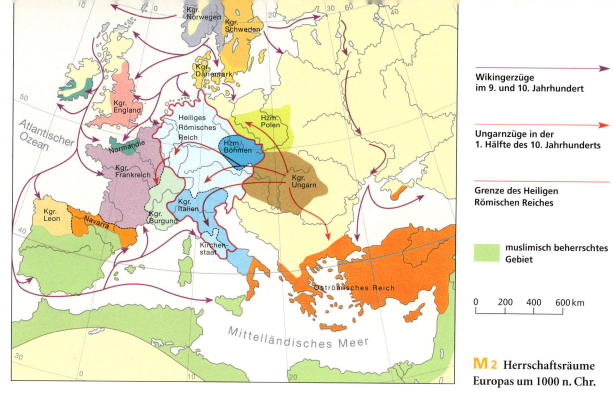

**M 2** Herrschaftsräume Europas um 1000 n. Chr.

Statt dessen heißt es: „Heiliges Römisches Reich". Zu diesem Reichsgebilde gehörte nicht nur das heutige Deutschland, sondern u. a. auch Norditalien, osteuropäische Gebiete (z. B. Böhmen) sowie ab 1033 n. Chr. Burgund. Den Bezug auf das Römische Reich wollten die deutschen Könige – wie Karl der Große – erhalten, um auf Macht und Ansehen ihres Reiches hinzuweisen. Dementsprechend strebten sie auch nach dem Kaisertitel.

**Nicht Deutschland, sondern: Heiliges Römisches Reich**

Dieses veränderte sich nicht nur in seinem Zentrum, sondern wurde besonders von den Rändern her bedroht. Immer wieder sah man sich Angriffen von Wikingern aus dem Norden, Ungarn aus dem Osten und Sarazenen aus dem Süden ausgesetzt.

**Bedrohung Europas**

Obwohl das Reitervolk der Ungarn im 9. und 10. Jh. regelmäßig nach Westen vordrang, um Beute zu machen, und es auch zu Kämpfen gegen andere slawische Stämme Osteuropas kam, wurde die schon unter den Karolingern begonnene Missionierung fortgeführt. Neben Böhmen und Polen wurde um 1000 auch Ungarn ein christliches Reich.

**Osteuropa**

Den größten Unruheherd der damaligen Zeit stellten die Normannen (= „Nordmänner") oder Wikinger dar. Sie erreichten bei ihren Kriegszügen, die im 8. Jh. von Skandinavien ihren Ausgang nahmen, einen besonders großen Aktionsradius. Sie beschränkten sich dabei nicht auf Nord- oder Westeuropa, sondern drangen bis Südeuropa vor. Häufig gründeten die Normannen auf erobertem Gebiet eigene Reiche (z. B. in der Normandie in Frankreich oder später in Unteritalien). Vor allem das von Angeln und Sachsen beherrschte England war ständiger normannischer Bedrohung und Eroberung ausgesetzt.

**Nordeuropa: Skandinavien, England**

Das Gebiet der heutigen Länder Spanien und Portugal wurde im 10. Jh. zum größten Teil von den muslimischen Sarazenen dominiert. Nur im Norden gab es christliche Fürstentümer. Die Karolinger hatten im 8. und 9. Jh. ein noch weiteres Vordringen verhindert. Nach der Jahrtausendwende begann die christliche Rückeroberung der iberischen Halbinsel, die so genannte Reconquista.

**Iberische Halbinsel**

17

## M 3 Das Ende der Karolingerherrschaft

*Herbert Rosendorfer berichtet in seiner unterhaltsamen „Deutschen Geschichte" über das Ende der Karolingerherrschaft in Ostfranken 911:*

Der Wortführer unter den in Forchheim versammelten Großen (Adelige, v. a. die Herzöge) war der gerissene und machtgierige Erzbischof Hatto von Mainz, der schon für Ludwig das Kind die Regierung geleitet
5 hatte. Mit Sicherheit auf seinen Vorschlag hin wurde davon abgesehen, den westfränkischen König, der ja als Karolinger für die Nachfolge in Frage gekommen wäre, einzuladen, auch das ostfränkische Teilreich zu übernehmen, und statt dessen den mächtigsten und
10 einflussreichsten Deutschen, Konrad von Franken, zum König zu wählen. So geschah es dann, und mit dieser Absage an die Karolinger war der letzte Schritt zur Verselbstständigung des ostfränkischen Reiches getan.

*Rosendorfer, Herbert: Deutsche Geschichte. Ein Versuch. München 2001, S.133.*

## M 4 Die deutschen Stämme nach 900

Die Bevölkerung in Ostfranken bestand aus verschiedenen ehemals germanischen Stämmen. Nicht alle Stämme, aber viele (z. B. Franken, Schwaben, Bayern, Lothringer) gründeten ein Herzogtum.

Nach dem Ende der Karolingerherrschaft in Ostfranken um 911 n. Chr. waren die Herzöge entscheidend an der Bestimmung des Königs beteiligt. Wichtig waren sie auch als Helfer gegen Bedrohungen von außen.

## M 5 Ein ungarischer Reiterkrieger und seine Frau

Historische Funde aus Gräbern gaben Experten die Möglichkeit, Tracht und Ausrüstung eines vornehmen ungarischen Paares zu rekonstruieren.

## M 6 Die Wikinger

Sie waren gleichermaßen Entdecker wie Kolonisatoren auf der Suche nach neuem Heimatland, fürchterlich dort, wo sie in schon bewohnte Regionen vorstießen, baumlang in den Augen ihrer kleinwüchsigen Zeitge-
5 nossen, in Wahrheit kaum über 1,70 Meter groß, ohne die gekrümmten Büffelhörner, die ihnen erst die spätere Wikingerlegende angedichtet hat. (...)
Ihre bevorzugten Ziele entsprachen der jeweiligen Region: Die Ostsee war das Schwedenmeer. Über dieses
10 Meer hinweg drangen die schwedischen Wikinger, mehr Händler als Krieger, ins Baltikum und bis tief nach Russland hinein vor (...) und kamen bis nach Byzanz (...). Der Atlantik blieb hingegen die große Domäne der Norweger und Dänen. (...) Schon um die Mitte des 10.
15 Jh. lebten rund 30 000 Wikinger auf Island, und einer von ihnen war Erik der Rote. Er beging einen Mord, musste fliehen, segelte westwärts. Und dort entdeckt er eine weitere Landmasse, bald „Grönland" geheißen, das „grüne Land". Auch dorthin zog es die Wikin-
20 ger, und es zog sie noch weiter, bis sie um die Jahrtausendwende als erste Europäer um 970 amerikanisches Festland betraten. Und Eriks Sohn Leif berichtete von fischreichen Flüssen, wildem Getreide, von Reben in einem „Vinland", das wohl im Küstenraum zwischen
25 New York und Neufundland gelegen haben dürfte.

*Barz, Paul: Wikinger-Bauern, seefahrende Räuber, Händler. In: Weltgeschichte in 12 Bänden, hg. v. H. Pleticha, Bd. 4. Gütersloh 1996, S.156 ff.*

**M 7** Schiffe voller Wikingerkrieger
(Gemälde aus dem 12. Jh.)

## Herzog

Das Wort ist germanischen Ursprungs (der vor dem „Heer zog") und bezeichnete einen adeligen Heerführer. Die Herzöge konnten die führende Stellung innerhalb ihrer Stämme ca. seit dem 7. Jahrhundert auch im Frieden behaupten und strebten danach, ihr Amt zu vererben. So wurden sie in ihrem Streben nach Macht häufig zu Rivalen des Königs.

## Fragen und Anregungen

1. Betrachte die beiden Karten, die die Entwicklung des Frankenreiches nach Karls Tod zeigen (M1): Welche entscheidenden Veränderungen ergeben sich von 843 bis 880?
Welche Ursachen könnten diese Veränderungen gehabt haben?

2. Erläutere, wie der Autor von M3 das Abweichen von der Karolingerfamilie in Ostfranken nach 911 erklärt. Wie wird der neue König bestimmt?

3. Nimm einen aktuellen Atlas zur Hand: Finde heraus, welche Gegend im deutsch-französischen Grenzgebiet noch auf Lothars „Mittelreich" hinweist. (M1)
Welche heutigen Staaten gehörten ganz oder zum Teil zum späteren „Heiligen Römischen Reich"? (VT, M2)

4. Begründe, warum die Herzöge im 10. Jh. zunehmend wichtiger wurden. (VT, M2, M3, M4)

5. Erkläre, was an den landläufigen Vorstellungen über die Wikinger historisch nicht korrekt ist. Auf welchen Gebieten haben die Wikinger Erstaunliches vollbracht? (M6, M7)

# 4. Herrschaft über Land und Leute: Grundherrschaft

**M 1** Bäuerin und Bauer bei der Aussaat
(Buchmalerei, 13. Jh.)

**Die Menschen gehörten unterschiedlichen Schichten an**

Im Mittelalter waren die Menschen nicht gleich. Sie besaßen verschiedene Rechte und gehörten durch Geburt bestimmten sozialen Gruppen an, diese Zugehörigkeit war von Gott bestimmt. Man kann im Verlauf des Mittelalters drei Stände feststellen: Der König, der weltliche Adel (z. B. Herzöge, Grafen) und der geistliche Adel (z. B. Bischöfe, Reichsäbte) bildeten die ersten beiden Stände, Bauern und Bürger den dritten Stand. Der König und die Angehörigen des Adels herrschten im Mittelalter über Land und Leute, die als Bauern die Adeligen ernährten.

**Es gab freie und unfreie Bauern**

Im Mittelalter lebten die meisten Menschen auf dem Land und waren in der Landwirtschaft tätig. Obwohl die Bauern gemeinsam dem dritten Stand zuzurechnen sind, gab es große Unterschiede zwischen ihnen. Der bedeutendste bestand zwischen freien und unfreien Bauern.
Ein freier Bauer war Untertan des Königs und als solcher zum Kriegsdienst verpflichtet. Er konnte über sein Eigentum verfügen und sich frei bewegen.
Unfreie Bauern (= Leibeigene) gehörten von Anfang an zu dem Hof eines Herrn. Sie arbeiteten meist als Knechte, Mägde und Feldarbeiter auf dem Land des Adeligen, der Grundherr genannt wird. Einige bewirtschafteten auch ein Stück Land.

Ordne zu: Wo leben ...?

 der adelige Grundherr

 der Meier

 das Gesinde (Knechte, Mägde, Handwerker)

die unfreien Bauern und ihre Familien

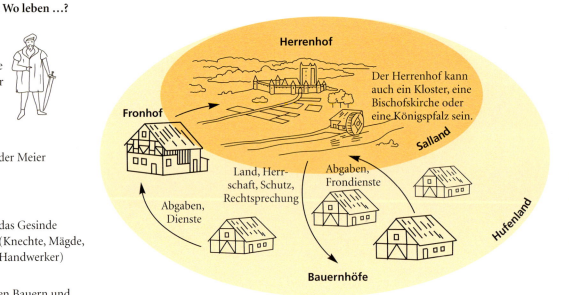

**M 2 Modell einer Grundherrschaft**
Ein Adeliger (= Grundherr), der viel Land besaß, übergab mehreren Meiern die Verwaltung über die Hufenbauern (= Hörigen). Oft lagen die Fronhöfe mit den dazugehörigen Hufen weit auseinander. Der Grundherr lebte auf dem Herrenhof, an den oft keine Landwirtschaft direkt angeschlossen war.

**M 3** Fronende Bauern und ein Meier (Buchmalerei, 14. Jh.)

Viele freie Bauern stellten sich und ihr Land unter den Schutz und die Herrschaft eines Adeligen, der für sie auch den Kriegsdienst übernahm, sie wurden damit unfrei (= Hörige). Sie erhielten ihr Land zur Nutzung wieder zurück, oftmals noch zusätzliches Land des Grundherrn. Gründe, sich in die Hörigkeit zu begeben, waren: Befreiung vom Kriegsdienst, Verschuldung wegen schlechter Ernte, Erbteilung, Zwang durch Adelige.

Im Laufe der Zeit bildete sich aus den Leibeigenen und den ehemals freien Bauern eine einheitliche Hörigenschicht, Unterschiede bestanden in den Abgaben. Zum einen mussten Abgaben an den Grundherrn geleistet werden, die an festen Terminen fällig waren. Die Abgaben bestanden zu Beginn des Mittelalters hauptsächlich aus landwirtschaftlichen Produkten. Zum anderen gab es unregelmäßige Abgaben, die zu bestimmten Ereignissen fällig waren.
Zusätzlich mussten die meisten Hörigen auch noch Dienste leisten. Für jeden Hörigen war festgelegt, was er an Frondienst zu verrichten hatte. Einige waren verpflichtet, an einer bestimmten Anzahl von Tagen in der Woche für den Grundherrn zu arbeiten. Dabei konnte der Grundherr die Art der Arbeit bestimmen. Andere mussten bestimmte Dienste an festgelegten Tagen im Jahr ausführen.

Als Höriger stand man ausschließlich unter der Herrschaft des Grundherrn. Wenn ein Grundherr starb, wurde der Hörige mit dem Land vererbt. Es konnte auch ein Verkauf oder eine Schenkung stattfinden. Ein wichtiger Punkt der Herrschaft war die Gerichtsbarkeit, die in den Händen des Grundherrn lag. Die Hörigen waren auch schollengebunden, d. h. dass sie das von ihnen bewirtschaftete Land, die Hufe, nicht ohne Erlaubnis des Grundherrn verlassen konnten. Der Grundherr nahm Einfluss auf die Heirat und legte bei Hörigen ohne Hufe den Beruf fest.

Vom Fronhof aus wurden das Salland (= Land des Grundherrn) und die Hufen verwaltet. Es bestand aus dem Wohnhaus, in dem der Grundherr wohnte, und Wirtschaftsgebäuden, die hauptsächlich als Vorratsräume dienten. Handelte es sich bei dem Grundherrn um einen Adeligen, der viel Land besaß, wurde der einzelne Fronhof von einem Meier verwaltet. Die Bauern, die einem Fronhof zugeordnet waren, mussten bestimmte Abgaben und Dienste leisten. Auf dem Großgrundbesitz des Fronhofsverbandes wurden nicht nur Ackerbau und Viehzucht betrieben, sondern auch Fischzucht, Gartenbau und Handwerk.

**Wie wurde man unfrei?**

**Abgaben und Dienste eines Hörigen**

**Welche weiteren Einschränkungen gab es?**

**Der Fronhof ist der Mittelpunkt der Grundherrschaft**

## M 4 Die Gebote Karls des Großen

*Karl der Große erließ um 795 Gebote und Verbote, um sein Land zu verwalten. Die Regelungen betrafen auch die Hörigen, die auf dem Land arbeiteten:*

6. Wir befehlen: Unsere Amtmänner sollen den Zehnten von allen Erträgen den Kirchen auf unseren Besitzungen ungeschmälert geben. An eines anderen Herrn Kirche darf man unseren Zehnten nicht entrichten, außer wo es von alters her so bestimmt ist. (…)

12. Kein Amtmann darf uns gestellte Geiseln auf unserem Frongut in den Stand von Unfreien drücken. (…)

40. Jeder Amtmann halte auf unseren Krongütern um der Zierde willen etliches Edelgeflügel: Pfauen, Fasanen, Enten, Tauben, Rebhühner, Turteltauben. (…)

44. Von der Fastenspeise sollen jährlich zwei Drittel für unseren Hofhalt geliefert werden: Gemüse und Fisch, Käse, Butter, Honig, Senf (…), ferner Wachs, Seife und andere Kleinigkeiten. (…)

62. Jeder Amtmann soll alljährlich über den Gesamtertrag unseres Wirtschaftsbetriebes berichten: wie viel er mit den Ochsen, die bei den Rinderhirten stehen, eingebracht hat, was von den Hufen, die Pflugdienst tun müssen, einkam, was an Schweine- und an sonstigem Zins, an Bußen wegen Treu- und Friedensbruch und für Wild, das in unseren Forsten ohne unsere Erlaubnis erlegt wurde, was an Abgaben von Mühlen, Forsten, Weiden, Brückengeldern und Schiffszöllen, was an Abgaben von freien Männern (…): Eine detaillierte, genaue und übersichtlich geordnete Aufstellung über all dies haben sie (die Amtmänner) uns bis Weihnachten vorzulegen, damit wir wissen, was und wie viel wir von den einzelnen Dingen besitzen.

MG LL cap. I, Nr. 32, S. 82 ff; in: Lautemann, Wolfgang (Hg.): Geschichte in Quellen: Mittelalter. München 1996, S. 95 ff.

## M 5 Urbar des Klosters Prüm

*Im nachfolgenden Urbar (= Grundsteuerbuch) des Klosters Prüm ist aufgeführt, was der Hörige Widrad zu geben und zu leisten hat:*

Widrad hat eine Vollhufe; er gibt als Schweinezins einen Eber im Wert von zwanzig Pfennigen, 1 Pfund Garn, 3 Hühner, 18 Eier. Er leiste jährlich die Weinfuhre, im Mai und Oktober jeweils die Hälfte, fährt 5 Wagenladungen von seinem Mist; gibt 5 Daurastufen (Rindenbündel, das zur Beleuchtung diente), fährt 1 Klafter Holz – 6 Fuß breit, 12 Fuß lang, zu 12 Wagenladungen –, bäckt Brot und braut Bier. (…) Jede Hufe liefert dem Kloster 50 Latten und tut im Wald bei den Schweinen 1 Woche (Hirtendienst), wenn sie an der Reihe ist. Sie bestellt drei Morgen (Feldmaß) Landes, das ganze Jahr hindurch, jede Woche drei Tage, fährt von Holler (Ortsangabe) zum Kloster 5 Scheffel Getreide und leistet Wachdienst. Wenn sie 15 Nächte fronen, Heu ernten und Handdienste leisten, erhalten sie Brot, Bier und Fleisch in reichen Jahren, zu anderen Zeiten nichts.

Franz, G.: Quellen zur Geschichte des deutschen Bauernstandes im Mittelalter. Darmstadt 1967; in: Grundriss der Geschichte. Dokumente, Band 1. Stuttgart 1985.

### Grundherrschaft

Man versteht Grundherrschaft als Herrschaft eines Adeligen über das Land und die Leute. Der Adelige stellte als Grundherr Bauern Land (Hufe) zur Verfügung, das diese bewirtschafteten.

Die Bauern waren als Hörige zu Abgaben und Diensten verpflichtet, sie waren auch in persönlicher Hinsicht vom Grundherrn abhängig. Der Grundherr verurteilte die Hörigen bei Vergehen, außer wenn es sich um ein Verbrechen handelte, das mit dem Tode bestraft wurde.

### Fragen und Anregungen

1. Stelle dar, welche Leistungen ein Höriger erbringen musste. (VT, M2, M3, M4)

2. Erläutere, ausgehend von der schematischen Darstellung der Grundherrschaft, wie diese organisiert war. (VT, M2)

3. Erarbeite aus den einzelnen Bestimmungen von M4, welche Bedeutung die Grundherrschaft für den König hatte. Arbeite ebenfalls heraus, welchen Hintergrund die Verbote haben.

4. Überlege dir, wie das Leben eines Hörigen aussah. Beziehe dich dabei auf den Anspruch, dass Grundherrschaft die Herrschaft über Land und Leute ist.

# 5. Herrschaft durch persönliche Bindung: Lehenswesen

**Frei sein – Vasall sein**

Die meisten Menschen im Mittelalter lebten als Hörige unter der Herrschaft der Grundherren. Aber auch die Grundherren und die Freien waren nicht völlig unabhängig, sie waren oft in ein persönliches Treueverhältnis eingebunden.
Einige freie Bauern übten sich im Kriegshandwerk und standen als gut ausgerüstete und ausgebildete, gepanzerte Reiter im Krieg zur Verfügung. Da die Ausrüstung teuer war, benötigten sie die entsprechenden Mittel. Diese erhielten sie von einem reichen Adeligen, mit dem sie einen Vertrag geschlossen hatten. Dieser Adelige, der Lehensherr, gab ihnen entweder Unterkunft und Geldmittel oder lieh ihnen ein Stück Land, damit sie ihre Aufgabe als Kämpfer erfüllen konnten. Der Vasall stand in einem unauflöslichen Treueverhältnis zum Lehensherrn.

**Der König regiert das Reich mit Hilfe der Kronvasallen**

Karl der Große regierte ein riesiges Reich. Adelige unterstützten ihn bei der Regierung, z. B. Bischöfe und Herzöge. Um seine Herrschaft zu festigen, band er die Adeligen eng an sich, indem diese als Kronvasallen ein Treueverhältnis zu ihm eingingen. Der König verlieh als Lehensherr Land an die Kronvasallen, die ihm dafür Dienste leisteten und ihm mit Rat zur Seite standen. Dieses geliehene Land, das Lehen, ermöglichte es ihnen, ihren Dienst zu versehen, da die Hörigen, die mit diesem Land verliehen wurden, das Nötige erwirtschafteten. Ein sehr wichtiger Dienst war der Kriegsdienst. Damit Kronvasallen mit einer größeren Anzahl von gepanzerten Reitern in den Kampf ziehen konnten, verliehen auch sie Teile des Lehens weiter, um Kämpfer an sich zu binden. Neben Land konnten auch Ämter und Rechte wie das Münzrecht verliehen werden. Da Karl aber nicht so viel Land zu verleihen hatte, nahm er dazu Land der Kirche. Als Entschädigung stand der Kirche seit Pippin III. der zehnte Teil aller erwirtschafteten Erträge zu, der Kirchenzehnt.

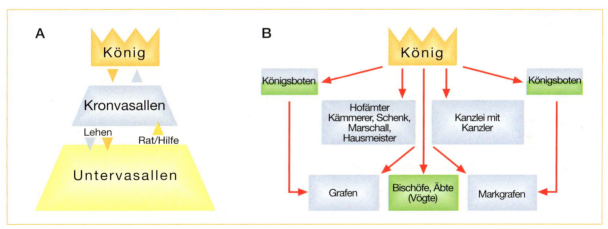

**M 1 Schema der Verwaltung des Reiches**

Der König stand im Zentrum der Verwaltung. In seiner unmittelbaren Umgebung waren die Inhaber der Hofämter (Kämmerer = Schatzmeister, Schenk = Verwalter der Vorräte und der Kellereien, Marschall = Stallmeister, Hausmeier oder Truchsess = Vorsteher der Hofverwaltung) und die Mitarbeiter der Kanzlei, in der Urkunden entworfen und ausgefertigt wurden. Leiter der Kanzlei war der Kanzler.

Die Königsboten überwachten die Inhaber der Regionalverwaltung wie die Herzöge, Grafen, Markgrafen, Bischöfe und Äbte. Diese übten als verlängerter Arm des Königs die Herrschaft vor Ort in einem bestimmten Gebiet aus, dabei waren sie aber relativ selbstständig in ihren Entscheidungen. Die Amtsträger waren entweder geistliche (grün) oder weltliche Adelige (blau).

**Der Vasall begibt sich „in die Hände" des Lehensherrn**

Vasall wurde man in einem rechtlichen Vorgang: Der Vasall legte seine Hände in die des Lehensherrn, und beide leisteten einen Treueeid. Symbol der Übergabe des Landes war bei den weltlichen Adeligen die Fahnenlanze, bei den geistlichen Adeligen ein Zepter. Die Bindung dauerte bis zum Tode eines der beiden Vertragspartner. In Frankreich entwickelte sich der Treuevorbehalt. Jeder Untervasall schwor dem König als obersten Lehensherrn die Treue.

**M 2 Wie funktioniert das Lehenswesen?**
Sachsenspiegel, 13. Jahrhundert.
Die Verbindung zwischen Lehensherr und Vasall wurde in einem feierlichen Akt hergestellt. Nach dem Handgang oder der Huldigung, bei der sich der Vasall symbolisch unterwarf, schworen sich beide gegenseitig Treue. Der Lehensherr übergab einen Gegenstand, häufig eine Fahne oder einen Schlüssel, der für das Lehen stand. In einem Rechtsbuch ist die Beziehung zwischen Lehensherren und Vasallen anschaulich dargestellt:

a  Abt und Äbtissin vergeben ein Lehen.

b  Vasallen huldigen dem Lehensherrn.

c  Eine Burg wird als Lehen vergeben.

d  Eine Kirche wird als Lehen vergeben.

e  Ein Vasall legt den Lehenseid ab.

f  Ein Vasall gibt Ratschläge.

g  Ein Ritter als Vasall eines Kronvasallen.

h  Ein Kronvasall vor dem Herrscher.

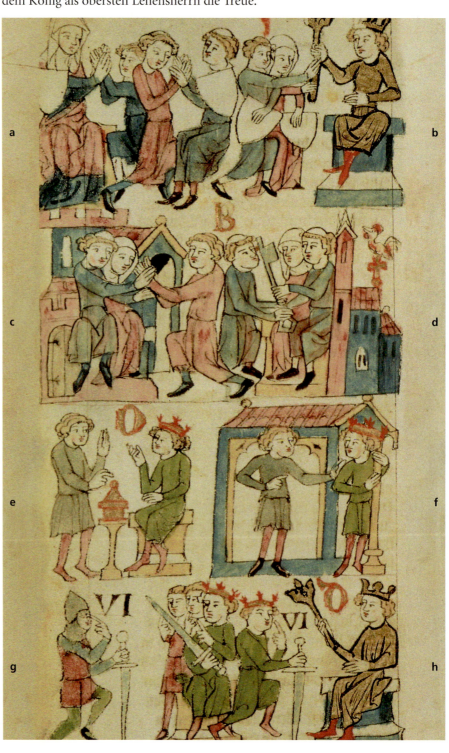

## M 3 Der Heerbann wird aufgeboten

*Karl der Große schickte 804 an den Abt Fulrad von Altaich einen Brief, in dem er ihn zur Heeresfolge aufforderte:*

Wir teilen dir mit, dass wir in diesem Jahre den großen Reichstag nach Ostsachsen zusammengerufen haben, und zwar nach Stassfurt an der Bode. Deshalb befehlen wir dir, am 17. Juni mit all deinen wohl bewaffne-
5 ten und ausgerüsteten Leuten an dem genannten Platze dich einzustellen (…), um von hier aus, wohin dich auch unser Befehl schicken mag, eine militärische Expedition durchzuführen; das heißt mit Waffen und Gerät und mit aller anderen kriegerischen Ausrüstung,
10 mit Proviant und Bekleidung. Jeder Berittene soll Schild, Lanze, Schwert und Hirschfänger haben, dazu Bogen, Köcher mit Pfeilen, und eure Packwagen sollen Vorräte aller Art mitführen, Spitzhacken und Äxte, Bohrer, Beile, Spaten, eiserne Grabscheite und alle anderen Werkzeuge, die man bei einem Feldzug braucht. 15
Die Lebensmittel müssen vom Reichstage an gerechnet drei Monate reichen, Waffen und Bekleidung ein halbes Jahr. Wir befehlen dir, streng darauf zu achten, dass du in Ruhe und Frieden den genannten Ort erreichst, durch welche Teile unseres Reiches dein Marsch 20
dich auch führen mag; dass außer Grünfutter, Holz und Wasser keinerlei Vorräte angerührt werden. (…) Die Geschenke, die du uns auf unserem Reichstage abzuliefern hast, übersende uns Mitte Mai dahin, wo wir uns aufhalten werden. 25

MG cap. Reg. Franc. I, Nr. 75, S. 168; in: Lautemann, Wolfgang (Hg.): Geschichte in Quellen: Mittelalter. München 1996, S. 76 f.

### Adel

Die Gesellschaft des Mittelalters war eine Ständegesellschaft, in der die verschiedenen Stände unterschiedliches Ansehen genossen, verschiedene Rechte und Besitz hatten. Durch Geburt gehörte man einem Stand an. Der Adel war der Stand, der über das Land verfügte und damit über den dritten Stand, die Bauern, herrschte. Sie lebten von dem, was die Bauern erarbeiteten. Ihre Aufgaben bestanden darin, den König auf Kriegszügen zu begleiten und ihm bei der Verwaltung und Regierung des Reiches zu helfen. Das Ansehen einer Adelsfamilie stieg, wenn eines ihrer Mitglieder eine hohe staatliche Funktion erhielt.

### Lehenswesen

Mit Lehenswesen bezeichnet man die besondere Form der Herrschaft im Mittelalter. Der König verlieh Land als Lehen an Vasallen, die ihm dafür Dienste leisteten. Zwischen Lehensherr und Kronvasall bestand ein persönliches Treueverhältnis, das mit dem Tod endete. Das Lehen musste dann neu vergeben werden. Mit der Zeit wurde es üblich, dass der Sohn eines Kronvasallen dessen Lehen oder Amt erhielt. Seit 1232 war diese Regelung gesetzlich festgeschrieben. Die Macht des Königs war jedoch auch dadurch geschwächt, dass die Untervasallen dem Kronvasallen und nicht dem König durch einen Eid verbunden waren.

### König

Der König steht an der Spitze eines Personenverbandes, über die er bestimmte Befugnisse besitzt. Seine Macht ist regional beschränkt. Die Schutzfunktion, die der König innehat, beschränkt sich auf den jeweiligen Personenverband.
Nach dem Kaiser ist er der höchste weltliche Herrscher. Der fränkische bzw. der deutsche König wurde von Adeligen gewählt. Man hatte die Vorstellung, dass der König sein Reich von Gott erhalten hat (Gottesgnadentum).

### Vasall

Unter einem Vasallen versteht man einen freien Mann, der sich freiwillig unter die Herrschaft eines anderen begab. Man unterscheidet zwischen Kronvasallen und Untervasallen. Kronvasallen standen unter der Herrschaft des Königs, der ihr Lehensherr war. Es handelte sich zumeist um hochgestellte Adelige wie Bischöfe, Äbte, Herzöge und Grafen. Ein Untervasall war der Vasall eines Kronvasallen. Vasall und Lehensherr standen in einem Treueverhältnis, der Vasall leistete Dienste und gab Rat, der Lehensherr versprach Schutz.

### Fragen und Anregungen

① Zeige auf, welche Leistungen ein Vasall erfüllen musste. (M3)

② Diskutiert die Vor- und Nachteile dieser Art des Heeresbanns.

③ Erläutere und problematisiere, wie Karl der Große sein Reich regiert und verwaltet hat. (VT, M1)

# 6. Wenige oben, viele unten: Die Bauern müssen die Herren ernähren

**Ungerechte Gesellschaft?**

Auf der einen Seite der Adelige in prächtigem Gewand, der an einem üppigen Festmahl teilnimmt, auf der anderen der ärmlich gekleidete Bauer, der trotz harter Arbeit Mühe hat, seine Familie zu ernähren – das sind die unterschiedlichen Pole einer mittelalterlichen Gesellschaft, in der nicht alle Menschen gleiche Rechte oder Lebensbedingungen hatten.

Dabei erscheint uns heute diese Ungleichheit als ungerecht: Machte nicht der Bauernstand mehr als 90 Prozent der Bevölkerung aus? Sicherte er nicht auch die Ernährung des Adels durch seine Tätigkeit? Manchmal – allerdings noch sehr selten – erkannten sogar schon adelige Menschen des Mittelalters diesen Widerspruch, wie Bischof Adalbero von Laon im 11. Jahrhundert: „Geld, Kleidung, Nahrung, all das beschaffen die Hörigen für alle Welt. Der Herr wird vom Hörigen ernährt. Und dennoch ist der Tränen und Seufzer des Hörigen kein Ende abzusehen."

**Hartes Leben auf dem Land**

Wie du bereits weißt, waren die Bauern in hohem Maße von ihren adeligen Grundherren abhängig. Sie mussten dafür, dass sie Land bewirtschaften durften, Abgaben und Dienste leisten. Die Frondienste, bei denen die Hörigen auf dem Hof des Grundherrn mit anpacken mussten, waren besonders verhasst. Gerade in wichtigen Phasen, z. B. der Erntezeit, blieb dann viel Arbeit auf dem eigenen Hof liegen. Eine Gruppe von Menschen auf dem Land hatte jedoch eine noch schlechtere Stellung als die hörigen Bauern: die leibeigenen Knechte und Mägde, die quasi nur als „Zubehör" des Hofes galten und so gut wie keine Rechte hatten.

**M 1** Szenen unterschiedlicher Lebenswelten: Adelige und Bauern

Miniatur aus Frankreich, 15. Jh.

Buchmalerei, um 1023

Ab ca. 1000 n. Chr. setzte in Europa ein starkes Bevölkerungswachstum ein. Sollten mehr Menschen ernährt werden, brauchte man mehr Boden und bessere Erträge in der Landwirtschaft. Nun wurde zunehmend Wald gerodet, um Platz für neue Dörfer und Felder zu schaffen. Auf so entstandene Siedlungen deuten heute noch Ortsnamen mit den Endungen „-reuth", „-ried" oder „-rode" hin. Technische Verbesserungen trugen ab dem 11. Jahrhundert dazu bei, dass die Ernteerträge, die bis zu diesem Zeitpunkt häufig nicht einmal das Doppelte der Aussaat einbrachten, erheblich anstiegen: So verwendete man zunehmend eiserne Räderpflüge statt den einfachen Hakenpflug; neue Anspannmethoden für die Zugtiere erhöhten deren Leistungsfähigkeit (Kummet bei Pferden; Stirnjoch bei Ochsen). Daneben wurden bessere Werkzeuge entwickelt. Die Sense löste die Sichel ab, der Dreschflegel setzte sich durch. Das mühsame Bearbeiten der Körner mit Stöcken oder die unproduktive Methode, dass Tiere die Körner zertrampeln sollten, wurde dadurch überflüssig. Der bedeutendste Fortschritt war aber sicherlich eine neue Anbaumethode, die Dreifelderwirtschaft. Dabei wurde auf einem Feld im Wechsel Sommergetreide (z. B. Hafer, Weizen, Gerste) und Wintergetreide (z. B. Dinkel, Roggen) angebaut. Im dritten Jahr ließ man das Feld zur Erholung brach liegen. Der Fruchtwechsel verhinderte das Auslaugen der Böden und dennoch konnten immer zwei Drittel der Felder bestellt werden. Durch diese Neuerungen wurden allmählich sogar Überschüsse produziert, die z. B. auf den Märkten der ab ca. 1100 vermehrt entstehenden Städte verkauft werden konnten.

Das Leben der Bauern wurde fast völlig von der Arbeit bestimmt und war hart und entbehrungsreich. Dabei bestimmte der Kalender Art und Umfang der Tätigkeiten. Im Winter standen vor allem Holzarbeiten auf dem Programm, im restlichen Jahr dominierte der Ackerbau. Die ganze Familie musste bei der Erledigung der Pflichten mithelfen, wobei die Frau mindestens genauso hart arbeiten musste wie der Mann. Sie war für die Bewirtschaftung von Haus und Garten zuständig und sprang auch bei der Feldarbeit ein. Die Kinder mussten ebenfalls von klein auf mit anpacken.
Die adeligen Grundherren hingegen waren von der körperlichen Arbeit befreit. Das heißt aber nicht, dass diese sich nur dem Müßiggang hingegeben hätten. Außer der Aufgabe, bei Krieg dem König oder einem Fürsten zur Verfügung zu stehen, mussten sie den Schutz ihrer Untergebenen gewährleisten. Daneben verstanden viele etwas von Ackerbau und Viehzucht, damit sie die Arbeit auf ihrem Besitz kontrollieren konnten. Insgesamt war ihr Leben jedoch wesentlich weniger mühsam als das der Bauern. Reiche Adelige konnten es sich sogar leisten, in Luxus zu schwelgen und ein Vermögen für ein einziges Festmahl auszugeben. Sie profitierten von der Ausrichtung der damaligen Gesellschaft auf die Landwirtschaft und die Einteilung in Stände.

**Veränderungen in der Landwirtschaft**

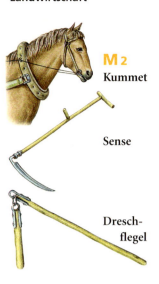

**M 2 Kummet**

**Sense**

**Dreschflegel**

**Alltagsleben**

**M 3 Dreifelderwirtschaft**

Auf einem Stück Land wird im Rhythmus von drei Jahren der Anbau abgewechselt, damit sich der Boden erholt: Brache, Wintergetreide, Sommergetreide. Das Vieh weidet auf dem brach liegenden Abschnitt und düngt so den Boden.

### M 4 Wie sah um 1000 n. Chr. eine bäuerliche Wohnung aus?
*Ein moderner Historiker beschreibt, wie Bauern um diese Zeit gelebt haben könnten:*
Diese Wohnung bestand aus einem einzigen Raum, fensterlos, mit hohem Dach, in den eine überdachte Öffnung etwas Licht einließ und den Rauch der offenen Fensterstelle nach außen ableiten sollte. Dies ge-
5 lang allerdings nie ganz. Aus dem Gedicht vom „Unibos", dem armen Bauern, der nur ein einziges Rind sein eigen nannte, erfahren wir, dass er in einem „raucherfüllten Haus" lebte. Im Lauf der Erzählung verkriecht sich ihr Held in das Stroh, das hier aufgeschüt-
10 tet liegt. Wahrscheinlich pflegte er dort zu schlafen, denn Betten brauchen Bettzeug, und das konnte er nicht in seinem Haushalt herstellen.

Fichtenau, Heinrich: Lebensordnungen des 10. Jh. München 1994, S. 437.

### M 5 Die Jagd
Bauern und Bürgern wurde es bei Todesstrafe verboten, in den Wäldern auf Pirsch zu gehen, denn die Jagd war das große Privileg des Adels. Sie diente nicht nur der Versorgung mit Fleisch, sie war auch der Sport der
5 Mächtigen.
Kein geringerer als der Stauferkaiser Friedrich II. verfasste das Standardwerk über die Jagd mit Greifvögeln, das die Experten selbst heute noch zur Hand nehmen. Auch die Treibjagd mit dressierten Jagdhunden
10 wurde zu dieser Zeit bereits gepflegt.
Gejagt wurde nach allen möglichen Wildtieren, nicht nur nach Hase, Reh, Rothirsch, Wildschwein, Rebhuhn oder Kranich, sondern auch nach Bär, Fuchs, Luchs, Wolf, Murmeltier und Eichhörnchen.
15 Bei Tisch zählte das Wild als Delikatesse, von der sich die fürstlichen Tafeln geradezu bogen. Während auch die reichen Bürger häufig dem Wild zusprachen, blieb es auf den Esstischen des niederen Adels rar.

Ritterburg und Fürstenschloss. Bd. 1: Geschichte. Hg. v. H. W. Wurster und R. Loibl. Regensburg 1996, S. 96.

### M 6 Bauernhochzeit – ausgelassenes Feiern

### M 7 Nachbau eines ländlichen Gehöfts des Mittelalters
Der Großteil der Bevölkerung wohnte auch um 1000 n. Chr. wie von jeher in Holzbauten. Selbst die adeligen Grundherren lebten, bevor der Burgenbau an Bedeutung gewann, in zwar größeren, aber ähnlichen Gebäuden.

### M 8 Speisen im Oberhaus
*Historiker haben zu rekonstruieren versucht, wie die Essgewohnheiten im Hause des Passauer Bischofs aussahen (Veste Oberhaus = Passauer Burg):*
Berichte über Alltags- oder Festessen im Oberhaus haben sich nicht erhalten. Trotzdem wissen wir durch die Ausgrabungsfunde über die Essgewohnheiten recht gut Bescheid. Fast eine Tonne Knochen und an-
5 dere Essensreste wurden gefunden.
Hoch im Kurs standen auf Oberhaus die Wildgerichte. Gefunden wurden Bärenschädel, Wildschweinzähne, Hirsch-, Reh- und Hasenknochen, außerdem Gänse- und Entenschnäbel sowie Fischgräten. Die überwie-
10 gende Anzahl der Knochen (etwa 80 %) stammen von Schweinen und Rindern, insbesondere von Mastochsen, die wohl aus Ungarn importiert wurden.
Delikatessen waren bereits zur damaligen Zeit Weinbergschnecken, Flussmuscheln und Austern. Letztere
15 mussten aus Italien importiert werden. Sie kamen entweder als „Konserven" nach Passau oder lebend in Weinfässern. Der Preis für 120 eingemachte Austern entsprach dem Wert eines Kalbes oder Lammes, der für 120 lebend importierte dem eines ungarischen Mast-
20 ochsen. Der Eiltransport (ca. 12 Tage) von Venedig nach Passau war teuer.

Ritterburg und Fürstenschloss. Bd. 1: Geschichte. Hg. v. H. W. Wurster und R. Loibl. Regensburg 1996, S. 95.

## M 9 Bäuerlicher Lebensalltag (Buchmalerei, um 1500)

Holz hacken

Eicheln schlagen

Kornernte

Weintraubenkelter

Nachfolgend erhältst du einige Informationen, wie der Alltag von Bauern im Mittelalter ausgesehen haben könnte. Natürlich gab es in Wirklichketi große Unterschiede in den Lebensbedingungen. Manche Bauern lebten mit ihren Familien am absoluten Existenzminimum, andere waren relativ wohlhabend; der Großteil waren Hörige oder Leibeigene, es gab aber auch einige freie Bauern.

**Tagesablauf:** Sobald es dämmert, beginnt der Arbeitstag, der bis Sonnenuntergang dauert. Schließlich müssen das Vieh versorgt und die Felder bestellt werden. Größere Unterbrechungen bedeuten nur die Mahlzeiten. Arbeitsfrei sind die Sonntage und kirchliche Feiertage (allerdings bis zu 30 im Jahr). Etwas ruhiger geht es lediglich im Winter zu, wenn Feldarbeit nicht möglich ist.

**Kleidung:** Diese muss ebenfalls selbst hergestellt werden. Sie besteht aus einfachen Kitteln (Männer) und Oberkleidern (Frauen) aus Leinen bzw. Wolle. Darunter wird eventuell noch eine Hose (Männer) oder ein Unterrock (Frauen) getragen. Die Schuhe sind Lederstücke, die an den Knöcheln gebunden werden („Bundschuhe").

**Nahrung/Essgewohnheiten:** In der Regel wird nur zweimal am Tag gegessen. Hauptbestandteil der Nahrung ist Getreidebrei. Gebackenes Brot wird erst ab ca. 1100 üblich und ist eher der Oberschicht vorbehalten. Dazu kommt noch verschiedenes Gemüse und Obst, aber nicht in der Vielfalt, wie wir es heute zur Verfügung haben (v. a. Linsen, Erbsen, Bohnen, Kohl, Äpfel, Trauben, Pflaumen). An besonderen Tagen gibt es auch einmal gekochtes Fleisch (gebratenes Fleisch war „Herrenessen") oder Fisch. Getrunken werden v. a. Wasser und Milch, an alkoholischen Getränken Wein und Met, später zunehmend auch Bier.

**Frauen:** Ihr Arbeitstag ist oft noch härter als der der Männer, weil er bis zu 16 Stunden umfassen kann. Sie müssen den Haushalt führen, kochen, sich um den Gemüseanbau kümmern, Holz sammeln und zu bestimmten Zeiten auch bei der Feldarbeit helfen. Für sie gibt es auch keine Pause an Sonn- und Feiertagen. Zusätzlich erschwert wird ihre Situation dadurch, dass die schon früh verheirateten Frauen nicht selten mehr als zehn Kinder zur Welt bringen, von denen aber aufgrund der schlechten hygienischen und medizinischen Verhältnisse durchschnittlich nur drei bis fünf überleben.

**Kinder:** Sie müssen, sobald es möglich ist (oft schon mit vier Jahren), im Haushalt bzw. auf dem Feld mitarbeiten. Für Spiele bleibt relativ wenig Zeit. Schulbildung genießen sie nicht, weil das für die Bewältigung ihres Alltags nicht von Bedeutung ist.

### Fragen und Anregungen

1. Fasse noch einmal zusammen: Welche Entwicklungen sorgten für grundlegende Veränderungen in der Landwirtschaft? (VT)
2. Vergleiche die Lebensumstände von Adeligen und Bauern: Stelle die gravierenden Unterschiede gegenüber. Diskutiert über eure Ergebnisse. (VT, M1–M9)
3. Vergleiche den Lebensalltag der Bauern im Mittelalter (M9) mit unserem Leben heute. Verwende dabei die in M9 vorgegebenen Kategorien.
4. Verfasse eine Rede, in der ein Geistlicher vor Adeligen die Ungerechtigkeit der damaligen Gesellschaft beklagt. Nimm als „Argumentationshilfe" die Informationen aus diesem Kapitel zu Hilfe.

# 7. Woher nehmen Könige und Kaiser ihre Macht?

|  | Frankenreich |  |  | Heiliges Römisches Reich |  |  |  |
|---|---|---|---|---|---|---|---|
| Merowinger |  | Karolinger | Ottonen | Salier |  | Staufer |  |
| 500 | 750 | 800 | 900 | 1000 | 1100 | 1200 | 1300 |
| Chlodwig |  | Karl d. Gr. | Heinrich I., Otto I., II., III. | Heinrich III., IV. |  | Friedrich I. „Barbarossa", Friedrich II. |  |

**M 1** Herrscherfamilien und wichtige Könige/Kaiser vom Früh- bis zum Ende des Hochmittelalters

**Wie wird man König?**

Nach dem Zerfall des Frankenreiches hatten die deutschen Könige noch keine gefestigte Machtposition. Sie waren von den Herzögen abhängig, die an der Königswahl beteiligt waren. Trotzdem war es nicht so, dass nach dem Tod eines Königs der Nachfolger immer völlig frei bestimmt werden konnte. Bald bildeten sich wieder Herrscherfamilien heraus, meist folgte der Sohn dem Vater als König nach. Es gab also ein Zusammenspiel von zwei Grundsätzen: Einerseits mussten die Herzöge und der Adel formal den Kandidaten wählen, andererseits hatte ein Sohn des verstorbenen Königs einen natürlichen Anspruch auf den Thron. Dieses Recht aufgrund königlicher Abstammung nennt man „Geblütsrecht".

Im Mittelalter wäre es undenkbar gewesen, dass jede beliebige Person Kandidat für den Königsthron hätte werden können. Herrschaft hatte immer auch einen sakralen Charakter (sakral = heilig, religiös). Denn das ganze Leben der Menschen war von dem Gedanken bestimmt, dass Gott die Welt nach seinem Sinne eingerichtet hat. Jeder, egal ob Adeliger, Geistlicher oder Bauer, war also von Gott für das Leben, das er führte, vorgesehen. Das galt natürlich auch für den König, der sich demnach als von Gott eingesetzt fühlte und es als eine seiner wichtigsten Aufgaben betrachten musste, die Kirche zu schützen.

**M 2** Otto III. wird von Gott selbst gekrönt (Schreibschule des Klosters Reichenau, um 1000 n. Chr.)

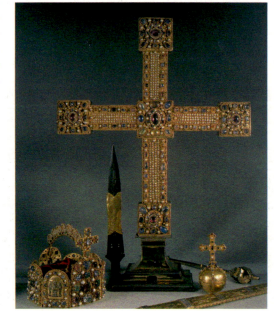

**M 3** Die Reichsinsignien
Insignien (lat. signum = Zeichen) sind Herrschaftszeichen, die die Macht und Aufgaben ihres Trägers symbolisieren: So steht z. B. die Reichskrone für die deutsche Königswürde, das Schwert und das Zepter für die herrschaftliche und richterliche Gewalt des Königs, das Reichskreuz für den christlichen Auftrag des Herrschers und die Heilige Lanze für den göttlichen Segen im Kampf. Am ältesten ist die Heilige Lanze (8./9. Jh.). Heute kann man die Gegenstände in der Wiener Hofburg besichtigen.

Noch wichtiger wurde dieser Gedanke, wenn der König gar zum Kaiser gekrönt wurde, und das galt für die allermeisten deutschen Herrscher des Hochmittelalters. Durch die Kaiserwürde, die der Papst übertrug, wurde der Gekrönte über alle anderen Könige gestellt.
Als Kaiser war man zum Schutzherrn der gesamten Christenheit bestimmt. Der Glaube sollte verteidigt und verbreitet werden. Dass die Kaiser diese Aufgabe ernst nahmen, zeigen die vielen Missionierungsbestrebungen und die Gründung von Bistümern.

**Das Kaisertum**

Worauf stützte aber nun der König seine Macht? Zunächst ist hier einmal die Gehorsamspflicht der höchsten Adeligen (Herzöge, Grafen) zu nennen. Wie du bereits weißt, waren diese durch das Lehensrecht an den König gebunden, indem sie ihm den Lehenseid schworen und bei Kriegszügen helfen mussten.

**Gehorsamspflicht**

Trotzdem konnten sich die Könige des Mittelalters nicht immer auf ihre weltlichen Fürsten verlassen. Der Sachse Otto I., der 936 seinem Vater Heinrich als König nachfolgte und 962 Kaiser wurde, musste das schmerzlich erfahren. Er hatte mehrere Aufstände von Herzögen niederzuschlagen, die sich ihm nicht unterordnen wollten. Selbst enge Verwandte von ihm, sein Sohn Liudolf (Herzog von Schwaben) und sein Schwiegersohn Konrad der Rote (Herzog von Lothringen), lehnten sich auf. Erst ein großer Erfolg brachte ihm endgültig Anerkennung und schützte ihn vor der Anfeindung machthungriger Rivalen: Als er die wieder einmal ins Land eingefallenen Ungarn 955 v. Chr. auf dem Lechfeld bei Augsburg schlug. Seit diesem Zeitpunkt waren die Ungarn keine Gefahr mehr für das Reich.

**Herzöge: nicht immer folgsam**

Dennoch: Die schlechten Erfahrungen, die Otto selbst mit Familienmitgliedern in hohen Positionen gemacht hatte, ließen ihn misstrauisch werden. Er wollte in Zukunft auf andere Helfer setzen, nämlich auf die Bischöfe im Reich. Diese bekamen nun bedeutende weltliche Ämter verliehen (sogar die Herzogswürde), wurden zu den wichtigsten Beratern Ottos und konnten wie weltliche Fürsten regieren. Das hatte mehrere Vorteile für den König: Einmal konnten Geistliche ihr Amt nicht an Nachkommen weiter vererben, und zum anderen bestimmte Otto, wer als Bischof eingesetzt werden sollte. Diese Art der Herrschaft, kirchliche Würdenträger auch zum Regieren heranzuziehen, um den weltlichen Adel zu schwächen, nennt man „Reichskirchensystem".
Die Taktik war so erfolgreich, dass sich auch die Nachfolger Ottos bis zu den Saliern auf die Reichskirche als zentrale Machtbasis stützten.

**Lösung: Reichskirchensystem**

**M 4** Einsetzung eines Bischofs durch Kaiser Otto (Tür des Gnesener Doms) Otto II. überträgt Adalbert von Prag das Bischofsamt. Unter den Ottonen entstanden viele neue Bistümer v. a. im Osten des Reiches (z. B. Magdeburg, Prag, Gnesen). Das diente nicht nur der Missionierung, sondern auch der Festigung ihrer Macht in diesen Gebieten.

## M 5 Die Krönung des Königs

*Die Krönung Ottos I. fand 936 in Aachen statt. Otto wollte sich so in die Nachfolge Karls d. Großen stellen. Der Ablauf ist typisch für Krönungen im Mittelalter.*

Und als man dorthin gekommen war, versammelten sich die Herzöge und obersten Grafen mit der übrigen Schar vornehmster Ritter im Säulenhof, setzten den neuen Herrscher auf einen dort aufgestellten Thron, huldigten ihm, gelobten ihm Treue, versprachen ihm Unterstützung gegen alle seine Feinde und machten ihn nach ihrem Brauch zum König (...).

Als der König die Basilika betrat, ging ihm der Erzbischof entgegen, wandte sich zum Volk um und sagte: „Seht, ich bringe euch den von Gott erwählten, jetzt aber von allen Fürsten zum König gemachten Otto; wenn euch diese Wahl gefällt, zeigt dies an, indem ihr die rechte Hand zum Himmel emporhebt." Da streckte das ganze Volk die Rechte in die Höhe und wünschte unter lautem Rufen dem neuen Herrscher viel Glück.

Dann schritt der Erzbischof mit dem König (...) hinter den Altar, auf dem die königlichen Insignien (= Herrschaftszeichen) lagen: das Schwert, der Mantel, der Stab mit dem Zepter und das Diadem. (Nacheinander wurden ihm feierlich die Reichsinsignien überreicht.) Auf der Stelle wurde er mit dem heiligen Öl gesalbt und mit dem goldenen Diadem gekrönt und zum Thron geführt. Nachdem man dann das Messopfer begangen hatte, ging der König hinunter zur Pfalz, trat an die marmorne, mit königlicher Pracht geschmückte Tafel und nahm mit den Bischöfen und dem ganzen Adel Platz; die Herzöge aber übernahmen die Hof- und Tischdienste.

*Widukind von Corvey, Die Sachsengeschichte; nach: Deutsche Geschichte in Quellen und Darstellung, Bd. 1, hg. v. Wilfried Hartmann. Stuttgart 1995, S. 143 ff.*

## M 6 Die Lechfeldschlacht

*Der Geschichtsschreiber Widukind von Corvey schrieb seine „Sachsengeschichte" zu Ehren der Ottonen:*

Als der König erkannte, dass nun der Kampf in seiner ganzen Wucht unter ungünstigen Umständen bevorstehe, ergriff er den Schild und die heilige Lanze und richtete selbst als Erster sein Pferd gegen die Feinde, wobei er seine Pflicht als tapferster Krieger und als bester Feldherr erfüllte.

Die Mutigeren unter den Feinden leisteten anfangs Widerstand, dann aber, als sie ihre Gefährten fliehen sahen, erschraken sie, gerieten zwischen unsere Leute und wurden niedergemacht. Von den Übrigen indes zogen die, deren Pferde erschöpft waren, in die nächsten Dörfer ab, wurden dort von Bewaffneten umringt und samt den Gebäuden verbrannt; die anderen schwammen durch den nahen Fluss, aber da das jenseitige Ufer beim Hochklettern keinen Halt bot, wurden sie vom Strom verschlungen und kamen um. An diesem Tag nahm man das Lager (der Ungarn), und alle Gefangenen wurden befreit; am zweiten und am dritten Tag wurde der Masse der Übrigen so sehr der Garaus gemacht, dass keiner oder doch nur sehr wenige entkamen. Aber nicht gerade unblutig war der Sieg über einen so wilden Stamm (...). Durch den herrlichen Sieg mit Ruhm beladen wurde der König von seinem Heer als Vater des Vaterlandes und Kaiser begrüßt (obwohl er noch gar nicht vom Papst zum Kaiser gekrönt war; das geschah erst 962). Er kehrte als Sieger nach Sachsen heim, wo er von seinem Volk herzlichst empfangen wurde. Denn eines solchen Sieges hatte sich kein König vor ihm in zweihundert Jahren erfreut.

*Widukind von Corvey, Die Sachsengeschichte; nach: Deutsche Geschichte in Quellen und Darstellung, Bd. 1, hg. v. Wilfried Hartmann. Stuttgart 1995, S. 156 f.*

## M 7 Bischöfe als rechte Hand des Königs

*Der Bruder Ottos I., Erzbischof Brun von Köln, war einer der machtvollsten Geistlichen seiner Zeit. Der Mönch Ruotger schrieb seine Lebensgeschichte auf:*

Auf Drängen des Königs übernahm er also, wie gesagt, die Führung der Reichsgeschäfte in Lothringen. Und obwohl er jedem der Großen und Beamten seine Aufgaben übertrug und jedem einzelnen eine ihm entsprechende Funktion zuwies, so gab es doch nichts, womit er sich nicht selber befasst hätte, wobei er sein Hauptaugenmerk auf jene Dinge richtete, die der Allgemeinheit zugute kamen. Aber vielleicht kommen einige, die die göttliche Weltordnung nicht begreifen, mit dem Einwand, wieso ein Bischof Politik getrieben und sich mit dem gefährlichen Kriegshandwerk befasst habe, obwohl er doch nur die Sorge für die Seelen übernommen habe. Denen erteilt, wenn sie nur ein Fünkchen gesunden Verstandes haben, die Sache selbst unschwer eine hinlängliche Antwort. Sie brauchen nur hinzusehen, wie das so große und gerade in diesen Gegenden so ungewohnte Gut des Friedens durch diesen Schützer und Lehrer des gläubigen Volkes weit und breit hinausgetragen worden ist. (...)

Er lebte so vor den Menschen, dass er den Bösen ein Schrecken und den Guten eine Freude war. Hierdurch zeigte er allen unmissverständlich, dass er im Bischofsamt ein „gutes Werk" erstrebte, und darin konnten ihm auch seine Neider so leicht nichts anhaben, wenn es nicht überhaupt mehr zu seinem Lob gereichte, dass er ihnen missfiel.

*Deutsche Geschichte in Quellen und Darstellung, Bd. 1, hg. v. Wilfried Hartmann. Stuttgart 1995, S. 186 f.*

**M 8 Die Lechfeldschlacht** (Michael Echter, 1812–1879)
Dieses Gemälde wurde 1860, mehr als 900 Jahre nach dem Sieg über die Ungarn, gemalt. Es wurde vom bayerischen König in Auftrag gegeben. Links neben dem König Otto I. ist der Hl. Ulrich, der damalige Bischof von Augsburg, zu sehen, der maßgeblich an der Verteidigung seiner Stadt beteiligt war.

**M 9 Kaiser Otto II. fordert 981 Krieger für einen Italienfeldzug an**
*Interessant ist hierbei, wie viele Ritter die weltlichen Fürsten und wie viele die geistlichen stellen müssen:*
Bischof Erkembald (von Straßburg) soll 100 Panzerreiter schicken; der Abt von Murbach führe 20 mit sich; Bischof Balzzo (Balderich von Speyer) 20; Hildebald von Worms führe 40; der Abt von Weißenburg schicke 50; der Abt von Lorsch führe 50; der Erzbischof von Mainz schicke 100; der Erzbischof von Köln 100; der Bischof von Würzburg 40; der Abt von Hersfeld 40; Graf Heribert führe 30, und der Sohn seines Bruders komme entweder mit 30 oder schicke 40; (…) Herzog Karl (von Niederlothringen) soll den Boso mit 20 schicken; der Bischof von Lüttich schicke 60 (…), der Bischof von Cambrai schicke 12; Gedulf führe 12 mit Hilfe der Äbte (von Inden und Stablo); Graf Theodorich schicke seinen Sohn mit 12; Graf Ansfred schicke 10; die Markgrafen Gottfrid und Arnulf schicken 40; Graf Sikkos Sohn führe 30 mit sich; der Abt von Prüm führe 40; der Erzbischof von Trier führe 70; der Bischof von Verdun führe 40; der von Toul schicke 20; der Erzbischof von Salzburg schicke 70; der Bischof von Regensburg ebenso viel; Abraham (Bischof von Freising) schicke 40; Bischof Reginald (von Eichstätt) führe 50; Bischof Alboin (von Säben) führe 20; der Bischof von Augsburg 100; der Bischof von Konstanz schicke 40; der Bischof von Chur führe 40; der Abt von Reichenau führe 60; der Abt von St. Gallen führe 40; der Abt von Ellwangen führe 40; der Abt von Kempten führe 30.

*Deutsche Geschichte in Quellen und Dartellung, Bd.1, hg. v. Wilfried Hartmann. Stuttgart 1995, S. 183 f.*

**M 10 Huldigungsbild Ottos III.** (Reichenau, Ende 10. Jh.)
Links huldigen dem Kaiser die als Frauen dargestellten Provinzen: Sclavinia („Slawenland" Osteuropa), Germania (Deutschland), Gallia (Frankreich), Roma (Rom/Italien). Rechts sieht man den Kaiser auf dem Thron sitzen. Geistliche und weltliche Fürsten stehen direkt an seiner Seite.

## Reichskirche

So wird die Gesamtheit der hohen geistlichen Würdenträger im Reich (Erzbischöfe, Bischöfe, Äbte, Äbtissinnen) genannt. Auf diese stützten sich vor allem die ottonischen und salischen Könige. Sie setzten Männer ihres Vertrauens auf die wichtigen Kirchenposten und übertrugen ihnen auch wichtige weltliche Ämter, sodass sie mehr oder weniger wie Fürsten herrschen konnten. Im Gegenzug mussten die Bischöfe und Äbte den König beispielsweise im Krieg unterstützen und/oder als Berater dienen. So profitierten beide Seiten – König und Reichskirche – von dieser engen Verbindung.

### Fragen und Anregungen

1. Erkläre, welche Bedeutung die Reichskirche für Otto und die ihm nachfolgenden Könige hatte. (VT, M4, M7, M9)

2. Erarbeite, aus welchen Einzelschritten die Krönung eines Königs besteht. (M5)

3. Erläutere, wie sich der „sakrale Charakter" des König- und Kaisertums zeigt. (VT, M2, M4, M5)

4. Vergleiche das Gemälde der Lechfeldschlacht (M8) mit der Darstellung Widukund von Corveys (M6). Untersuche in M6 die Rolle des Königs. Für wie realistisch hältst du die Schilderung? Überlege, warum der bayerische König dieses Gemälde in Auftrag gegeben haben könnte, wo doch das dargestellte Ereignis beinahe schon 1000 Jahre vorüber war.

5. Lies dir M6 noch einmal durch. Für unsere Verhältnisse geht hier Otto sehr rücksichtslos und brutal vor. Versetze dich einmal in einen Vertreter der ungarischen Seite: Wie wird da die Lechfeldschlacht aufgenommen worden sein? Stell dir vor, du wärst ein ungarischer Geschichtsschreiber und würdest von dieser Schlacht berichten. Verfasse diesen Text.

6. Erläutere, wofür Erzbischof Brun in M7 gelobt wird. Gegen welche Vorwürfe glaubt der Verfasser Brun verteigen zu müssen?

# 8. Kampf zwischen Kaiser und Papst

| | |
|---|---|
| 910 | Gründung des Klosters Cluny als Zentrum einer klösterlichen Reform |
| 1076 | Der Machtkampf zwischen König und Papst entbrennt: gegenseitige Absetzung Heinrichs IV. und Gregors VII. |
| 1077 | Gang nach Canossa durch Heinrich IV. |
| 1122 | Wormser Konkordat: Einigung im Investiturstreit |

**M 1 Klosterkirche der Benediktinerabtei Cluny**
(12. Jh., Rekonstruktionszeichnung)

**Die Kirche steckt in der Krise**

Im 10. Jahrhundert boten die Geistlichen und die Kirche häufig kein Beispiel für ein vorbildliches christliches Leben. Ganz im Gegenteil: In den Klöstern hielten sich die Mönche nicht mehr an Ordensregeln, Äbte und Bischöfe konnten sich ihre Ämter erkaufen, und ebenso wie manche Päpste frönten sie einem ausschweifenden Lebenswandel und der Prunksucht. Ein kleines burgundisches Kloster, das 910 gegründete Cluny, wollte zumindest das Leben in den Klöstern wieder mehr an christlichen Maßstäben ausrichten. Man forderte, streng mönchisch nach der benediktinischen Regel zu leben und den Kauf von kirchlichen Ämtern ebenso zu verbieten wie die weit verbreitete Priesterehe. Diese Ideen einer Reform (lat. für Erneuerung) des klösterlichen Lebens verbreiteten sich bald in ganz Europa.

Auch der Kaiser hatte ein Interesse daran, dass die Kirche nicht völlig verwahrloste. Vor allem der Salierkaiser Heinrich III. unterstützte die Erneuerungsbewegung und wollte, dass auch die höheren Geistlichen und die Päpste sich wieder an die christlichen Regeln hielten. Das ging sogar so weit, dass er 1046 bei einem Italienzug gleich drei Päpste, die um die Herrschaft rivalisierten, absetzte. Statt dessen machte er einen deutschen Bischof zum neuen Papst.

Das Papsttum erstarkte von da an zusehends, sodass auch der Kaiser nicht mehr einfach die Amtsträger bestimmen konnte. Der Papst wurde nun von den Kardinälen in Rom gewählt.

So kam 1073 ein Papst auf den heiligen Stuhl, der sehr viel entschiedener vorging als seine Vorgänger: der reformwillige Mönch Hildebrand aus Cluny, der sich fortan Gregor VII. nannte. Dieser forderte, dass sich selbst der Kaiser der geistlichen Gewalt, mit dem Papst an der Spitze, zu unterwerfen habe. Der König sollte auch damit aufhören, die Einsetzung der Bischöfe (= Investitur) vorzunehmen, weil das allein Aufgabe des Papstes

**M 2 Ausbreitung der Klosterreform in Europa**
Von Cluny aus verbreitete sich die klösterliche Erneuerungsbewegung schnell in ganz Europa. Es entstanden neue Reformzentren wie das lothringische Gorze (gegr. 933) und in Deutschland Hirsau (gegr. 1069).

35

sei. Da sich der neue deutsche König Heinrich IV. dem nicht fügen wollte, weil er ja damit einen großen Teil seiner Macht aufgegeben hätte, kam es zum offenen Konflikt zwischen dem höchsten weltlichen und dem höchsten geistlichen Herrscher, zum so genannten Investiturstreit.

**Der Investiturstreit**

Gregor VII. hatte Heinrich IV. gewarnt, dass er ihn „bannen", also aus der Kirche ausschließen werde, wenn er nicht aufhöre, Bischöfe und Äbte einzusetzen. Heinrich reagierte darauf, indem er im Januar 1076 auf einer Reichsversammlung in Worms Gregor VII. absetzen ließ. Der Gegenschlag des Papstes war noch radikaler: Er erklärte im Februar seinerseits die Absetzung Heinrichs, entband alle Untertanen des Königs vom Treueid und verhängte über ihn den Kirchenbann. Darauf begannen sich viele Fürsten in Deutschland, die nun eine Chance zur Erweiterung ihrer Macht sahen, von Heinrich IV. abzuwenden und auf die Seite des Papstes zu stellen. Es wurde sogar beschlossen, dass man einen neuen König wählen wolle, wenn Heinrich es nicht schaffe, sich binnen eines Jahres vom Bann zu lösen.

**Gang nach Canossa**

Heinrich IV. befand sich nun in einer extrem schwierigen Lage. Was sollte er tun angesichts dieser großen Zahl von Gegnern? Er beschloss nach Italien zu ziehen, um Gregor VII. um die Lösung vom Bann zu bitten. Auf der Burg Canossa in Oberitalien empfing der misstrauische Papst den deutschen König. Man sagt, dass Heinrich IV. im strengen Winter 1077 drei Tage im Bußgewand vor der Burg ausharren musste, ehe ihm tatsächlich Vergebung vonseiten des Papstes zuteil wurde. Dieses Ereignis lebt heute noch in einer Redensart fort: Wenn jemand reuig um Verzeihung bittet, nennt man das „nach Canossa gehen".

**Der Kampf geht weiter**

Die Auseinandersetzung war mit dem Canossagang aber noch nicht zu Ende. Wenige Jahre später wurde Heinrich noch einmal gebannt, aber nun waren die Vorzeichen anders: Er hatte sich in Deutschland wieder eine gefestigtere Position erkämpft und konnte 1084 nach Rom ziehen, Gregor vertreiben und einen anderen Papst einsetzen, der ihn sogleich zum Kaiser krönte. Gregor starb im Jahr darauf in der Verbannung.

**Der Kompromiss: Wormser Konkordat**

Eine Einigung im Investiturstreit kam erst weitere Jahrzehnte später unter Nachfolgern von Heinrich und Gregor zu Stande. Der Kompromiss im Wormser Konkordat (= Vertrag) 1122 sah vor, dass man sich in Zukunft die Einsetzung der Bischöfe „teilen" solle: Die Kirche wählt den Bischof und der Papst verleiht ihm die geistlichen Rechte, symbolisiert durch Bischofsring und -stab, während der Kaiser ihm die weltlichen Rechte, symbolisiert durch das Zepter, übertragen soll.

**M 3** Heinrich IV. lässt Gregor VII. aus Rom vertreiben (Federzeichnng in der Weltchronik Ottos v. Freising) Neben Heinrich IV. sitzt der von ihm eingesetzte Papst Wibert von Ravenna.

## M 4 Die Kirche in der Krise

a) *Zustände in Klöstern und das Verhalten von Geistlichen:*

Es gibt nämlich einige unseres Standes, welche sich gern öffentlich das Haupt mit einem goldgeschmückten Hute bedecken (…) und statt der unscheinbaren Mönchskleidung kostbare Gewänder anlegen. Sie tragen gern um hohen Preis gekaufte Röcke mit weiten Ärmeln und großen Falten und ziehen sie um den Leib so fest zusammen, dass die eingeschnürten Hüften den Hintern hervortreten lassen.

*Quellenlesebuch zur Geschichte des deutschen Mittelalters. Leipzig 1914, S. 292.*

Geistliche haben öffentlich und „mit Aufwand" Umgang mit Frauen, sie sind nicht vorsichtig und hartköpfiger als die weltlichen Ehebrecher.

*MGH Constitutiones 1, 72, Nr. 34; sinngemäß übertragen v. Fichtenau, Heinrich von: Lebensordnungen des 10. Jh. München 1994, S. 160.*

b) *Die Päpste im 10. Jahrhundert:*

Papst Johannes X. (914–918) hat ein Verhältnis mit der Gattin Theophylakts, des Herrschers von Rom.
974 wird der neu eingesetzte Papst Benedikt VI. im Auftrag des mächtigen Adeligen Crescentius eingesperrt und durch Bonifaz VII. ersetzt.
Bonifaz VII. lässt seinen Rivalen im Kerker erdrosseln und kann sich selbst nur sechs Wochen behaupten; dann flieht er mit den Schätzen der Peterskirche nach Konstantinopel.
Benedikt VII. wird neuer Papst.
983 erobert Bonifaz VII. den heiligen Stuhl zurück und lässt im April 894 den nächsten Rivalen in die Engelsburg werfen, wo dieser verhungerte oder vergiftet wurde.
994 stirbt Bonifaz VII. unter mysteriösen Umständen – wahrscheinlich ist er ermordet worden.

*Zusammenstellung des Verf.*

### Investiturstreit

Das lateinische Wort „investitura" heißt wörtlich eigentlich Einkleidung. Gemeint ist damit aber allgemein die Einsetzung des Bischofs in sein Amt. Der Streit um die Einsetzung der Bischöfe zwischen Papst und König/Kaiser im 11./12. Jahrhundert heißt daher Investiturstreit.

## M 5 Gang nach Canossa

*Als Heinrich IV. nach Italien ziehen wollte, um bei Gregor VII. um die Lösung vom Bann zu bitten, versperrten die süddeutschen Herzöge die Alpenpässe. Heinrich wich nach Burgund aus und zog im Jahrhundertwinter 1077 mit Frau und Kind und großem Gefolge über den 2 000 m hohen Alpenpass des Mont Cenis. Ein Geschichtsschreiber berichtet dazu:*

Bald kroch (die Gruppe) auf Händen und Füßen vorwärts, bald stützten sie sich auf die Schultern ihrer Führer, und manchmal, wenn sie auf dem glatten Boden ausglitten, fielen sie auch hin und rutschten ein ganzes Stück hinunter. (…) Die Königin aber (…) setzte man auf Rinderhäute. (…) Die Pferde ließen sie teils mit Hilfe gewisser Vorrichtungen hinunter, teils schleiften sie sie auch mit zusammengebundenen Beinen hinab. Dennoch kamen viele beim Hinunterschleifen um, viele wurden schwer verletzt, und nur ganz wenige entrannen heil und unverletzt der Gefahr.

*Lampert von Hersfeld, Annalen; zit. nach Fuhrmann, H.: Deutsche Geschichte im hohen Mittelalter: Von der Mitte des 11. bis zum Ende des 12. Jh. Göttingen 1993, S. 79.*

**M 6 Heinrich IV. bittet Mathilde von Tuszien um Fürsprache beim Papst** (Buchmalerei aus dem 12. Jh.) Links neben dem knienden König ist der Abt Hugo von Cluny zu sehen, der der Taufpate Heinrichs war und ebenfalls beim Papst ein gutes Wort für den König einlegte.

## M 7 Kontrovers: Wer ist der Mächtigere – Papst oder Kaiser?

*Gregor VII. äußerte sich in 27 Punkten über die Stellung des Papstes. Hier einige Auszüge:*

3. Der Papst ganz allein kann Bischöfe einsetzen und auch wieder absetzen.
8. Nur der Papst verfügt über die kaiserlichen Insignien.
12. Der Papst kann Kaiser absetzen.
19. Der Papst kann von niemandem gerichtet werden.
27. Der Papst kann Untertanen vom Treueid gegen unbillige Herrscher entbinden.

Geschichte in Quellen, Bd. 2, hg. v. Wolfgang Lautemann und Manfred Schlenke. München 1978, S. 291 f.

*Heinrich IV. setzt Gregor VII. durch einen Brief ab:*
Heinrich, durch Gottes gerechte Anordnung König, an Hildebrand, nicht mehr den Papst, sondern den falschen Mönch: (…)
So steige du denn, der du durch diesen Fluch und das Urteil aller unserer Bischöfe und unser eigenes verdammt bist, herab, verlasse den apostolischen Stuhl, den du dir angemaßt hast.
Ein anderer steige auf den Thron des heiligen Petrus, einer, der Gewalttat nicht mit Frömmigkeit bemäntelt, sondern die reine Lehre des heiligen Petrus lehrt. Ich, Heinrich, durch die Gnade Gottes König, sage dir zusammen mit allen meinen Bischöfen: Steige herab, steige herab!

Nach: Deutsche Geschichte in Quellen und Darstellung, Bd. 1, hg. v. Wilfried Hartmann. Stuttgart 1995, S. 295 f.

Gregor VII. (Papst von 1073–1085) kam als Mönch Hildebrand aus dem Kloster Cluny und war der machtbewussteste aller Päpste des Hochmittelalters.

Heinrich IV. (1050–1106) wurde bereits mit drei Jahren König. Da er seine Herrschaft als Kind nicht ausüben konnte, regierten erst seine Mutter Kaiserin Agnes und später Erzbischöfe für ihn. Während dieser Zeit ohne starken König wurden die Fürsten im Reich und die Päpste wieder mächtig.

### Fragen und Anregungen

1. Fasse zusammen: Welcher „Verfehlungen" machen sich die Mönche und Geistlichen schuldig? Verwende zur Beantwortung auch den Verfassertext. (M4a)
2. Stelle fest: Welchen Eindruck bekommt man von den Päpsten im 10. Jahrhundert? (M4b)
3. Stelle fest: Welche Stellung beansprucht Gregor VII. für den Papst? Was überrascht dich an diesen Forderungen? (M7)
4. Erarbeite: Was wirft Heinrich IV. Gregor vor? Warum spricht er Gregor mit seinem alten Mönchsnamen an? (M7)
5. Erkläre: Aus welchem Grund glaubt Heinrich das Recht zu haben, den Papst absetzen zu dürfen? (M7)
6. Erkläre, welche Schwierigkeiten für Heinrich IV. auftreten, als er nach Italien zieht, um sich vom Kirchenbann zu lösen? (VT, M5, M7)
7. Beurteile: Inwiefern haben König und Papst vom Canossagang profitiert? Wer ist der „moralische Sieger"?
8. Begründe, warum das Wormser Konkordat langfristig eine erhebliche Schwächung der Königsmacht und eine Stärkung der Fürsten bedeutete.

38

# 9. Letzter Höhepunkt mittelalterlichen Kaisertums: Friedrich Barbarossa

| 1152 | Friedrich I. wird König, drei Jahre später Kaiser. |
| --- | --- |
| 1180 | Heinrich dem Löwen, dem größten Rivalen des Kaisers, werden die Herzogtümer Sachsen und Bayern entzogen. |
| 1190 | Friedrich Barbarossa ertrinkt auf dem Kreuzzug. |

**M 1 Kaiser Friedrich I. (Barbarossa)** mit seinen Söhnen Heinrich und Friedrich. Friedrich I. ist neben Karl d. Großen der wohl bekannteste Kaiser des Mittelalters. Viele Sagen ranken sich um seine Person. So erzählte man sich zum Beispiel, dass Friedrich nicht gestorben sei, sondern im Berg Kyffhäuser schlafe, um einst das Reich neu zu errichten.

Die Machtstellung des Königs/Kaisers hatte nach Ende des Investiturstreits Schaden genommen: Der Herrscher durfte nicht mehr unmittelbar über die Kirche bestimmen, was dem Papst und den Fürsten im Reich zu mehr Einfluss und Selbstständigkeit verhalf. Ein Mitglied des staufischen Königsgeschlechts, Friedrich I., dem später aufgrund seines roten Bartes der Beiname „Barbarossa" (ital. barba rossa = Rotbart) gegeben wurde, wollte die Autorität des Kaisertums wieder herstellen. Der Kaiser sollte die unangefochtene Spitzenstellung innerhalb der mittelalterlichen Welt besitzen. Diesen Anspruch musste er gegenüber drei mächtigen Parteien durchsetzen: gegen das Adelsgeschlecht der Welfen mit dem mächtigsten Reichsfürsten, Heinrich dem Löwen, an seiner Spitze; gegen eine Gruppe italienischer Städte, die sich dem Kaiser nicht mehr bedingungslos unterordnen wollten; und gegen den Papst, der dem Kaiser auch als weltlicher Fürst entgegentrat.

**Nach dem Investiturstreit: mächtige Gegner des Staufers**

### Staufer

Das schwäbische Herzogsgeschlecht der Staufer stellte im 12. und 13. Jahrhundert mehrere Könige und Kaiser. Die bekanntesten sind Friedrich I. Barbarossa und sein Enkel Friedrich II.
Im Bemühen, seine Position im Reich zu stärken, trug Barbarossa bewaffnete Konflikte mit den Welfen sowie den oberitalienischen Städten und dem Papst aus.
Friedrich II. war um rechtliche Reformen bemüht. Er interessierte sich für Künste und Wissenschaften und versammelte zahlreiche bedeutende Gelehrte und Dichter an seinem Hof. Mit Friedrichs Sohn Konrad IV. stirbt 1254 der letzte Stauferkönig.

**M 2 Hohenstaufen, die Stammburg des staufischen Adelsgeschlechts,** liegt im heutigen Baden-Württemberg (damals Herzogtum Schwaben). Auf das Wappen der Staufer wurde bei der Wahl des Wappens für Baden-Württemberg zurückgegriffen.

### Die Welfen und Heinrich der Löwe

Den Konflikt der Staufer-Familie mit den Welfen hatte Friedrich quasi ererbt: Schon bevor er 1152 als schwäbischer Herzog zum König gewählt wurde, hatten die beiden rivalisierenden Adelsgeschlechter um die Königswürde gestritten. Friedrich I. wurde von den Fürsten unter anderem auch deswegen gewählt, weil man ihm zutraute, den Konflikt zu beenden: Seine Mutter war Welfin, sein Vater Staufer. Zu Beginn seiner Regierungszeit versuchte Barbarossa einen Ausgleich mit seinem schärfsten Rivalen herbeizuführen. Er belehnte seinen Vetter Heinrich den Löwen, den Herzog von Sachsen, auch mit dem Herzogtum Bayern. Dafür erkannte ihn der Welfe als König an und gewährte ihm – vorerst – Unterstützung.

### Der lombardische Städtebund

Bald war Friedrich Barbarossa aber gezwungen, sich dem südlichen Teil des Reiches zuzuwenden. Insgesamt zog er sechsmal nach Italien, zum ersten Mal 1154/55, als er sich zum Kaiser krönen ließ. Welchen Grund hatte das? Einige der inzwischen sehr reich und mächtig gewordenen oberitalienischen (lombardischen) Städte wollten die uneingeschränkte Oberherrschaft des Kaisers nicht mehr akzeptieren: Sie nahmen – unter der Führung Mailands – königliche Rechte (Regalien) in Anspruch, indem sie selbst Steuern erhoben, Zölle kassierten oder eigene Münzen prägten.

Das konnte Friedrich nicht hinnehmen, wenn er nicht wollte, dass eine seiner wichtigsten Einnahmequellen versiegte. Es kam zu einer langjährigen, erbitterten Auseinandersetzung zwischen den oberitalienischen Städten, die sich bald zu einem Bündnis, dem „lombardischen Städtebund", zusammengeschlossen hatten, und dem Kaiser.

### Der Papst

Unterstützt wurden die Städte auch von Papst Alexander III., der verhindern wollte, dass der Kaiser in Italien zu mächtig wurde. Erneut kam es also zum Kampf zwischen den Oberhäuptern der weltlichen und geistlichen Gewalt, nur dass es dieses Mal ein Machtkampf um rein weltliche Belange war. Erst nach jahrelangen Kriegszügen und einem Friedensschluss zwischen Kaiser und Papst 1177 war der Weg frei für eine Einigung mit dem lombardischen Städtebund. Barbarossa hatte sich nicht endgültig durchsetzen können und musste 1183 froh sein, einen Kompromiss aushandeln zu können: Die Städte hatten den Kaiser als ihr Oberhaupt anzuerkennen und Abgaben zu zahlen, dafür durften sie sich weitgehend selbst verwalten.

### Wieder Heinrich der Löwe

Im Kampf gegen die lombardischen Städte musste Friedrich einige schwere Niederlagen hinnehmen. Dies war auch darauf zurückzuführen, dass nicht alle Reichsfürsten seinem Ruf nach Unterstützung bei den Italienzügen gefolgt waren. Auch der von Barbarossa bisher geförderte Heinrich der Löwe verweigerte sich 1176 der Mithilfe, um seine Macht in Norddeutschland beinahe königsgleich auszubauen. Die Geduld des Kaisers mit seinem welfischen Rivalen war nun erschöpft. Nachdem Heinrich zweimal nicht vor einem Fürstengericht erschienen war, verlor er seine Herzogtümer Sachsen und Bayern. Außerdem wurde die Reichsacht (Ausschluss einer Person vom Rechtsschutz; vgl. S. 139) über ihn verhängt.

### Allmähliche Trennung von Kirche und Staat

Auch wenn sich Friedrich Barbarossa nicht auf allen Gebieten durchsetzen konnte, hatte er dennoch die Autorität des Kaisertums in Deutschland und Italien wiederhergestellt. Eine solche Spitzenstellung erreichte kein Kaiser mehr nach ihm. In der Auseinandersetzung mit dem Papst zeigte sich allerdings: Eine so enge Beziehung von Kaisertum und Papsttum, wie sie unter den Karolingern, den Ottonen und den ersten Saliern herrschte, war nicht mehr möglich. Unter den Staufern schritt demnach der Prozess einer allmählichen Trennung von Kirche und Staat weiter voran.

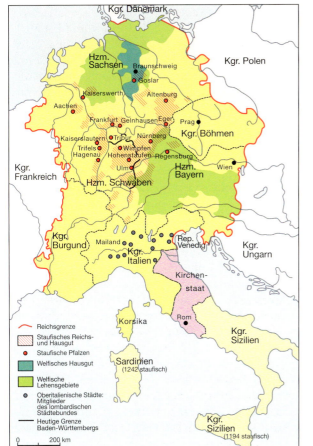

**M 3  Das Heilige Römische Reich während der Regierungszeit Friedrichs I.**
Es wurde durch die Heirat Barbarossas mit Beatrix von Burgund um das Königreich Burgund erweitert. Unter Friedrichs Nachfolgern kam sogar noch Sizilien hinzu.

**M 4  Gründe für die Königswahl Friedrichs I.**
*Der Geschichtsschreiber Otto von Freising berichtet über die Königswahl von 1152:*
Schließlich haben alle Fürsten die Wahl Herzog Friedrichs von Schwaben gefordert. (…) Damals gab es nämlich zwei berühmte Familien im Reich; aus der einen gingen Kaiser, aus der anderen große Herzöge hervor.
5 Wie es nun häufig bei bedeutenden und ruhmgierigen Männern der Fall ist, herrschte zwischen ihnen oft Eifersucht und Streit, wodurch der Frieden im Reich wiederholt gestört wurde. Daher dachten die Fürsten nicht bloß an die Umsicht und Tüchtigkeit des Fürsten, sondern auch daran, dass er als Angehöriger beider Fa- 10 milien gleichsam als Eckstein Feindschaft zwischen ihnen überwinden könnte.

*Nach: Otto von Freising, Gesta Friderici II, 1 f., Übertragung des Verf.*

**M 5  Stationen der Auseinandersetzung Barbarossas mit den lombardischen Städten und dem Papst**

1155   Friedrich verhängt über Mailand die Reichsacht, weil es sich nicht unterordnen will.
1158   Vollstreckung der Acht, Mailand muss sich ergeben und einen Treueid leisten.
1158   Reichstag von Roncaglia, die lombardischen Städte müssen unrechtmäßig erworbene Regalien aufgeben.
         Viele Städte, v. a. Mailand und Crema, verfügen weiterhin über königliche Rechte.
1160   Belagerung und Eroberung Cremas.
1162   Belagerung und Eroberung Mailands, als Strafe Zerstörung der Stadt.
         Barbarossa erkennt Papst Alexander III. nicht an und unterstützt einen schwachen Gegenpapst.
         Weitere italienische Städte widersetzen sich dem Kaiser und finden einen Verbündeten in Alexander III.
1166   Barbarossa sucht den Entscheidungskampf in Italien und zieht mit über 10 000 Rittern nach Süden. Nach heftigen Regenfällen bricht 1167 im Lager der kaiserlichen Ritter eine Malariaepidemie aus, an der tausende Ritter und wichtige adelige Anführer sterben; Friedrich muss den erfolglosen Kriegszug abbrechen und nach Deutschland zurückkehren; die Gegner des Kaisers gründen die Festung Alessandria (nach Alexander III.).
1174   Erneuter Italienzug Barbarossas.
1176   Heinrich der Löwe lehnt es ab, den Kaiser zu unterstützen; vernichtende Niederlage Friedrichs bei Legnano.
         Barbarossa muss einlenken, um das Schlimmste zu verhindern.
1177   Friedensschluss mit dem Papst, 1183 Kompromiss mit den lombardischen Städten.

*Zusammenstellung des Verf.*

### Fragen und Anregungen

1. Erläutere anhand M3 und M4 die Ausgangssituation der beiden Adelsgeschlechter. Warum wurde der Staufer gewählt?
2. Versuche das Auf und Ab im Kampf Barbarossas gegen die italienischen Städte grafisch darzustellen. (M5)

41

# 10. Die Welt der Ritter

**Aus Dienstmannen werden Ministeriale**

In den Kämpfen gegen die Ungarn und die Araber im 8. und 9. Jahrhundert wurde deutlich, dass man sich gegen diese Reitervölker nur gepanzert und zu Pferde verteidigen konnte. Darum kämpften bald alle fränkischen Krieger, die sich ein Pferd und eine teure Rüstung leisten konnten, als Panzerreiter. Das waren vor allem reiche Adelige und ihre Dienstleute.

Der König konnte sich nicht immer auf seine adeligen Vasallen verlassen, deshalb wählte er auch unter den Bauern die tapfersten, stärksten und treuesten Männer aus und ließ sie als Reiterkrieger ausbilden. Dazu gab er ihnen eine kleine Grundherrschaft, von deren Ertrag sie leben konnten und ihre Ausrüstung, Waffen und Pferde, bezahlten. Dadurch konnten sich die Reiterkrieger im Dienste des Königs darauf konzentrieren, ihr Kriegshandwerk zu trainieren und weiterzuentwickeln. Sie blieben zwar von ihrem Herrn abhängiger als die Adeligen, mussten aber nicht mehr wie die Bauern arbeiten und dienen. Sie lebten ähnlich wie der Adel und waren für ihren Herrn unentbehrlich. Die Ministerialen, wie diese Dienstleute des Königs genannt wurden, stiegen so zu einer Art niedrigem Adel auf.

**Aus Panzerreitern werden Ritter**

Im Laufe der Zeit wurden diese Krieger zu spezialisierten Einzelkämpfern, die Selbstbewusstsein entwickelten und untereinander das Gefühl der Zusammengehörigkeit herausbildeten. Bald war nicht nur die Technik des Kampfes wichtig, sondern auch das Verhalten in anderen Lebensbereichen. Der Begriff „Ritter", der sich seit dem 12. Jahrhundert durchsetzte, bezeichnete so einen eigenen Stand, zu dem sich sowohl Adelige als auch Ministeriale, ja sogar Könige zählten. Kaiser Friedrich I. Barbarossa galt als tapferer Ritter und ließ auf einem glänzenden Hoftag 1184 seine Söhne zu Rittern erheben. Um den Ritterstand gegen Bauern und Stadtbürger abzugrenzen, erließ Friedrich I. sogar ein Gesetz, das nur den Söhnen von Rittern und Adeligen das Rittertum gestattete.

**Ein Knabe wird zum Ritter**

Der Sohn eines Ritters musste eine lange Ausbildung durchlaufen, bevor er Ritter wurde. Bis zum siebten Lebensjahr lebte er unter der Obhut der Frauen, manchmal auch am Hofe eines anderen Adeligen und diente den Damen als Page. So lernte er

**M 1 Modell einer Motte**
Diese Frühform einer Burg (11./12. Jahrhundert) bestand aus einer Vorburg und dem Wehrturm auf einem 5–10 Meter hohen Erdhügel.

1 Zugbrücke
2 Holzpalisaden
3 Ställe
4 Strohdach
5 Wirtschaftsgebäude
6 Innenhof
7 Holzbrücke auf Stützen
8 hölzerner Wehrgang
9 Schindeldach
10 Der Turm steht auf Holzpfälen
11 Erdhügel oder Motte

zuerst das höfische Benehmen. Mit 12 oder 13 Jahren begann der Dienst als Knappe eines Ritters. Als Helfer und Begleiter seines Herrn lernte er den Umgang mit den Waffen. Bei Turnieren half der Knappe dem Ritter beim Anlegen der schweren Rüstung. Er war auch für den Transport und die Pflege der Ausrüstung, v. a. der Pferde, zuständig. Mit etwa zwanzig Jahren wurde der junge Mann in einer feierlichen Zeremonie, der so genannten Schwertleite, zum Ritter erhoben.

Bis heute nennen wir einen Mann, der tapfer, freundlich und hilfsbereit ist, ritterlich, gutes Benehmen nennen wir höflich. Diese Begriffe haben ihre Wurzel im Mittelalter, als das Leben am Hofe eines Fürsten als Vorbild galt. Die dort lebenden Ritter mussten natürlich in vielen Bereichen Anforderungen erfüllen. Dazu gehörten neben Geschicklichkeit und Tapferkeit im Kampf ein tadelloses Benehmen bei Tisch und in Gesellschaft, gute, eben „höfliche" Manieren im Umgang mit den Frauen. Oft fanden an Fürstenhöfen ritterliche Wettkämpfe, so genannte Turniere, statt. Im Anschluss, bei festlichen Mahlzeiten und Tanz, gab es auch Darbietungen von fahrenden Sängern. Oft waren diese selbst Ritter, vielfach verarmt. Sie trugen Liebesgedichte vor, den so genannten Minnesang, und Abenteuergeschichten von Rittern. Diese Helden verkörperten das Ideal des Rittertums und waren bald an allen Höfen bekannt. Ihre Ideale waren Frömmigkeit und Demut gegenüber Gott und Milde gegenüber Armen und Schwachen, doch entsprachen durchaus nicht alle Ritter diesen Zielen. Manche waren vor allem den Bauern gegenüber überheblich und grausam und nutzten ihre Kampfeskraft mehr für Raubzüge. In den späteren Jahrhunderten gerieten viele Ritter in Not und wurden zu Raubrittern.

**M 2** **Ritter Wolfram von Eschenbach und sein Knappe** (Manessische Liederhandschrift, 14. Jh.) Wolfram von Eschenbach war auch Dichter und schrieb den Roman vom Gralskönig Parzival nach französischem Vorbild.

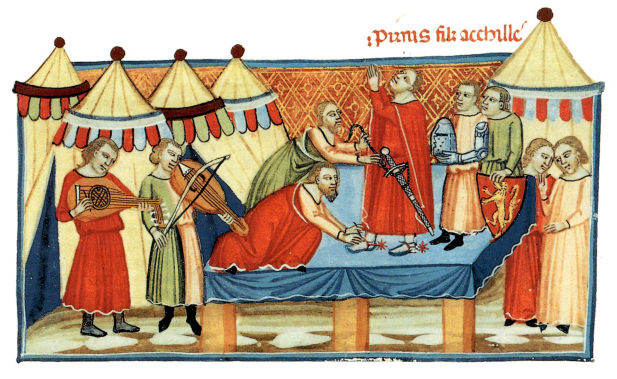

**M 3** **Rittererhebung/Schwertleite** (Miniatur aus dem 13. oder 14. Jh.) Nach einer Nacht des Gebetes erhält der neue Ritter sein Schwert, meist wurde dazu ein Schwertsegen gesprochen. Der Ritter leistete den Schwur, Gott und seinem Herrn treu zu dienen, Frauen, Witwen und Waisen zu schützen und für die Kirche zu kämpfen.

**Die Rolle der Damen**

M 4 **Ritter Jakob im Bade** (Manessische Liederhandschrift, 14. Jh.)

Die Fürstin und ihre Damen waren Mittelpunkt des Hofes und vor allem bei Festen und Turnieren wichtige Zuschauer, vor denen die Ritter glänzen wollten. So wurden Sieger meist von den Damen mit Kränzen geehrt. Die Verehrung und der Dienst an einer vornehmen Dame galten für einen Ritter als sehr ehrenhaft. Dabei konnte das durchaus eine verheiratete Frau, z. B. die Frau seines Herrn, sein, da dieser Dienst nicht unbedingt auf ein wirkliches Liebesverhältnis ausgerichtet war. Manche Fürsten nützten diese Frauenverehrung, um den Ritter so an sich zu binden. Der Ritter musste durch tapfere Taten seinen edlen und ehrenhaften Charakter zeigen und so die Zuneigung der Dame erwerben, die ihn oft mit nicht mehr als einem Lächeln belohnte.

Frauen waren auch das Hauptpublikum für die Romane und Minnelieder, da sie zwischen den Festen oft allein waren und so Unterhaltung fanden. Ein Beispiel ist die Geschichte vom König Artus und seiner Tafelrunde, die über Frankreich zu deutschen Dichtern kam und so weitergedichtet wurde. Die Töchter der Ritter und Adeligen waren meist gebildeter als die Ritter selbst. Sie lernten lesen und schreiben und feine Handarbeiten verrichten. Für die gröberen Arbeiten hatten sie Dienstmägde. Waren die Männer im Krieg unterwegs, führten sehr oft die Frauen den Hof. Daher mussten sie sich in Hauswirtschaft und auch in Heilkunde auskennen.

**Das Leben auf der Burg**

Seit dem 11. Jahrhundert begannen zuerst der König, später auch andere Adelige Burgen zu bauen, wie wir sie heute fast nur noch als Ruinen kennen. Diese Burgen dienten den Rittern als Wohnsitze und Verteidigungsanlagen zugleich. Sie lagen meist auf unzugänglichen Bergrücken und waren bereits von weitem sichtbar. Mit dieser Lage drückte der Burgherr rein äußerlich seine Herrschaft über das die Burg umgebende Land aus. Neben der Familie des Ritters lebten auf der Burg seine Krieger, Knechte, Mägde und viele Tiere. Das Leben war recht hart, und bei weniger reichen Rittern herrschte manchmal Not und Hunger. Aber auch in guten Zeiten lebte man beschwerlich, so konnte man z. B. meist nur einen einzigen Raum heizen, die Kemenate, das heißt der Raum mit Kamin. Hier hielten sich vor allem die Frauen auf und verrichteten die vielen Arbeiten, die die Burgfrau und ihre Mägde erledigen mussten. Das reichte vom Spinnen der Wolle und der Herstellung aller Kleider bis hin zur Zubereitung von Arzneien. Daneben war die Hauswirtschaft mit der Ernährung aller Burgbewohner eine wichtige Aufgabe der Burgfrauen.

M 5 **Belagerung einer Burg** (Französische Buchmalerei, 15. Jh.)
Berichte, wie eine Belagerung ablief.

44

**M 6** **Szenen aus dem Ritterleben** (Buchmalereien, Mannessische Liederhandschrift, 14. Jh.)

### M 7 Was ein Ritter können muss

Zu einem vollkommenen Mann gehört, dass er gut reiten, schnell auf- und absitzen, gut traben, rennen und wenden kann und mit Verstand von der Erde etwas aufnehmen. Zum zweiten muss er schwimmen, ins
5 Wasser tauchen und sich im Wasser drehen können. Zum dritten muss er seine Waffen gebrauchen können. Zum vierten muss er auf Leitern klettern können, wenn es nötig ist auch an Stangen und Seilen. Zum fünften muss er wohl turnieren können, streiten und
10 stechen und recht und redlich einen Zweikampf bestehen. Zum sechsten muss er auch zu Abwehr und Angriff ringen können, auch weit springen und mit der Linken ebenso gut fechten wie mit der Rechten. Zum siebten muss er bei Tisch aufwarten können, tanzen
15 und hofieren, auch Schach zu spielen verstehen.

Johannes Rothe: Ritterspiegel. Hg. v. Hans Neumann. Halle 1936.

### M 8 Ein Preislied auf die vornehme Dame

Wo nämlich eine Frau, vornehm innerlich und äußerlich,/ prächtig in Kleidung und Kopfschmuck,/ zur Unterhaltung in Gesellschaft geht,/ froh und festlich gestimmt, von Gefolge begleitet,/ gelegentlich die Augen ein wenig herumgehen lassend,/ und auftritt 5 wie die Sonne neben den Sternen –/ der Mai kann uns all seine Wunderpracht bringen,/ was ist darunter so Herrliches/ wie ihre liebliche Schönheit?/ Da lassen wir alle Blumen/ und starren nur die herrliche Frau an.

Walther von der Vogelweide: Gedichte. Hg. v. Peter Wapnewski. Frankfurt am Main 1962, S. 89.

## Ritter

Der Begriff Ritter leitet sich von „Reiter" ab. Wir verstehen darunter einen eigenen Kriegerstand, der sich seit dem 8. Jh. aus Reiterkriegern herausbildete und zum niederen Adel aufstieg. Neben speziellen Kenntnissen im Kampf entwickelten die Ritter auch Ideale wie Milde gegen Schwache, Treue zu Gott und König, maßvolles und faires Verhalten im Kampf. Auch das höfliche Benehmen Damen gegenüber gehörte zur Ritterpflicht. Die Aufnahme in den Ritterstand fand nach Jahren der Lehre als Page und Knappe statt.

### Fragen und Anregungen

1. Erkläre den Begriff Ministeriale.
2. Beschreibe aus den Bildern und Texten die Ausrüstung, die ein Ritter besaß. (M2, M3, M6)
3. Notiere in dein Heft, welche Fähigkeiten und Eigenschaften der ideale Ritters besaß und welches das Ideal einer Frau dieser Zeit war. (M7, M8)

# 11. Kulturen treffen aufeinander: die Kreuzzüge

| | |
|---|---|
| 1096–1099 | Erster Kreuzzug: Nach einem Aufruf des Papstes Urban II. erobern Ritterheere aus Europa Jerusalem und weite Teile des heiligen Landes. Sie errichten dort die so genannten Kreuzfahrerstaaten. |
| 1187 | Sultan Saladin erobert Jerusalem für die Muslime zurück. |
| 1204–1275 | In fünf Kreuzzügen versuchen die Christen erfolglos, das heilige Land zu halten. |

**M 1** Pilger bei einem Heiligengrab (Meister von San Sebastian, Palazzo Barberini, Rom, 16. Jh.)

**Pilger als Reisende des Mittelalters**

Heutzutage ist das Reisen fast selbstverständlich. Das war im frühen Mittelalter anders, da nur der König und seine Boten bzw. Kaufleute unterwegs waren. Dementsprechend war die Vorstellung von Europa weniger geographisch als an die Idee der abendländischen Christenheit gebunden. Dass sich ein Netz von Verbindungen der Länder Europas im Laufe des 11. Jahrhunderts entwickelt, ist vor allem eine Folge der Pilgerfahrer. Neben Rom, das als Sitz des Papstes auch das Zentrum der römisch-katholischen Kirche ist, war vor allem das Grab des Apostels Jakobus in Santiago de Compostela (Nordspanien) ein bedeutender europäischer Wallfahrtsort. Die Pilgerreise war schon im Hinblick auf die Entfernungen und Reisemittel sehr anstrengend, konnte wegen Überfälle oder Krankheiten auch gefährlich sein und kostete viel Zeit und Geld. Welche Gründe bewogen also die Menschen, sich auf ein solches Risiko einzulassen?

Viele hofften, von Krankheiten oder Gebrechen geheilt zu werden, hatten ein Gelübde abgelegt, hofften, eine dringende Bitte erfüllt zu bekommen, wie z. B. nach einem Kind. Vor allem aber versuchten die Menschen so, ihre Angst vor dem jüngsten Gericht zu bewältigen. Nach dem allgemeinen Glauben und den Lehren der Kirche würde Gott beim Weltende über die guten und bösen Taten der Menschen richten. Den Sündern drohte die ewige Verdammnis in der Hölle. Durch Gehorsam gegenüber den kirchlichen Geboten und durch besondere Leistungen für den Glauben, wie eine Pilgerfahrt, wollten die Menschen ihre begangenen Sünden abbüßen. Dadurch fanden sie Trost in ihren Ängsten. Die Kirche gewährte ihnen nach der Pilgerreise Ablass von den kirchlichen Bußstrafen. Orte, an denen Märtyrer, Heilige oder gar Christus selbst gewirkt hatten, galten als besonders heilbringend. Auch Reliquien wurden dementsprechend verehrt, weil man hier etwas sehen und berühren konnte, was mit Gott in Verbindung stand.

**M 2** Kämpfe zwischen Muslimen und Kreuzfahrern (Miniatur, um 1350)

## Jerusalem als Ziel der Pilger

Jerusalem hatte eine besondere Bedeutung, denn hier verehrte man die Plätze, an denen Christus gelebt hatte und gestorben war. Dabei vermischte sich in den Vorstellungen vieler Menschen die wirkliche Stadt Jerusalem in Palästina mit der himmlischen Stadt Jerusalem aus der Bibel. Dort wird in der Offenbarung des Johannes das himmlische Jerusalem als der Wohnort der ewigen Seeligkeit benannt. Diese Vermischung führte zu einer besonders hohen Erwartung, die die Gläubigen mit einer Pilgerfahrt nach Jerusalem verbanden. Entsprechend empfindlich reagierten viele Christen, als die heilige Stadt durch die muslimischen Seldschuken 1070 erobert wurde.

## Jerusalem als Vorwand für politische Machtkämpfe

Die Seldschuken waren ein türkisches Nomadenvolk, das seit dem 10. Jahrhundert zum Islam gehörte. Sie eroberten ab der Mitte des 11. Jahrhunderts nicht nur Teile des heiligen Landes, sondern auch viele Gebiete in Kleinasien, die zum byzantinischen Reich gehörten.
Als daher der byzantinische Kaiser 1095 den Papst in Rom um Unterstützung bei der Befreiung des heiligen Jerusalem von den Heiden bat, steckte eigentlich mehr der Versuch dahinter, militärische Hilfe zur Verteidigung seines Reiches zu finden. Papst Urban II. seinerseits sah hier eine Gelegenheit, wieder mehr Einfluss auf die Ost-Kirche zu bekommen. 1054 hatten sich die römisch-katholische und griechisch-orthodoxe Kirche gespalten. Diese Kirchenspaltung hoffte Papst Urban nun durch gemeinsamen Kampf gegen die Muslime zu überwinden. Außerdem brauchte er Unterstützung im Investiturstreit gegen den deutschen König Heinrich IV. Für diese unterschiedlichen Machtinteressen war also die Befreiung Jerusalems ein willkommener Anlass, zum Kreuzzug aufzurufen.

## Ziel der Kreuzfahrer

Papst Urban II. nutzte einen Aufenthalt in seiner Heimat Frankreich und hielt als Abschluss eines Konzils in Clermont 1095 eine Rede, in der er die christlichen Ritter aufrief, die heiligen Stätten von den Ungläubigen zu befreien. Er versprach jedem, der sein Leben für diese gute Sache ließ, das ewige Leben. Damit bot sich für die Ritter die Möglichkeit, ihre Ritterideale zu beweisen und gleichzeitig durch eine Pilgerfahrt ihr Seelenheil zu verdienen. Vor allem die nachgeborenen Söhne des Adels, die kein großes Erbe zu erwarten hatten, fanden hier eine willkommene Gelegenheit, Ruhm und vielleicht auch Macht und Vermögen zu erwerben. So folgten dem Aufruf des Papstes viele tausend Ritter aus Frankreich, Deutschland und dem normannischen Unteritalien. Sie trafen mit ebenso vielen Fußsoldaten und anderen Begleitern unter der Führung der Fürsten Gottfried von Bouillon, Raimund von Toulouse und Bohemund von Tarent im August 1096 in Byzanz ein.

## Kreuzzug der Armen

Der Aufruf des Papstes erreichte aber nicht nur Ritter. Viele Prediger riefen auch einfache Menschen zum Kreuzzug auf. Peter von Amiens, ein Einsiedler, erzielte die größte Wirkung. Bald schlossen sich ihm Menschenmassen an, die nicht nur ihre ewige Seligkeit erhofften, sondern auch dem Elend ihres Lebens entgehen wollten: Bauern, die unter den Grundherren litten, Arme aus den Städten, aber auch Räuber und Mörder. Sie zogen zusammen mit frommen Mönchen, Nonnen, Männern, Frauen und Kindern durch Europa. Der Kaiser in Byzanz schickte sie weiter nach Kleinasien. Dort wurde der Zug Peters von Amiens von den Seldschuken völlig aufgerieben, die meisten getötet, der Rest in die Sklaverei verkauft.

**M 3** Felsendom in Jerusalem (Zeichnung)

**Juden leiden unter den fanatischen Massen**

Viele Kreuzfahrer steigerten sich in die Idee hinein, gegen alle Nicht-Christen kämpfen zu müssen. Das wirkte sich schon in Europa auf die jüdischen Gemeinden aus. In blindem Fanatismus zerstörten Kreuzfahrer viele jüdische Viertel, so z. B. in Worms, Speyer, Mainz, Trier und Köln, und ermordeten und quälten die Bewohner, in dem Glauben, sie würden so den Tod Jesu rächen. Außerdem konnten sie mit der Beute aus den Plünderungen ihre Fahrt nach Jerusalem finanzieren oder sich einfach bereichern. Daher schützten auch viele Fürsten die Juden nicht.

**Jerusalem wird erobert**

Die Kreuzfahrer vereinigten sich im Herbst 1096 in Konstantinopel und wurden von Kaiser Alexios schnell weitergeschickt, da die fanatischen Massen kaum zu zügeln waren und einige ihrer Anführer schon Krieg gegen Byzanz geführt hatten. Monatelang zogen die Europäer durch die für sie ungewohnt glühende Hitze im heiligen Land. Sie belagerten die Stadt Antiochia, wo mehr als die Hälfte von ihnen an Hunger, Pest und im Kampf starb. Die eroberte Stadt wurde zerstört. Deshalb leisteten die Bewohner von Jerusalem der Belagerung der Kreuzritter auch erbitterten Widerstand. Am 15. Juli 1099 eroberte das Kreuzfahrerheer aus ungefähr 30 000 europäischen Rittern die Stadt.

Die Kreuzfahrer eroberten noch andere Teile des Heiligen Landes, gaben aber die eroberten Gebiete nicht an den byzantinischen Kaiser zurück, wie dieser gehofft hatte, sondern errichteten Fürstentümer. Das angesehenste war das Königreich Jerusalem. Sein erster Herrscher, Gottfried von Bouillon, nahm den Titel „Beschützer des Heiligen Grabes" an.

**Die Ritterorden**

Während der Kreuzzüge entstanden im Heiligen Land ritterliche Gemeinschaften, deren Angehörige zugleich auch wie Mönche lebten: die Templer (nach ihrem Quartier im jüdischen Tempel), die Johanniter und der Deutsche Orden. Sie entwickelten sich aus speziellen Schutztruppen für Pilger. Wer in einen der Orden aufgenommen werden wollte, musste das Gelübde der Keuschheit, Armut und des unbedingten Gehorsams leisten. Zudem wurde von einem Ordensritter außergewöhnlicher Mut, Treue und Tapferkeit verlangt, denn sie sollten als Elitetruppe im Kampf gegen die Muslime jederzeit und bedingungslos kämpfen. Ihre weitere Aufgabe war die Krankenpflege und Versorgung der Armen. Erkennbar waren die Ordensritter an einer einheitlichen Tracht, so der Deutsche Orden an einem weißen Mantel mit schwarzem Kreuz. Der Deutsche Orden führte ab 1225 Kreuzzüge gegen die nichtgetauften Pruzzen und andere baltische Völker an der Ostsee. Dort baute er einen mächtigen Ordensstaat auf, der vom Hochmeister des Ordens völlig unabhängig regiert wurde und bis ins 16. Jahrhundert bestand. Die Orden waren streng organisiert und besaßen bald viel Besitz, der sie unabhängig von den Fürsten machte.

Nach dem Ende der Kreuzfahrerstaaten in Palästina verlegte der Johanniterorden seinen Sitz auf die Insel Malta. Daher stammt auch der Name „Malteser". Die Organisation besteht als soziale Einrichtung bis in die Gegenwart.

**M 4 Der Johanniterorden im 12. Jahrhundert**
Krak des Chevaliers war eine Grenzbefestigung in Palästina.

**M 5** Kreuzfahrer greifen Konstantinopel an (4. Kreuzzug, Miniatur, um 1330)

Die Kreuzfahrerstaaten waren im Heiligen Land nur deshalb überlebensfähig, weil immer wieder europäische Ritter Kreuzzüge unternahmen und die muslimischen Staaten um sie herum untereinander zerstritten waren. Sultan Saladin erreichte eine Vereinigung der muslimischen Fürsten und eroberte 1187 Jerusalem zurück. Obwohl die Rückeroberung durch einen dritten Kreuzzug erfolglos blieb, ist er durch König Richard Löwenherz von England und seine abenteuerliche Heimkehr sowie den Tod Kaiser Friedrichs I. Barbarossa in vielen Geschichten lebendig geblieben. Den vierten Kreuzzug organisierte die Handelsstadt Venedig, die es erreichte, dass er bereits in Konstantinopel endete und die reiche Stadt 1204 völlig geplündert wurde. Damit hatten die Venezianer ihre mächtige Konkurrentin ausgeschaltet, gleichzeitig zeigte sich aber, dass die Kreuzzugsidee nichts mehr mit ritterlichen oder christlichen Idealen zu tun hatte. Alle anderen Kreuzzüge scheiterten, und mit der Eroberung Akkons 1291 fiel der letzte christliche Stützpunkt in Palästina. Die eigentlichen Gewinner der Kreuzzüge waren die italienischen Handelsstädte, allen voran Venedig, die durch den Transport der Kreuzfahrer, Handel mit den Gewürzen, Stoffen und anderen Luxusgütern aus dem Orient reich und mächtig wurden. Venedig schuf sich so die Basis für ein Machtgebiet im ganzen östlichen Mittelmeerraum.

**Sechs weitere Kreuzzüge**

### Kreuzzüge

Kreuzzüge waren Kriegszüge, die sich auf einen Aufruf des Papstes 1095 beriefen, das Heilige Grab in Jerusalem von der Herrschaft der Muslime zu befreien. Neben Rittern folgten bis ins 13. Jahrhundert auch andere Gläubige, da sie den Kreuzzug als bewaffnete Pilgerfahrt auffassten, für die sie Erlass ihrer Sünden und den Weg ins Paradies erwarteten. Neben den Kämpfen in Palästina wurde der Begriff auch für Kriege im Namen des Christentums verwendet, so z. B. der Kampf gegen die Muslime in Spanien. Die Begegnung mit der arabischen Kultur brachte den Europäern neue Kenntnisse.

### Fragen und Anregungen

1. Beschreibe die Situation der Stadt Konstantinopel möglichst sachlich genau, ebenso die Personengruppen, die du erkennen kannst. Überlege, welche Ziele die Kreuzzüge ursprünglich hatten. Vergleiche sie mit den Umständen der Eroberung Konstantinopels, wie sie im Text erklärt sind. (VT, M5)

2. Informiere dich über den Johanniterorden mittels Internet genauer. Welche Aufgaben und Tätigkeiten verfolgt dieser Orden noch heute?

# Methoden ergänzen sich

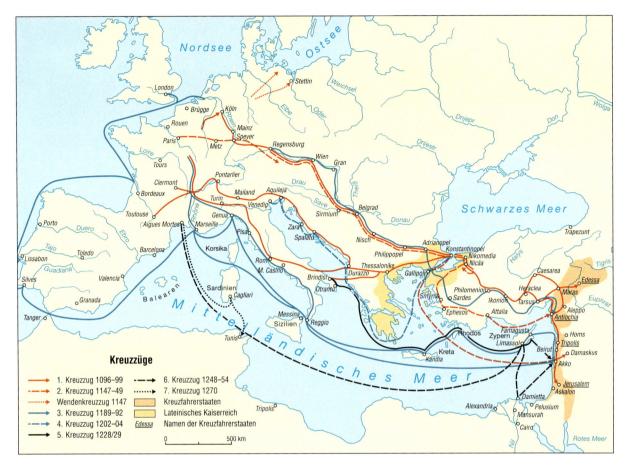

**M 1** Kreuzzüge

**M 2 Die Ebstorfer Weltkarte** (Rekonstruktion, vereinfachte Darstellung) Um 1300 wurde im Kloster Ebstorf bei Lüneburg auf 30 Pergamentblättern eine Weltkarte angelegt.

### Methodische Arbeitsschritte:

1. Stelle auf der modernen Weltkarte fest, welcher Ausschnitt gezeigt wird. Suche Rom, Venedig, den Rhein, Konstantinopel, Palästina, Jerusalem.
2. Betrachte nun die historische Ebstorfer Karte:
   Suche dieselben Orte.
   Wie liegt die Karte in den Himmelsrichtungen?
   Wie sind die Größenverhältnisse in M1?
   Wie sind die Größenverhältnisse auf der Ebstorfer Karte?
3. Schlussfolgerung: Erkläre, warum die Karte M2 so gezeichnet wurde.

## Methodische Arbeitsschritte:

1. Beschreibe das Bild sachlich und systematisch: Welche Gebäude siehst du, welche Personengruppen und Einzelpersonen? Handelt es sich um eine realistische Darstellung einer Eroberung? Begründe deinen Eindruck.
2. Lies die Quellen und fasse in Sinnabschnitten zusammen: Wie verhalten sich die Eroberer der Bevölkerung Jerusalems gegenüber? Was geschieht mit dem Besitz der Bewohner? Wie verhalten sich die Ritter nach ihrem Sieg? Vergleiche die Taten mit den Ritteridealen auf S. 45.

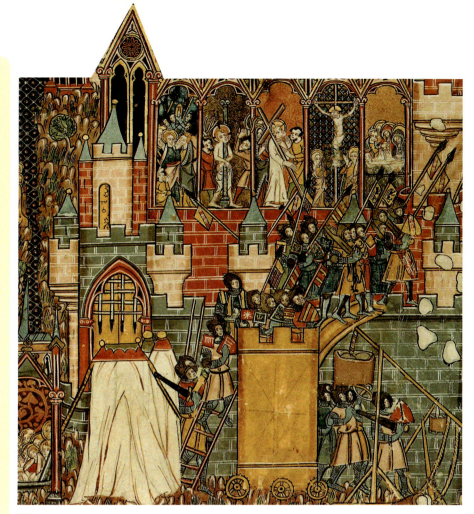

**M 3** Die Kreuzfahrer erobern Jerusalem am 15. Juli 1099 (Miniatur, 13. Jh.)

### M 4 Die Eroberung Jersualems

Nach dem fürchterlichen und blutigen Hinmorden der Sarazenen, von denen dort (im Tempel) zehntausend erschlagen wurden, kehrten die Christen siegreich vom Palast zur Stadt zurück und machten nun viele Scharen
5 von Heiden, die in ihrer Todesangst versprengt durch die Gassen irrten, mit dem Schwert nieder. Weiber, die in die befestigten Häuser und Paläste geflohen waren, durchbohrten sie mit dem Schwert. Kinder, noch saugend, rissen sie an den Füßen von der Brust der Mutter
10 oder aus den Wiegen und warfen sie an die Wand und auf die Türschwellen und brachen ihnen das Genick. Andere machten sie mit den Waffen nieder, wieder andere töteten sie mit Steinen. Kein Alter und kein Geschlecht der Heiden wurde verschont. Wer zuerst in ein
15 Haus oder einen Palast eindrang, behielt diesen in seinem Besitz, mit allem Gerät, Getreide, Gerste, Wein und Öl, Geld und Kleidern und allen Besitztümern. So wurden die Pilger Herren und Besitzer der Stadt.

*Albert von Aachen, Wilhelm von Tyrus; zit. nach: Milger, Peter: Die Kreuzzüge. Krieg im Namen Gottes. München 1988, S. 117.*

### M 5 Nach der Eroberung

Als endlich auf diese Weise in der Stadt die Ordnung hergestellt war, wuschen sie sich die Hände, zogen reine Kleider an und gingen dann mit gedemütigten und zerknirschten Herzen an den ehrwürdigen Orten umher (...) und küssten dieselben in größter Andacht. 5

*Wilhelm von Tyrus; zit. nach: Milger, Peter: Die Kreuzzüge. München 1988, S. 117.*

### Vergleich und Interpretation:

1. Vergleiche nun die Darstellung auf dem Bild mit den Quellen. Welche Szenen fehlen auf dem Bild? Aus wessen Sicht ist das Bild gemalt? Begründe deine Meinung.
2. Ein Pilger, ein Kreuzfahrer und ein Muslim treffen zusammen. Schreibe ein Streitgespräch, in dem jeder erklärt, warum er in Palästina ist und wie er das Verhalten der anderen beurteilt. Spielt die Szene.

# 12. Begegnung von Abendland und Morgenland

**M 1** Weltkarte des arabischen Geographen El-Idrisi (1154)

**Kreuzfahrer leben im Orient**

Durch den gemeinsamen Kampf gegen die Muslime und das Leben in der Fremde verstärkte sich das Gefühl der Zusammengehörigkeit unter den europäischen Rittern. Für die Araber waren alle Kreuzfahrer die „Franken", egal aus welchem europäischen Land sie auch kamen. Andererseits lernten die Kreuzfahrer in der Begegnung mit ihren islamischen Gegnern, dass diese ähnliche Tugenden wie die Ritter verehrten. Gleichzeitig lernten die Europäer aber eine überlegene Kultur kennen und, in der direkten Begegnung, auch schätzen. So lebten die Menschen im Orient überwiegend in großen Städten hinter mächtigen Mauern. Mehrstöckige Häuser, Wasserversorgung, öffentliche Badehäuser und Krankenhäuser, Schulen und Bibliotheken, all das gehörte zum Leben einer orientalischen Großstadt, war aber für die Europäer ungewohnt.

Um im Alltag des afrikanischen Klimas zu überleben, übernahmen die Europäer von den Einheimischen viele Lebensgewohnheiten: Steinhäuser mit kleinen, oft verglasten Fenstern und kühlen Steinfußböden, Innenhöfe mit Brunnen und Bäumen gegen die Hitze, Kleidung aus leichten Stoffen.

# Von den Arabern erworbene Kenntnisse

### Die Zahlen
Heute rechnet jeder mit den arabischen Zahlen 1, 2, 3 usw. und vor allem mit der Ziffer 0. Zur Zeit der Kreuzzüge rechneten die Europäer mit den römischen Ziffern I, II, III, IV usw. Damit waren komplizierte Rechenvorgänge, wie Multiplikation und Division, fast unmöglich. Die Araber rechneten seit langem mit anderen Zahlen. Schon ca. 850 hatte ein Mathematiker am Hofe des Kalifen in Bagdad die indischen Zahlen studiert und erkannt, dass vor allem die Kaufleute damit genau und einfach rechnen konnten. Die Fernhändler waren daher die ersten, die die indisch-arabische Rechenkunst anwandten und bis nach Europa brachten. Durch Übersetzungen ins Lateinische wurde aus dem Namen des Mathematikers AL-Chwarismi der Begriff Algorithmus und aus dem Buchtitel Algabr der Begriff Algebra.

### Astronomie
Die arabischen Wissenschafter beobachteten nicht nur die Sonne, den Mond und die Planeten, sie berechneten mit Hilfe der Mathematik auch ihre Umlaufbahnen. Dies wurde die Grundlage für eine Veränderung des Weltbildes in den späteren Jahrhunderten.

### Das griechische Erbe
In den Jahrhunderten der Völkerwanderung und danach waren die Schriften und die Kenntnis der griechischen Antike weitgehend verloren gegangen. Die Araber hatten jedoch vieles bewahrt. So gelangten die Schriften der griechischen Philosophen wie Aristoteles und Wissenschafter wie Euklid durch Übersetzungen aus dem Arabischen ins Lateinische wieder nach Europa und wurden zu einem Grundstein der europäischen Kultur.

### Medizin
Während in Europa kaum eine wirkliche Medizin und entsprechende Ausbildung existierte, erforschten arabische Ärzte systematisch die Heilpflanzen und ihre Wirkung, führten komplizierte Operationen durch und gaben ihr Wissen an Universitäten weiter.

### Wörter aus dem Arabischen
Aprikose, Alkoven, Arsenal, Atlas, Alchemie, Damast, Droge, Jacke, Kaffee, Kali, Koffer, Limonade, Matratze, Mütze, Natron, Orange, Safran, Scheck, Soda, Sofa, Sirup, Tarif, Tasse, Zucker.

**M 2** Ein christlicher und ein muslimischer Ritter spielen Schach (christliche Buchmalerei aus Spanien, 13. Jh.) Das Schachspiel wurde erst durch die Mauren in Spanien bekannt.

**M 3** Ein abendländischer Spielmann lernt von einem Mauren das Lautenspiel (Darstellung aus dem 13. Jh.) Der Name „Laute" kommt vom arabischen Wort „al du" und heißt: das Holz. Das Instrument wurde also nach dem Werkstoff benannt.

**In Spanien begegnen sich die Kulturen**

Allerdings waren die Kreuzzüge nicht der Beginn, sondern nur die Beschleunigung eines Austausches der christlichen und arabischen Kultur, der schon lange in Süditalien und vor allem in Spanien stattfand. Schon 711 landeten die Araber in Gibraltar und eroberten im 8. Jahrhundert große Teile Spaniens. In ihren Fürstentümern tolerierten die islamischen Herren den jüdischen und christlichen Glauben, sodass Angehörige dreier Religionen hier nebeneinander lebten. Von 929 bis 1031 war Spanien ein eigenständiges Kalifenreich mit wichtigen Städten wie Cordoba und Granada und erlebte eine hohe kulturelle Blüte.

Viele Kulturleistungen der Araber, wie Zahlen, Papier, Medizin, Astronomie, neue Speisen und Spiele, wurden von Gelehrten und Händlern, aber auch von Pilgern aus Santiago di Compostela nach Europa gebracht, bevor die Kreuzfahrer sie in Palästina kennen lernten.

Die Christen nannten die Muslime in Spanien Mauren. Dieser Begriff stammte ursprünglich aus dem Römischen Reich und hatte die Bewohner Nordafrikas bezeichnet.

Gegen Ende des 11. Jahrhunderts begann die christliche Rückeroberung Spaniens, die so genannte Reconquista, die 1492 mit der Eroberung Granadas ihren Abschluss fand. Das tolerante Zusammenleben von Juden, Muslimen und Christen wurde damit beendet.

**M 4 Die Alhambra („rote Burg") in Granada**
Vom 13. Jahrhundert bis 1492 war dieser prächtige Palast der Sitz der maurischen Herrscher in Spanien.

54

### M 5 Badehaus in einer islamischen Stadt
(Miniatur, 1528)

Hier gab es – für Männer und Frauen getrennt – Räume für Waschungen, Dampfbäder, Massagen, Haarpflege und sogar Toiletten mit Wasserspülung. Für den Muslim war es ein religiöses Gebot, auf die Reinlichkeit seines Körpers und seiner Lebenswelt zu achten. In die europäischen Städte hielten Sauberkeit und Hygiene erst durch heimkehrende Kreuzfahrer und andere Besucher islamischer Städte Einzug.

### M 6 Arabische und fränkische Heilkunst
*Die Quelle stammt von dem arabischen Arzt Usana ibn Munquidt in Spanien (1095–1188):*

Sie führten mir einen Ritter vor, der einen Abszess am Bein hatte, und eine Frau, die an Auszehrung litt. Dem Ritter machte ich ein erweichendes Pflaster, und der Abszess öffnete und besserte sich, der Frau verschrieb ich eine Diät und führte ihrer Säftemischung Feuchtigkeit zu. Da kam ein fränkischer Arzt daher und sagte: „Der weiß doch überhaupt nicht, wie sie zu behandeln sind", wandte sich an den Ritter und fragte ihn: „Was willst du lieber: Mit einem Bein leben oder mit beiden Beinen tot sein?" Da sagte er: „Holt mir einen kräftigen Ritter und ein scharfes Beil!" Er schlug (…) einmal zu, und da das Bein nicht abgetrennt war, ein zweites Mal: Das Mark des Beines spritzte weg, und der Ritter starb sofort. Hierauf untersuchte er die Frau und sagte: „Die da hat einen Dämon im Kopf, der sich in sie verliebt hat. Schert ihr die Haare." Sie schoren sie, und sie aß wieder von ihren gewohnten Speisen, Knoblauch und Senf, wodurch sich die Auszehrung verschlimmerte. „Der Teufel steckt in ihrem Kopf", urteilte er, nahm ein Rasiermesser und schnitt ihr kreuzförmig über den Kopf, entfernte die Haut in der Mitte, bis der Schädelknochen freilag, und rieb ihn mit Salz ein: Die Frau starb augenblicklich. Da fragte ich: „Habt ihr mich noch nötig?" Sie verneinten, und ich ging weg, nachdem ich von ihrer Heilkunde gelernt hatte, was ich vorher nicht wusste.

Zit. nach: Hunke, S.: Allahs Sonne über dem Abendland. Stuttgart 1984, S. 110 f.

**LITERATURTIPP**

Parker, Steve: Medizin. Von der Geisterbeschwörung bis zur Laserchirurgie. Hildesheim 1996 (= Sehen, Staunen, Wissen).

## Fragen und Anregungen

1. Spielt folgende Szene: Ein Kreuzfahrer kommt nach Jahren aus Palästina nach Hause zurück. Was erzählt er vom Leben im Heiligen Land? Was werden seine Leute zu Hause wohl fragen? Welche neuen Errungenschaften und Gegenstände bringt er vielleicht mit?

2. Ordne die Begriffe aus dem Arabischen nach Fachgebieten.

3. Addiere zwei dreistellige Zahlen zuerst mit arabischen Ziffern, dann mit römischen. Was fällt dir auf? Jetzt multipliziere sie in beiden Zahlensystemen.

4. Erarbeitet in der Klasse ein Streitgespräch zwischen den Christen und den Muslimen über die Folgen der Kreuzzüge. Erarbeitet, wer welche Vorteile und welche Nachteile hatte.

5. Orientiere dich auf der Karte. Suche Europa und Palästina. (M1)
Vergleiche diese Karte mit der Ebstorfer Weltkarte auf Seite 50. Welche Karte ist der heutigen Weltkarte ähnlicher? Beachte auch die Entstehungszeit der Karten.

# 13. Stadtluft macht frei

1000    Im Deutschen Reich gibt es rund 40 Städte, die meist nur wenige tausend Einwohner aufweisen.

1300    Im Deutschen Reich gibt es rund 3 000 Städte. Die größten Städte wie Nürnberg, Augsburg und Köln zählen zwischen 30 000 und 50 000 Einwohnern.

**M 1** Ein Nürnberger Kaufmann bietet seine Waren feil (um 1440).

**Städte und Märkte**    Bereits zur Römerzeit bestanden große Städte am Rhein und in Süddeutschland: Trier, Köln, Mainz, Regensburg und Augsburg. In diesen alten Städten nahmen Bischöfe ihren Sitz als Mittelpunkt eines Bistums. Es entstanden ein Dom, der Bischofspalast, Klöster und Adelshöfe. Neue Städte wuchsen besonders an Verkehrsknotenpunkten, wo Fernstraßen sich kreuzten, und an Flussübergängen. Fernhändler fanden sich an hohen Feiertagen vor Königspfalzen oder Bischofssitzen ein, um ihre seltenen und teuren Waren zu verkaufen. In Nürnberg kreuzten sich zwei Handelsstraßen von Nord nach Süd und Ost nach West, sodass sich unter der königlichen Burg eine Kaufmannssiedlung bildete.

**Gründungsstädte**    Seit dem 12. Jahrhundert gründeten Fürsten und Könige planmäßig neue Städte, die man am regelmäßigen Straßennetz erkennt. Die Stadtherren überließen den zukünftigen Städtern Grundstücke, verlangten geringe Steuern und ließen den Bürgern ihrer Stadt mehr Freiheiten, als die Bauern in den Dörfern besaßen. 1158 gründete der bayerische Herzog Heinrich der Löwe München. Er ließ die Isarbrücke des Freisinger Bischofs bei Föhring zerstören und leitete den Fern- und Salzhandel durch seine Siedlung „Munichen". Er erhob auch Brückenzoll.

**M 2** Nürnberg – eine große Burg (1493)
Um die Burg auf dem Felsen erstreckt sich die Stadt mit den vielen Giebeln und Dächern der Häuser, die an großen Plätzen oder engen, verwinkelten Gassen standen. Hoch ragten die Türme der Kirchen. Ein doppelter Mauerring mit vielen Türmen und Toren schützte die Stadt. Außerhalb befanden sich Mühlen, das Siechenhaus für Menschen mit ansteckenden Krankheiten, das Haus des Scharfrichters und der Galgen.

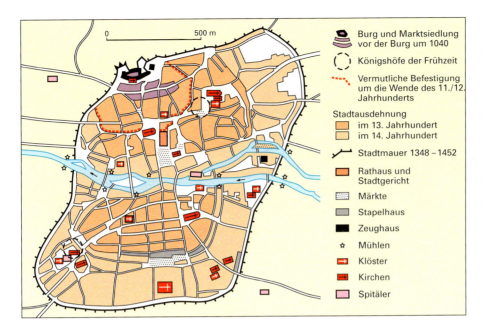

**M 3 Das Wachsen der Stadt Nürnberg und die Funktion der städtischen Gebäude**

Im Norden liegt auf dem Felsen die Kaiserburg. Zwei Hauptkirchen wurden vom 12. bis ins 16. Jh. errichtet: nördlich der Pegnitz St. Sebald mit den Gebeinen des Heiligen (eine Wallfahrtsstätte), südlich St. Lorenz. Im Stapelhaus mussten fremde Kaufleute ihre Güter einige Tage zum Verkauf anbieten.
Im Zeughaus wurden die städtischen Waffen gelagert.

**Freie Rechte für die Stadtbewohner**

Die Vergünstigungen der Stadtgründer, aber auch der Wunsch nach einem besseren Leben, führten viele unfreie und leibeigene Bauern in die Städte. Hier galt der Rechtssatz: „Stadtluft macht frei". Nach einem Jahr und einem Tag konnten die Herren ihre ehemaligen Leibeigenen nicht mehr zurückfordern. Die Handwerker und Händler, die in der Stadt lebten, waren von Frondiensten frei, übten ihr Gewerbe aus und waren nur dem städtischen Gericht unterworfen. Das Grundstück und das Haus, in dem sie lebten, waren ihr Eigentum. Auf dem Markt und durch den Geldverkehr konnte man Reichtum gewinnen.

Auf den Märkten kauften und verkauften Bauern Lebensmittel, Handwerker Schuhe, Kleidungsstücke, Werkzeuge, aber auch Fernhändler wertvolle und wichtige Güter. Die Stadtherren sorgten mit ihren Dienstleuten auf den Märkten für Ordnung und Sicherheit, dass niemand bestohlen oder durch falsche Gewichte oder falsche Münzen betrogen wurde. Könige, Fürsten und Bischöfe übernahmen mit ihrem kriegerischen Gefolge den Schutz des Marktes und erließen eine Marktordnung, in der die Regeln von Kauf und Handel festgelegt waren. Dafür verlangten die Stadtherren Steuern und Gehorsam, eine Forderung, die zunehmend bei den Bürgern auf Widerstand stieß.

Die weltlichen und geistlichen Stadtherren behielten die Steuereinnahmen und ließen die Stadt von den Bürgern verteidigen. Adelige und Geistliche hingegen mussten keine Steuern zahlen.
Obwohl sich viele Städte gegen diese Ungerechtigkeiten wehrten, konnten oft die Stadtherren ihre Stellung verteidigen, so die Fürstbischöfe in Würzburg und die bayerischen Herzöge in München. In manchen Städten wurden die Stadtherren vertrieben. Köln zum Beispiel war eine „Freie Stadt", in der eine kleine Gruppe von reichen und vornehmen Bürgern, die Patrizier, regierte. Nürnberg als Reichsstadt wiederum unterstand dem König, der selten in der Stadt verweilte. Er wollte nur noch die Abgaben der wohlhabenden Reichsstädte, mischte sich jedoch nicht mehr in deren innere Angelegenheiten, sodass auch in diesen Städten die Bürger die Herrschaft in der Stadt übernahmen.

**M 4 Roland in Bremen**
Dieser ritterliche Krieger mit dem Reichsadler war ein Symbol der städtischen Freiheit in der Hansestadt Bremen. Er steht auf dem Marktplatz.

**M 5  Marktplatz der Reichsstadt Augsburg**
(Jörg Breu, Vier Jahreszeiten, um 1530)
Solange Tageslicht war, reichte der Arbeitstag, der im Sommer um 5 oder 6 Uhr begann und 12 bis 14 Stunden dauerte. Um 10 Uhr wurde zu Mittag gegessen, mit der Dunkelheit wurden die Stadttore geschlossen. In dunklen, engen und ungepflasterten Gassen ragten schmale, mehrgeschossige Fachwerkbauten empor; dort sammelte sich besonders Unrat.

Beschreibe die Bauwerke am Markt und bestimme ihre Funktion. Unterscheide das Tun und die Kleidung der Menschen.

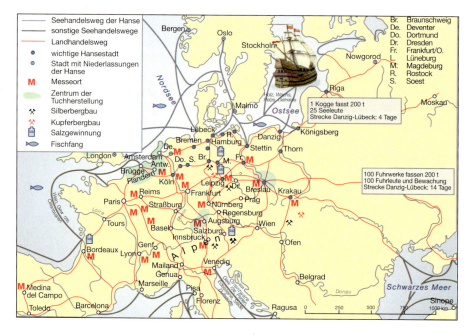

**M 6  Europa zur Zeit der Hanse um 1400**
Die Hanse war ein Bund von Handelsstädten in Norddeutschland, in denen die Fernhändler regierten. Sie beherrschten den Handel in Nordeuropa. In der Nord- und Ostsee transportierten ihre tiefen und breiten Segelschiffe, die Koggen, die Waren. Ihre Vormacht verteidigte die Hanse auch in Kriegen, z. B. gegen Dänemark.

## M 7 Stadtgründung

*Herzog Konrad von Zähringen stellte 1120 für die Stadt Freiburg folgende Urkunde aus:*

Es sei den lebenden und zukünftigen Geschlechtern bekannt, dass ich Konrad (von Zähringen) auf meinem eigenen Besitz Freiburg einen Markt eingerichtet habe im Jahre des Herrn 1120.
Nachdem ich Kaufleute der Umgebung zusammengerufen habe, habe ich beschlossen, mit ihnen zusammen diesen Markt zu begründen und einzurichten. Jedem Kaufmann habe ich ein Grundstück zum Bau eines eigenen Hauses gegeben und bestimmt, dass von jedem dieser Hausgrundstücke jährlich am St. Martinstag mir und meinen Nachfolgern ein Schilling Zins gezahlt werden soll.
Ich verspreche allen jenen, die zu meinem Markt kommen, Frieden und Schutz. Wenn einer in diesem Bereich beraubt worden ist, und er nennt den Räuber, soll er den Schaden ersetzt bekommen.
Wenn einer meiner Bürger stirbt, soll seine Frau mit seinen Kindern alles besitzen ohne jeden Einspruch, was er hinterlassen hat.
Allen Kaufleuten der Stadt erlasse ich den Zoll.
Jeder, der in diese Stadt kommt, darf sich hier frei niederlassen, wenn er nicht der Leibeigene irgendeines Herrn ist und diesen auch anerkennt als seinen Herrn. (…) Wer aber über Jahr und Tag in der Stadt gewohnt hat, ohne dass irgendein Herr ihn als seinen Leibeigenen gefordert hat, der genießt von da an sicher die Freiheit.

*Nach: Starke, D.: Herrschaft und Genossenschaft im Mittelalter. Stuttgart 1971, S. 86 f.*

## M 8 Marktordnung und Marktfrieden

*Herzog Heinrich von Niederbayern erließ 1256 für seine Landeshauptstadt Landshut eine Marktordnung:*

Wir verbieten, Schwerter und Dolche innerhalb der Stadt zu tragen. Und sooft Leute getroffen werden, die Schwerter tragen, werden sie der Stadt 6 Schillinge und an den Richter 60 Pfennige zahlen. Wir verordnen Rindfleisch für 1 Pfennig zu verkaufen und ebenso viel Hammelfleisch und 3 Pfund Ziegenfleisch. Wir verordnen, dass kein Kauf außerhalb des Marktes stattfindet, was die Leute betrifft, die der Stadt Waren zuführen. Die Leute, die wider diese Satzungen handeln, werden der Stadt 6 Schillinge und dem Richter 60 Pfennige zahlen. Wenn einer aber kein Geld besitzt, wird ihm die Hand abgeschlagen.

*MGH, Const. 2, Nr. 439; Übertragung des Verf.*

### Stadtrecht

Die mittelalterlichen Städte zeichneten sich durch ihr besonderes Stadtrecht aus. Könige oder Fürsten verliehen den Bürgern bestimmte Freiheiten, z. B. einen Markt abzuhalten, eine Währung einzuführen, sich mit einer Mauer zu schützen und sich mit Stadtrat und Bürgermeister selbst zu verwalten. Mitunter übernahmen neue Städte das Stadtrecht von großen und bedeutenden Städten.

### Reichsstadt

Im 11. und 12. Jahrhundert gründeten die deutschen Könige Städte auf eigenem Land. Diese Städte errangen im Laufe der Zeit die Selbstverwaltung, denn der König und seine Beauftragten überließen die Regelung der städtischen Angelegenheiten der bürgerlichen Oberschicht. Besonders in Süddeutschland wuchsen Reichsstädte wie Nürnberg und Augsburg zu blühenden Handwerks- und Handelsstädten.

### Fragen und Anregungen

1. Beschreibe die Entstehung und Entwicklung der Stadt Nürnberg. Vergleiche diese mit deiner Heimatstadt. (M2, M3)
2. Stelle Informationen über wichtige Gebäude in und das Aussehen der mittelalterlichen Stadt zusammen. Suche diese in deiner Heimatstadt. (M2, M3, M5)
3. Welche Vorteile versprach Herzog Konrad den Neubürgern von Freiburg? (M7)
4. Beschreibe das Geschehen auf dem Markt und begründe, warum eine Marktordnung nötig war. (M5, M8)
5. Versucht ein Planspiel: Kaufleute planen eine Handelsreise von Nowgorod nach Venedig. Legt den Weg, die Güter und die Transportmittel fest. (M6)

# 14. Die Bürger in der mittelalterlichen Stadt

**M 1** Zunftzeichen aus Italien (1602) Welche Handwerke sind jeweils dargestellt?

**Patrizier regieren die Städte**

In vielen Städten regierten die Patrizier, die sich im Kampf gegen die Stadtherren zu Gilden zusammengeschlossen hatten, um sich gegenseitig zu unterstützen. Sie besetzten das Amt des Bürgermeisters und den Stadtrat. Der Stadtrat wählte die städtischen Richter und Beamten und entschied alle Angelegenheiten des städtischen Lebens. Die Stadträte erließen die Marktordnungen und schrieben in Kleiderordnungen den Bürgern die Tracht vor. Sogar in der vornehmen Kleidung unterschieden sich die Patrizier von den einfachen Bürgern, mit denen Heiratsverbindungen unmöglich waren.

**Die Handwerker bilden Zünfte**

Die Patrizier wollten die Vertreter der viel zahlreicheren Handwerker in städtischen Angelegenheiten nicht mitbestimmen lassen. Um ihre Interessen besser durchzusetzen und zu schützen, schlossen sich die Handwerker Schneider, Bäcker, Metzger oder Schmiede zusammen, bildeten je nach verschiedenen Berufsgruppen Zünfte, die tatsächlich Lebensgemeinschaften darstellten. Oft lebten die Handwerker in einer Gasse oder Straße gemeinsam, was die Straßennamen der Altstädte beweisen. Alle Handwerksmeister waren Mitglieder der Zunft, mussten zur Aufnahme ein Meisterstück anfertigen, heiraten und ehrlicher Abstammung sein, also von bürgerlichen und verheirateten Eltern abstammen. In eigenen Zunftordnungen wurde die Ausbildung der Lehrlinge und Gesellen geregelt. Oft lernten die Söhne das Handwerk des Vaters. Dieser handelte mit einem Meister einen Lehrvertrag aus. Nach der Lehrlingszeit bildeten sich die Gesellen auf der Wanderung weiter und fertigten zum Abschluss der mehrjährigen Ausbildung ein Gesellenstück an.

**Und sorgen füreinander**

Die Zunft bestimmte die Anzahl der Meister, die höchstens fünf Gesellen beschäftigen durften, die Menge, die Herstellung und den Preis der Güter. Dies sollte den Wettbewerb unter den Meistern unterbinden und ihnen wirtschaftliche Sicherheit geben. Die Zunft sorgte aber auch für das soziale Leben: Die Meister stifteten an ihrem Zunftaltar in einer Kirche Messen für die verstorbenen Mitglieder. Die Hinterbliebenen von verstorbenen Meistern wurden aus der gemeinsamen Zunft-

**M 2** Schusterwerkstatt und Laden (Holzschnitt, 15. Jh.)

**M 3** Verkaufsstände in einer Markthalle (Frankreich, 15. Jh.)
An wen richtet sich dieses Angebot? Achte auf die Einrichtung des Kaufmannsgewölbes und die Kleidung der Personen. Bedenke auch, dass Märkte meist unter freiem Himmel abgehalten werden.

kasse unterstützt. Auch bei schwerer Krankheit und anderen Notfällen half man sich gegenseitig. Im Zunfthaus oder in der Zunftstube feierte man gemeinsam die großen und kleinen Feste, und davon existierten genug, um die „ehrliche" Arbeit, auf die die Handwerker stolz waren, zu unterbrechen.

Der verheiratete Meister vertrat als Familienoberhaupt Frau und Kinder in rechtlichen Angelegenheiten. Die Ehen wurden von den Eltern beschlossen, die Frauen blieben ihren Männern unterstellt und für den Haushalt und die Kindererziehung zuständig. Zum Haushalt der Handwerksmeister gehörten gewöhnlich auch die Gesellen und Lehrlinge sowie die Knechte und Mägde. Die Frau Meisterin musste für die Versorgung aller Personen im Haushalt Sorge tragen und die Knechte und Mägde zu eifriger Arbeit veranlassen. Mitunter leiteten Frauen Betriebe der Textilherstellung wie in Köln und schlossen sich als Meisterinnen zu Frauenzünften zusammen. Häufig führten Witwen nach dem Tode des Meisters die Betriebe weiter und heirateten Gesellen, die mit der Ehe und dem Besitz der Frau das Meisterrecht erlangten. Viele Schwangerschaften und harte Lebensbedingungen führten zu einer frühen Sterblichkeit der Frauen, sodass ein Meister oft mehrmals heiratete.

**Die Gemeinschaft in der Familie**

**M 4** Zunftberufe (Holzschnitte, 16. Jh.)

61

**Bürger**

Im Mittelalter galten nur die Bewohner als Bürger einer Stadt, die als Meister einen Betrieb führten und alle Rechte, die das Stadtrecht gewährte, besaßen, z. B. politische Mitwirkung und die Mitgliedschaft in den Zünften. Sie machten nur eine Minderheit gegenüber den Frauen, Gesellen, Gesinde und Armen aus. Die Frauen genossen das Bürgerrecht der Männer, hatten jedoch keinen Sitz im Rat, da sie keine politischen Rechte innehatten. Heute sind nicht nur die Städter, sondern alle Angehörigen eines Staates, Männer und Frauen, Bauern und Adelige, Bürger mit gleichen Rechten und Pflichten.

 **Patrizier**

Die Fernhändler und Grundbesitzer führten den Kampf gegen die Stadtherren und konnten sich als herrschende Oberschicht in vielen Städten durchsetzen. Sie lebten wie adelige Familien von ihrem Grundbesitz, besetzten den Stadtrat und die führenden Ämter der Städte und schlossen sich gegenüber den einfachen Bürgern streng ab.

 **Zunft**

Ein Handwerker musste Mitglied im Berufsverband seines Gewerbes sein. Die Zunft bestimmte die Ausübung des Handwerks, die Beschäftigung der Gesellen und Ausbildung der Lehrlinge, die Zahl der Betriebe, Löhne und Preise. Dies sollte den Meistern die Lebensgrundlage sichern.

**M 5 Kleiderordnung**

*Der Stand der Bürger wurde besonders in Kleiderordnungen deutlich. 1414 verfügte der Stadtrat von Kiel:*
Keine Frau darf gekrauste Tücher tragen und nicht mehr als zwei Mäntel haben, die mit Pelzwerk gefüttert sind, und darf auch keinerlei Geschmeide mit teurem Gestein und Perlen an allen ihren Kleidern tragen, wenn ihr Mann an die Stadt nicht mindestens 400 Mark Silber zu versteuern hat. Wenn eine Frau dessen überführt wird, so soll das der Stadt mit 10 Mark gebessert (als Buße bezahlt) werden. Dieselbe Strafe trifft den Übertreter der weiteren Bestimmungen: Wenn der Mann der Stadt für mindestens 200 Mark Steuern zahlt, so darf seine Frau eine lötige (reine) Mark Silber an allen ihren Kleidern tragen. Wenn der Mann der Stadt zwar Steuern zahlt, aber nicht für 100 Mark, so darf seine Frau keinerlei Geschmeide tragen. Insbesondere darf keine Bürgersfrau Pelzwerk oder Seide unten an ihren Kleidern tragen. Insbesondere wird befohlen, dass keine Dienstmagd Spangen, Scharlachtuch oder vergoldetes Geschmeide trägt, das mehr als 8 Schillinge wert ist.

Nach: Sievert, H.: Die Kieler Burspraken. In: Mitteilungen der Gesellschaft für Kieler Stadtgeschichte 1953, S. 157 ff.

**M 6 Zunftordnung**

*In Danzig verfügten die Beutel- und Gürtelmacher 1412 in ihrer Zunftordnung:*
Begehrt ein Beutler oder Gürtler unser Genosse zu werden, so soll er uns gute Briefe aus seinem Geburtsort bringen, dass er ehelich geboren sei. – Ein jeder Bruder, der das Handwerk gewinnen will, der soll in des Zunftmeisters Werkstätte ein Paar Lederhosen und ein Paar gefütterter und mit Seide verzierter Handschuhe machen, und vollbringt er es nicht, so soll er weiterwandern und lernen. – Macht ein Bruder falsche Arbeit, sollen sie ihm die Zunftmeister fortnehmen und sie auf dem Rathaus abliefern, die Arbeit vernichtet werden, und der sie gemacht hat, dem Rat so viel Strafe zahlen, wie die Arbeit wert war.

Nach: Starke, D.: Herrschaft und Genossenschaft im Mittelalter. Stuttgart 1971, S. 100.

**M 7 Lehrjahre sind keine Herrenjahre**

*Den Lehrvertrag schlossen die Eltern mit dem Meister ab. Sie mussten diesem für die Ausbildung und die Ernährung ihres Sohnes eine vereinbarte Summe Geldes, das „Lehrgeld", zahlen. In Nürnberg durfte ein Lehrling unter folgenden Bedingungen ein Lehrverhältnis abbrechen:*
Erstens, wenn der Meister oder seine Leute einem Lehrling mit dem Essen Abbruch tun. Wenn der Lehrling keine Schlafgelegenheit, wie sie einem Lehrling zusteht, erhält. Wenn der Meister, seine Gesellen, Kinder oder jemand anders den Lehrjungen übermäßig oder in ungebührlicher Weise mit Fäusten, Hämmern oder anderem, wie dies oftmals vorkommt, gefährlich schlagen oder zu schlagen gestattet, sodass er am Leib Schaden erleidet. Wenn der Meister dem Lehrling mehr Arbeit auferlegt oder ihn längere Zeit arbeiten lässt, als es im Handwerk üblich ist. Wenn ein Lehrling durch den Meister oder dessen Frau so sehr mit Hausarbeiten, Kinderhüten und anderem belastet wird, sodass er an seinem Leib Schaden erleidet und nicht in der Werkstatt sein kann und in der Erlernung seines Handwerks behindert wird.

Nach: Jegel, August: Alt-Nürnberger Handwerksrecht und seine Beziehungen zu anderen. Nürnberg 1965, S. 27.

**M 8 Sieben Patrizier aus Nürnberg**
Als Inhaber der höchsten städtischen Ämter sind sie mit dem Amtszeichen versehen.
Beschreibe die Kleidung der Patrizier und ihre Amtszeichen. Über den Patriziern siehst du die Familienwappen. Was sagt das über deren Selbstbild und Lebensweise aus?

**M 9 Zünfte werden an der Stadtherrschaft in Augsburg beteiligt** (Malerei im Ratsbuch von Augsburg, 1368)
Je ein Vertreter der Weber, Bäcker, Kürschner, Metzger, Kaufleute und Bierbrauer betreten die Ratsstube, in der 30 Patrizier sitzen. Auf dem Kissen in der Mitte des Raumes liegen u. a. eine Bibel und der Schlüssel für die Truhe der Stadtkasse.

### Fragen und Anregungen

1. Stelle die Aufgaben einer Zunft zusammen. Warum war sie mehr als eine wirtschaftliche Gemeinschaft?
2. Beschreibe das Aussehen und die Tätigkeiten der Personen in M2. Welche Aufgaben hatten Meister und Meisterin, Gesellen und Kinder? Wie sind Laden und Werkstatt im Bild dargestellt?
3. Um welche Berufe handelt es sich in M4? Beschreibe die Arbeiten und die nötigen Hilfsmittel. Wie sind die Arbeitsräume eingerichtet? Welche Tätigkeiten verrichten Männer, welche Frauen?
4. Vergleiche die Stellung eines Lehrlings heute und im Mittelalter. Welche Vorteile bot ihm das Leben in der Familie eines Meisters? (M7)
5. Diskutiert als erwachsene Bürgerinnen und Bürger einer Stadt: „Der Stadtrat soll die neue Kleiderordnung zurücknehmen!" (M5)
6. Gibt es heute noch Kleiderordnungen? (M5)
7. Sammelt Informationen über den Bürgermeister, den Stadtrat, die Verwaltung und das Rathaus in eurer Heimatgemeinde. Vergleicht die Ergebnisse mit eurem Wissen über die mittelalterliche Stadt.

# 15. Außerhalb der Bürgergemeinschaft

**Arme, Kranke und Ehrlose**

Knechte und Mägde lebten gewöhnlich im Haushalt ihrer Herrschaft, oft genug aber auch am Rand oder außerhalb der Gemeinschaft der Bürger. Tagelöhner mussten täglich eine neue, schlecht bezahlte Arbeit suchen, Witwen konnten ihre Kinder nicht ernähren, in Notzeiten kamen auch Handwerksmeister an den Bettelstab.

So blieb oft mehr als einem Zehntel der Stadtbevölkerung nur die Bettelei, doch immer wieder wurden die Bettler aus den Städten vertrieben. Zu den verachteten Menschen gehörte auch das fahrende Volk, Spielleute, Gaukler, Musikanten, die von Stadt zu Stadt zogen, auf Märkten und Festen auftraten, um die Städter zu unterhalten. Sie waren durch das Stadtrecht nicht geschützt und wurden nach den Festen meist sofort aus den Städten ausgewiesen.

**Juden: vom Mitbürger zum Sündenbock**

Die wichtigste verfolgte Gruppe in den Städten bildeten die Juden, die seit der Römerzeit in vielen Städten wie Köln, Mainz und Worms lebten. Als Fernhändler, Gelehrte und Handwerker genossen Juden hohes Ansehen. Mit den Kreuzzügen änderte sich das friedliche Zusammenleben von Christen und Juden, denn jetzt wurden sie als Feinde der Christen bekämpft. Man beschuldigte sie, für den Tod Jesu verantwortlich zu sein und christliche Kinder zu ermorden, um deren Blut zu sammeln. Solche Vorurteile nahmen religiöse Eiferer zum Anlass, die Juden zu verfolgen. Der Neid christlicher Handwerker und Händler auf ihre jüdischen Konkurrenten heizte die Stimmung zusätzlich an. 1095 wurden in den rheinischen Bischofsstädten tausende von Juden ermordet.

Der Höhepunkt der Massenmorde kam 1348 parallel zu den Pestwellen. Weil an der Pest weniger Juden als Christen starben, verdächtigte man die Juden, durch die Vergiftung der Brunnen die Christen getötet zu haben. Das Gerücht, scheinbar gesichert durch erfolterte Geständnisse, verbreitete sich in vielen Städten, in denen die Bürger die Juden ermordeten. Oft waren die Verdächtigungen nur ein Vorwand: Die Nürnberger lösten 1349 eine Verfolgung aus, um die Grundstücke des jüdischen Viertels in ihren Besitz zu bringen.

Juden mussten in einem eigenen Viertel, dem Getto, leben und durften keine „ehrlichen" Handwerksberufe ausüben, weil man ihre Konkurrenz ausschalten wollte. Als Geld- und Pfandleiher liehen sie Geld gegen Zinszahlung, was den Christen verboten war, sie aber bei den verschuldeten

**M 1** Jüdischer Arzt (Holzschnitt, 1487)

64

**M 2 Bettler** (franz. Buchmalerei, 14. Jh.)
In vielen Städten besaß mehr als ein Drittel der Bewohner kein Bürgerrecht, denn dazu brauchte man Grundbesitz, den nur die Wohlhabenderen hatten. Die Ärmsten waren auf Almosen angewiesen.

**M 3 Blick in ein Spital** (Darstellung von 1514)
Der heilige Rochus, den die Menschen als Beschützer gegen die Pest anriefen, pflegt die Kranken.
Beschreibe die Kranken, das Personal, die Platzverhältnisse und die Ausstattung des Spitals.

Christen noch unbeliebter machte. Als es auch Christen erlaubt war, Geldgeschäfte abzuwickeln, waren Juden nur noch als Pfandleiher geduldet. Für die Juden bildeten Synagoge und Familie den Mittelpunkt ihres Lebens: Die Synagoge diente als Schule, Versammlungs- und Gebetshaus.
Viele Männer wollten ihr Leben als fromme Juden nur mit dem Studium der Thora verbringen. Die Frauen erzogen die Kinder, führten den Haushalt und ernährten nicht selten ihre Familie. Die Augenärztin Zerlin und die Ärztin Sarah, die im 15. Jahrhundert in Frankfurt und Würzburg lebten, gehörten zu den jüdischen Medizinern, die großen Zulauf hatten. Doch solche Karrieren blieben die Ausnahme.

Auch Christen, die nicht an der Lehre der Kirche festhielten, wurden wegen ihres Glaubens verfolgt. Zu ihnen zählten die Katharer, die „Reinen", die den Reichtum der Kirche kritisierten, ein einfaches und frommes Leben führen wollten und vor allem in Städten Südwestfrankreichs sehr viele Anhänger gewannen. Gegen diese „Ketzer" veranlasste der Papst blutige Kriegszüge und beauftragte den neuen Orden der Dominikaner mit der Verfolgung. Vor dem religiösen Gericht der Inquisition wurden die Verdächtigten befragt, gefoltert und zum Tod auf dem Scheiterhaufen verurteilt.

**Ketzer**

**M 4 Juden auf dem Scheiterhaufen**
(kolorierter Holzschnitt, Schedel'sche Weltchronik, 15. Jh.)
Die Hinrichtung auf dem Scheiterhaufen wurde als grausame Todesart auch bei schuldig gesprochenen Ketzern und später für vermeintliche Hexen angewendet.

**M 5 Zinsgeschäfte der Juden**
Je mehr sich die christliche Religion vom Zinsgeschäft zurückhält, umso unverschämter gebärdet sich hierin der Unglaube der Juden, sodass sie in kurzer Zeit das Vermögen der Christen aufzehren. Wir möchten des-
5 halb in dieser Hinsicht für die Christen Vorsorge treffen, damit sie von den Juden nicht übermäßig belastet werden. (…) Wenn die Juden in Zukunft unter irgendeinem Vorwand von den Christen drückende und unangemessen hohe Zinsen fordern, wird ihnen der Ge-
10 schäftsverkehr mit ihnen verwehrt, bis sie für die zu hohe Belastung auf angemessene Weise einen Ausgleich geleistet haben. Die Christen ihrerseits werden, falls erforderlich, durch kirchliche Zensur ohne Berufungsmöglichkeit gezwungen, von Handelsgeschäften
15 mit ihnen abzusehen. Den Fürsten erlegen wir auf, den Christen deshalb nicht feindlich gesinnt zu sein. Vielmehr sollen sie sich darum bemühen, die Juden abzuhalten, solche Belastungen aufzuerlegen. Mit derselben Strafe – so entscheiden wir – müssen die Juden
20 gezwungen werden, den Kirchen Ersatz zu leisten für den gebührenden Zehnten und die Abgaben, die sie von den Christen üblicherweise für Häuser und andere Besitzungen erhielten, bevor sie mit einem Rechtstitel auf die Juden übergegangen waren. So sollen die Kir-
25 chen vor Schaden bewahrt werden.

Viertes Laterankonzil, 67. Zinsgeschäfte der Juden. In: Dekrete der ökumenischen Konzilien, hg. v. Instituto per le Scienze Religiose, Bologna. Bd. 2: Konzilien des Mittelalters: vom ersten Laterankonzil (1123) bis zum fünften Laterankonzil (1512–1517), hg. v. Josef Wohlmuth. Paderborn, München, Wien, Zürich 2000, S. 265.

**M 6 Ein Ketzer wird vor dem Bischof verbrannt**
(Holzschnitt, 15. Jh.).

**M 7 Ketzerverfolgung**
*Aus den Beschlüssen des Laterankonzils (1215):*
7. Wir fügen ferner hinzu, dass jeder Erzbischof oder Bischof (…) zweimal oder mindestens einmal im Jahr seinen Amtsbezirk durchreisen soll, wenn das Gerücht geht, dass Ketzer darin wohnen; er soll drei oder meh-
5 rere gut beleumundete Männer oder auch (…) die ganze Nachbarschaft schwören lassen, dass jeder, der dort von Ketzern weiß oder irgendwelchen Leuten, die heimliche Zusammenkünfte feiern oder in Lebensführung und Sitten vom allgemein üblichen Verhalten der
10 Gläubigen abweichen, bemüht ist, jene dem Bischof anzuzeigen. Der Bischof selbst aber soll Angeklagte vor sich rufen und nach Kirchenrecht bestrafen, wenn sie sich von der vorgeworfenen Anklage nicht reinigen oder nach der Reinigung in den vorherigen Unglauben
15 zurückfallen.

Zit. nach: Leuschner, J.: Die Kirche des Mittelalters. Stuttgart, S. 25 (Mirbt, C.: Quellen zur Geschichte des Papsttums. 1934, S. 180 f.).

### PROJEKTTIPP

**Jüdisches Leben in unserer Stadt**
*Frage im Stadtarchiv, wo und wann Juden in deiner Stadt gelebt haben und welche Berufe sie hatten. Finde heraus, wo es heute jüdisches Leben in der Stadt gibt (z. B. eine jüdische Gemeinde, Feste) bzw. Spuren oder Erinnerungen (z. B. einen jüdischen Friedhof oder Denkmäler).*

**M 8 Verfolgte Juden fliehen aus einer fränkischen Stadt** (Illustration in einer Handschrift hebräischer Klagelieder).

**M 9 Jüdische Gelehrte** halten ein Streitgespräch vor Studenten ab (Illustration, 15. Jh.).

## Getto

Die Bezeichnung rührt vom jüdischen Viertel in Venedig her. Seit dem III. Laterankonzil (1179) lebten Juden zwangsweise in eigenen Vierteln, „von den gemeinsamen Wohnungen der Christen durch einen Zaun, eine Mauer und einen Graben getrennt". Das Anwachsen der Bevölkerung bewirkte, dass die Gettos sehr eng und übervölkert wurden. Im 19. Jahrhundert wurden sie, die ein Zeichen der Unterdrückung der Juden waren, aufgehoben. In Deutschland allerdings bestanden die Gettos nur bis 1500. Viele Juden wurden nach Osteuropa vertrieben, die Verbleibenden lebten in den Dörfern, nicht im Getto.

**M 10 Wormser Jüdin in städtischer Tracht** (16. Jh.) Außerhalb des Judenviertels musste sie sich durch einen gelben Ring kenntlich machen.

### Fragen und Anregungen

1. Stelle die Ursachen, Vorurteile und die Vorgehensweisen der mittelalterlichen Judenverfolgung zusammen. (M1, M5, M10)
2. Wie ging die Kirche gegen so genannte Ketzer vor? Ermittle die Gründe. (VT, M6, M7)
3. Suche in deiner Heimatstadt nach Zeugnissen der mittelalterlichen Juden (Beispiel: Judengasse).
4. Untersuche, wo heute noch Minderheiten auf ähnliche Weise behandelt oder verfolgt werden, wie die Ketzer und Juden im Mittelalter.

# Mittelalterliche Bauwerke erkennen

In Sachsen-Anhalt gibt es eine „Straße der Romanik", die viele Städte verbindet, in denen herrliche Dome aus der Zeit zwischen 1000 und 1200 stehen. Vielleicht hast du auch schon jemanden von den herrlichen Werken der Gotik in Nordfrankreich schwärmen gehört oder von den großen Bauwerken der „Backsteingotik" in den Hansestädten an Nord- und Ostsee. Mit den beiden Begriffen können wir Gebäude und andere Kunstwerke gut einordnen. Natürlich gibt es auch Überschneidungen: Nicht jeder baut sich ja gleich ein Haus nach der neuesten Mode. Auch heute werden nicht nur Wolkenkratzer aus Stahl, Beton und Glas gebaut. Manche Bauherren wohnen lieber so, wie es vor hundert oder zweihundert Jahren schon üblich war.

Du hast sicher schon etwas über die Eigenart mittelalterlicher Baustile gelesen: die massige, schwere Bauweise der romanischen Kirchen, die etwas düster wirken, und später dann die elegantere, leichter wirkende gotische Bauart, in der die stützende Wand durch ein tragendes Gerippe aus Stein ersetzt wird, in das dann die leuchtenden Glasfenster eingesetzt werden können. Die modernen Architekten des 20. Jahrhunderts haben da ganz ähnlich gedacht. Nur ist das Skelett eines Wolkenkratzers eben nicht aus Stein, sondern aus Stahl und Beton, und die Glasfront ist ganz außen.

Auf dem Grundriss rechts sieht man, nach welchem Bauplan die großen Kirchen des Mittelalters angelegt waren: Deutlich erkennbar ist das höhere Längsschiff, die niedrigeren Seitenschiffe, das Querschiff und die Apsis, die den so genannten Chor nach Osten hin abschließt. Auf der Westseite ist eine Vorhalle mit dem Hauptportal. Die Türme auf dieser Seite wurden immer größer ausgebaut. Gotische Dome haben ihre Türme meist nur an der Westseite.

Die Unterschiede, die uns die Zuordnung zu einem der beiden Stile erlauben, liegen vor allem in der Aufgliederung der Wand. In romanischen Kirchen stellt die Wand eine große Fläche dar, die für sich steht. In einem gotischen Gebäude ist sie aufgelöst in Verstrebungen; der Druck, der durch das Dach auf ihr lastet, muss durch seitliche Strebepfeiler von außen aufgefangen und abgeleitet werden.

Die Verwendung von Ziegelsteinen hat vor allem in Norddeutschland zu einfacheren Bauformen geführt. Später wurden auch die Seitenschiffe hochgezogen.

## M 1 Stilepochen

Romanik und Gotik sind die beiden Baustile, nach denen im Mittelalter gebaut wurde. Mithilfe dieser Merkmale kannst du bestimmen, in welcher Epoche ein Bauwek errichtet wurde.

**Romanik**
in Deutschland ca. 1000–ca. 1250
1. Rundbögen (Fenster, Gewölbe)
2. massige Türme
3. dicke Mauern, kleine Fenster
4. Säulen enden in Figurenkapitellen.

Kapitell

Idealbild einer romanischen (oben) und gotischen Kirche (unten)

Wandgestaltung

**Gotik**
in Deutschland ca. 1250–ca. 1500
1. Spitzbögen (Fenster, Gewölbe)
2. schlanke, aufstrebende Türme
3. mit bunten Glasfenstern fast aufgelöste Wände
4. Strebepfeiler
5. Maßwerkfenster

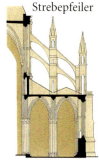

Strebepfeiler

68

**M 2** Der Kaiserdom in Speyer
(Blick von Südosten)

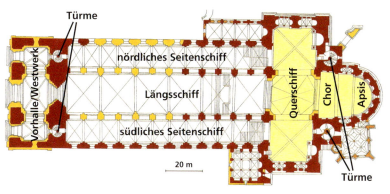

**M 3** Grundriss und Bauphasen des Speyerer Doms

- Romanik (1025–1106)
- Gotische Sakristei (1409)
- Wiederaufbau (18./19. Jh.)
- Krypta mit Kaisergräbern

### Methodische Arbeitsschritte:

Was sind nun die wichtigsten Fragestellungen, die ich beim Betrachten mittelalterlicher Bauwerke berücksichtigen sollte:

1. Ist bei dem Gebäude das Grundmuster von Langhaus und Querschiff vorhanden?
2. Sind die Seitenschiffe niedriger oder gleich hoch wie das Mittelschiff (spätgotische Hallenkirche)?
3. Sind im Gewölbe und in der Wand runde Bögen (romanisch) oder Spitzbögen (gotisch) vorhanden?
4. Ist der Chor für sich und sichtbar abgetrennt vom Rest der Kirche (Romanik und Gotik), oder ist die Kirche eine große Halle für alle Gläubigen (späte Gotik)?
5. Und schließlich: Ist irgendwo ein mächtiger Stifter oder Landesherr dargestellt, oder ist die Kirche ein Gebäude der Bürger einer Stadt?

**M 4** Innenraum einer Pfarrkirche in Bayern
Die spätgotischen Hallenkirchen entsprechen den Bedürfnissen der Predigt der Bettelorden in den Städten: Das Kirchenschiff sollte viele Menschen in einem Raum fassen; deshalb sind die Seitenschiffe hochgezogen, sodass die Kanzel des Predigers fast von jedem Punkt aus sichtbar ist.

## Vertiefung

## 16. Das Werden unserer Stadt: Beispiel Regensburg

**M 1** Regensburger Dom
Jeder hat ihn schon gesehen, den Regensburger Dom. Er ist bekannt als das berühmteste gotische Bauwerk Süddeutschlands. Ab 1273 baute man etwa 250 Jahre an dem Dom, und er konnte immer noch nicht vollendet werden.

**M 2** Regensburger Dom, westlicher Domplatz
(Kupferstich von Carl Schleich nach einer Zeichnung von Wilhelm Rehlen, 1822)
Erst im 19. Jh. wurden auf Initiative König Ludwigs I. von Bayern die beiden Spitztürme aufgesetzt. Das Bild des Domes hat sich dadurch ganz erheblich verändert.

**Impressionen einer Stadt**   Ein Regensburger aus dem Mittelalter würde sich in seiner Stadt auch heute noch orientieren können. Viele Plätze, Gassen und Gebäude sind erhalten und sehen im Wesentlichen aus wie früher. Spätestens mit dem Verlassen der Altstadt wäre er jedoch von den Eindrücken, die ihm das moderne und viel größere Regensburg vermittelte, erschlagen und verwirrt.

**M 3** Entwicklung und Erweiterung von Regensburg

**a)** Ausdehnung unter den Römern

**b)** Ausdehnung nach der arnulfinischen Stadterweiterung 920

**c)** Ausdehnung ab 1320

**d)** Regensburg heute (Luftaufnahme)

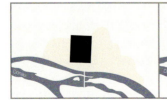

70

| Ab 5000 v. Chr. | Erste kleine Ansiedlungen sind im Regensburger Raum nachzuweisen. |
|---|---|
| Ab 5000 v. Chr. | Die Kelten siedeln sich an. |
| Ab 179 v. Chr. | Gründung eines großen römischen Militärstützpunktes (Castra Regina): Das Legionslager bestimmt den Grundriss des Kerns Regensburgs bis heute. |
| Um 470 | Die letzten römischen Soldaten ziehen ab. |
| Um 700 | Die erste mittelalterliche Erwähnung Regensburgs („Rataspona") ist nachweisbar. |
| Um 920 | Herzog Arnulf erweitert die Stadt. |
| 1245 | Privileg Kaiser Friedrichs II.: Regensburg steigt zur Freien Reichsstadt auf. |
| Um 1500 | Es kommt zum Niedergang Regensburgs hinsichtlich seiner politischen und wirtschaftlichen Bedeutung. |
| 1663–1806 | In Regensburg ist der Sitz des „Immerwährenden Reichstags". |
| Ab 1962 | Die Stadt bekommt eine Universität. Regensburg erlebt einen wirtschaftlichen Aufschwung. |

**Eure Stadt in Stationen unterschiedlicher Epochen**

Alle Orte verändern sich im Lauf ihrer Geschichte. Solche, die viel Historisches bieten können, ziehen Besucher und Touristen an.
In Bayern gibt es eine Menge solcher Publikumsmagneten. Denke an Städte wie Nürnberg, Bamberg, Augsburg, Passau. Die Liste ließe sich noch lange fortsetzen, besonders kleinere Städte ließen sich nennen. Welche Orte haben wir noch vergessen? Damit sich die Touristen an ihrem Ziel auch zurechtfinden, gibt es für fast jede Stadt Literatur, die die Ankommenden an den wichtigsten Sehenswürdigkeiten vorbeiführt und diese erklärt. Sicher habt ihr schon einmal einen solchen Stadtführer in der Hand gehabt. Darin findet ihr wahrscheinlich Fachbegriffe, die mit dem Thema „Stadt" und mit verschiedenen Kunststilen (z. B. Romanik, Gotik, Barock) zu tun haben und die euch in eurem Geschichtsunterricht dieses Jahres begegnet sind. Ihr könnt auch selbst einen Stadtführer erstellen. Wählt verschiedene Orte, Plätze, Gebäude eurer Stadt aus verschiedenen Zeiten aus, besorgt euch Bildmaterial oder fotografiert selber, erstellt eine Beschreibung und gestaltet so einen kleinen „Stadtführer", der einem Touristen von Nutzen sein könnte. Für Profis: Man kann natürlich auch eine Homepage erstellen.

### Informationen zu Sehenswürdigkeiten:

Was ist bei einer Recherche über Sehenswürdigkeiten einer Stadt zu beachten? Welche Fragestellungen sind wichtig?

1. Rahmenaspekte: Wie heißt das Gebäude/der Ort? Wann ist es/er entstanden?
   Lässt es/er sich einer Epoche bzw. einem Stil zuordnen?
   Wer ließ das Gebäude erbauen (eventuell Grund)?
   Wo ist das Gebäude zu finden?
2. Beschreibung: Wie groß ist das Gebäude/der Ort? Wie sieht es/er aus?
3. Besonderheiten: Warum gilt das Gebäude/der Ort als bedeutend?
   Welche Einzelheiten sind interessant?
   Wie wird es/er heute genutzt?
   Was ist euch aufgefallen bzw. hat euch besonders beeindruckt?

# Vertiefung

## Beispiele für die Ausgestaltung eines Stadtführers zu Regensburg:

### M 4 Baumburgerhaus

Das so genannte Baumburgerhaus ist ein für Regensburg typischer Patrizierturm. Die reichen Kaufleute ließen solche „Wohnburgen" errichten, um ihre Macht und ihren Reichtum zu präsentieren. Seinen Namen erhielt das Haus von der Familie der Baumburger, die im 14. Jahrhundert darin wohnte.

Erbaut wurde das frühgotische Gebäude, das in der Regensburger Altstadt zu finden ist, um 1270. Es ist 28 m hoch und besteht aus sieben Stockwerken (Erdgeschoss nicht im Bild).

Im ersten Obergeschoss ist eine eindrucksvolle „Loggia" zu sehen, die den Kaufleuten zum Aufenthalt bei schönem Wetter, vielleicht aber auch zum Auslegen von Waren gedient haben mag. Die folgenden Geschosse variieren verschiedene frühgotische Fensterformen.

### M 5 Innenraum Alte Kapelle

Beinahe erschlagend in seiner Pracht wirkt der prächtige Innenraum der Alten Kapelle am Alten Kornmarkt. Gold, Stuck und reichste Verzierungen prägen das Gotteshaus, das im 18. Jahrhundert im Sinne des Rokoko (Nachfolgestil des Barock) umgestaltet wurde. Bis dahin hatte die Alte Kapelle aber bereits eine lange Geschichte hinter sich, was sie zu einem der historisch und kulturgeschichtlich bedeutsamsten Gotteshäuser in ganz Bayern macht. Als Pfalzkirche der sich häufig in Regensburg aufhaltenden Karolinger und Ottonen wurde sie bereits im Frühmittelalter genutzt. 875 ist der Bau erstmals urkundlich erwähnt. Die Tatsache, dass – unter Wahrung der mittelalterlichen Anlage – an der Alten Kapelle die Einflüsse mehrerer Epochen sichtbar werden, macht das Bauwerk besonders interessant.

## M 6 Steinerne Brücke

Die Steinerne Brücke ist das bedeutendste weltliche romanische Bauwerk Regensburgs und wurde wahrscheinlich von 1135 bis 1146 erbaut. Die mächtigen Regensburger Kaufleute benötigten einen sicheren Übergang über die Donau, um ihren Handel betreiben zu können. Die Brücke wurde unter kaiserlichen Schutz gestellt. Sie überspannt den Strom mit 15 tonnengewölbten Bögen auf gedrungenen Pfeilern. Jeder Pfeiler wird durch keilförmige, steinerne Inseln, so genannte Beschlächte, vor Unterspülung geschützt.
Heute gilt die Brücke neben dem Dom als wichtigstes Regensburger Wahrzeichen, um das sich viele Sagen ranken. Als eines der frühesten Bauwerke seiner Art in Deutschland ist sie weit über Regensburg hinaus berühmt.

### Arbeitsschritte bei der Erstellung eines kleinen Stadtführers:

a) **Erkundigt euch über Zeugnisse der Vergangenheit in eurer Stadt** (mithilfe von Büchern, z. B. Stadtführern, Stadtgeschichten, Touristenprospekten; oder mithilfe von Experten, z. B. Lehrern, Stadtführern, Angestellten im Fremdenverkehrsamt etc.): Welche
   – Bauwerke,
   – Orte/Plätze/Stadtviertel,
   – Statuen/Monumente,
   – Inschriften
   aus verschiedenen Zeiten sind in eurer Stadt interessant oder bedeutend?

b) **Sammelt Informationen und Material zu den ausgewählten Objekten:**
   – Internet (die meisten Städte haben eine Webadresse),
   – Prospekte,
   – Artikel aus Büchern, Zeitschriften,
   – Fotos oder Abbildungen,
   – Stadtpläne,
   – „Expertenbefragung" (Stadt-, Fremdenführer, Lehrer, Bewohner),
   – eigene Fotografien interessanter Bauwerke, Figuren, Orte, Stadtviertel.

c) **Legt das Ziel und die Präsentationsform fest:**
   – Was soll als Ergebnis präsentiert werden? („Wachsen" der Stadt? Präsentation des „Wandels" im Laufe der Zeit? Zeugnisse verschiedener Kunstepochen?)
   – Wie wollen wir die Ergebnisse bekannt machen? (Collagen/Plakate im Klassenzimmer? Ausstellung in der Aula? Erstellen einer kleine „Zeitschrift"? Präsentation auf einer Homepage im Internet?)
   – Bis wann soll der „Führer" fertig sein? Was kann innerhalb des Unterrichts erledigt werden, was muss außerhalb geschehen?

d) **Ordnet das Material, wertet es aus, erstellt die Ergebnisse:**
   – Was kann für den Führer verwendet werden, was ist weniger interessant?
   – Welche Informationen müssen unbedingt vorhanden sein, wie gestalte ich den Text lebendig (diskutiert auch einmal über Formulierungen)?
   – Erstellt die Endfassung.

e) **Präsentiert eure Ergebnisse:**
   – Hängt eure Plakate auf, verteilt bzw. verkauft eure Kurzführer, eröffnet eure Ausstellung oder stellt eure Homepage ins Internet.
   – Steht zur Verfügung für Fragen, Auskünfte.
   – Seid auch offen für Kritik!

Beachtet bei eurer Arbeit eine sinnvolle Arbeitsteilung. Bildet am besten verschiedene Arbeitsgruppen (ideale Größe: 4 bis 5 Personen).

– Entweder nach Tätigkeiten geordnet: Foto-Gruppe, Recherche-Gruppe, Text-Gruppe, Layout-Gruppe.
– Oder nach Objekten: Jede Gruppe nimmt sich ein Objekt vor und übernimmt alle Arbeiten, die damit zusammenhängen.

# Vertiefung

## Bilder machen Texte lebendig – der Sachsenspiegel

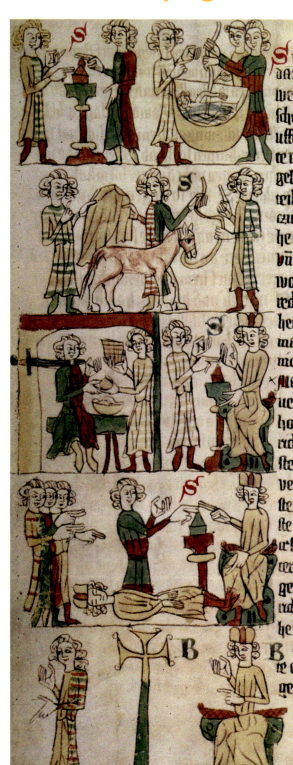

Hier siehst du eine Seite aus einer berühmten Schrift des Mittelalters, dem so genannten Sachsenspiegel. Dabei handelt es sich um das älteste Rechtsbuch von Bedeutung in deutscher Sprache. Der Text entstand Anfang 13. Jh. und fand bald weite Verbreitung in Deutschland. Im 14. Jh. wurden einige mit Bildern illustrierte Handschriften hergestellt. Von diesen Bilderhandschriften kennt man heute vier. Vorliegende Seite stammt aus der Heidelberger Handschrift. Die Bilder versuchen den Rechtstext (der erste Teil behandelt das „Lehnrecht", der zweite das „Landrecht") zu veranschaulichen. Ohne die daneben stehenden Texte sind die Bilder kaum verständlich. Das macht sie zu einer sehr schwierigen Bildquelle, weil man bei der Beschreibung und Interpretation (Deutung, Auslegung) den Text mit heranziehen muss.

## M 1 Detail Sachsenspiegel
Ein Geächteter wird durch ein Schwert im Hals dargestellt.
Der Text zu diesem Bild ins Hochdeutsche übersetzt lautet:
Wer einen Mann, der geächtet ist, wissentlich beherbergt und verköstigt, der muss dafür Strafgeld bezahlen. Wenn er aber nichts davon gewusst hat, wird er durch seinen Unschuldseid von dem Strafgeld frei.
*Eike von Repgow: Der Sachsenspiegel. Landrecht III, 23.*

### Methodische Arbeitsschritte zu M1:
1. Welche Personen sind auf dem Bild zu sehen?
2. Welche Tätigkeiten werden dargestellt?
3. Auf welchen Satz oder welche Sätze beziehen sich die einzelnen Teile des Bildes?
   Was wurde eventuell nicht dargestellt?
   Übrigens: Man muss diese drei Schritte nicht ganz streng nacheinander beantworten. Wichtig ist vor allem, dass alle drei Punkte behandelt werden.

### Eine mögliche Kurzinterpretation zu M1:
Links sieht man den sitzenden Geächteten, der in einem Haus Unterschlupf gefunden hat, wo er von einem Mann Nahrung gereicht bekommt. Auf der rechten Bildseite taucht der Gastgeber wieder auf. Die rechte Hand in Schwurhaltung, gibt er vor einem Richter den Eid ab, dass er nichts von der Ächtung seines Gastes gewusst habe. Es ist zu vermuten, dass ihm das drohende Strafgeld erlassen wurde.

## M 2 Detail Sachsenspiegel
Der Text zu diesem Bild ins Hochdeutsche übersetzt lautet:
Wer einem anderen Pferd oder Kleider auf bestimmte Zeit leiht und es jener über den nächsten Tag hinaus behält und er darum verklagt wird, so soll er es sofort zurückgeben und Entschädigung für die Minderung seines Wertes leisten.
*Eike von Repgow: Der Sachsenspiegel. Landrecht XXII, 1.*

### Interpretiere selbst:
1. Verfasse zu M2 eine eigene Kurzinterpretation.
2. Und noch eine knifflligere Aufgabe: Versuche, das erste Bild in der Darstellungsleiste auf der linken Seite zu interpretieren. Hier der Text dazu: „Ist den Anwohnern nicht bekannt, wer an dem Gut das Besitzrecht hat, so darf man die Entscheidung mithilfe der Wasserprobe herbeiführen, oder der Kläger und der Beklagte sollen einen Eid darauf leisten, dass sie zu Recht darauf hingewiesen haben, dass ihnen das Gut gehöre (…). Wenn beide dies beschwören, so soll man das Gut zwischen ihnen gleichmäßig teilen."

# Erlebnis Geschichte

## 17. Wir werden Burgherr

**Burgen: Wohnsitze und Verteidigungsanlagen**

Burgen (vgl. S. 42) gehören zu den beeindruckendsten Überresten aus dem Mittelalter. Obwohl es je nach Lage und Entstehungszeitraum viele unterschiedliche Burgentypen gibt, haben diese Bauwerke immer zwei wichtige Funktionen: Sie dienen als Wohnsitz für den Burgherrn und als Verteidigungsanlage. Ursprünglich gehörte der Burgbann, also das Recht zum Burgenbau, dem König. Dieser gab es an seine Vasallen weiter, damit diese bestimmte Landstriche sichern konnten. Mit der wachsenden Unabhängigkeit dieser Fürsten, aber auch der Ministerialen und Ritter, stieg die Zahl der Burgen immer weiter an, die auch ohne Erlaubnis des Königs gebaut wurden. In der Stauferzeit, also im 12. und 13. Jahrhundert, erreichte die Zeit des Burgenbaus ihren Höhepunkt. Mit der Entwicklung der Feuerwaffen, insbesondere der Kanonen, verloren die Burgen während der folgenden Jahrhunderte an Bedeutung und Wert.

**Hauptbestandteile**

Entsprechend der Grundfunktionen der Burgen haben diese auch meist dieselben Bauteile:
Der Bergfried, also der Hauptturm, dient als Ausguck und letzte Zuflucht im Verteidigungsfall. Meist steht er an der höchsten oder am meisten gefährdeten Stelle. Er hat sehr dicke Mauern (1,5 bis 3 Meter), kann bis zu 30 Meter hoch sein und einen runden, quadratischen oder auch mehreckigen Grundriss haben. Zusätzlich zum Bergfried oder an seiner Stelle gibt es oft einen Wohnturm, der – wie der Name schon sagt – nicht nur in Notzeiten, sondern ständig bewohnt war. Er hat eine größere Grundfläche und mehr Räume als der Bergfried. In dessen Nähe steht meist der Palas, das Herrenhaus, in dem die Familie des Burgherrn wohnt, falls es keinen Wohnturm gibt. Zur Verteidigung dienen weitere Türme sowie umgebende Mauern. Zu den bisher genannten Bauteilen können noch viele weitere kommen: eine Kapelle, Ställe, weitere Wohngebäude für Bedienstete und Wachmannschaften, Wirtschaftsgebäude, Brunnen-, Küchen- oder Gefängnistürme, weitere Ringmauern mit Tortürmen und Wehrgängen, Gräben und ganze Vorburgen.

**M 1** Schema einer mittelalterlichen Burg (1 Bergfried, 2 Palas, 3 Kapelle, 4 Burgtore, 5 Wohngebäude für Bedienstete, 6 Stallungen, 7 Wohngebäude für ritterliche Dienstmannen)

## Ein Modell bauen:

Vielleicht hast du schon einmal eine Burg besucht und dir vorgestellt, darin zu wohnen. Das wird in den meisten Fällen nicht möglich sein. Trotzdem gibt es eine einfache Methode, Burgherrin oder Burgherr zu werden: Baue dir selbst eine Burg bzw. ein Modell davon. Auf dieser Seite hast du Vorlagen für eine einfache Burg mit Bergfried, Palas und einer umgebenden Mauer mit Türmen. Daraus kannst du leicht ein Modell bauen:

1. Kopiere die Seite mit Vergrößerungsfaktor 141 % (A4 auf A3) und klebe die Bauteile auf Fotokarton auf. (Von der zweiten Kopie brauchst du nur das Mauerstück und den Turm.) Wenn du möchtest, kannst du die Kopien noch mit Holzstiften oder Wasserfarben bemalen.
2. Schneide die Bauteile sorgfältig aus und falte sie an den Knickstellen. Die schraffierten Laschen müssen nach innen gebogen werden.
3. Verklebe die Einzelteile an den Laschen. Auf einem zweiten Stück Fotokarton wird dann deine Burganlage befestigt.
4. Mit weiteren Kopien von der Vorlage kannst du dein Modell noch um andere Gebäude erweitern, z. B. um einige Türme oder längere Mauern. Durch einen anderen Vergrößerungsfaktor und eine andere Bemalung (auf der Rückseite der ausgeschnittenen Kopie) entstehen noch andere Gebäude. Mit etwas Geschick kannst du sicher auch selbst Gebäudeteile aufzeichnen. Am besten verwendest du für die Vorlage Millimeterpapier. Auf der weißen Rückseite kannst du dann wieder Fenster, Türen, Treppen und anderes aufmalen.
5. Für ein noch größeres und haltbareres Modell muss der Vergrößerungsfaktor noch mehr erhöht werden. Statt Fotokarton kannst du Balsaholz (aus dem Baumarkt) verwenden. Darauf werden die einzelnen Bauteile (ohne Laschen, jede Seite einzeln) aufgezogen und mit einer Laubsäge ausgesägt. Mit Holzleim kannst du dann die einzelnen Gebäude und die ganze Anlage zusammenkleben. Eventuell benötigst du zur Stabilisierung kleine Holzklötzchen. Im Zweifelsfall hilft dir dein(e) Kunstlehrer(in) sicher weiter.

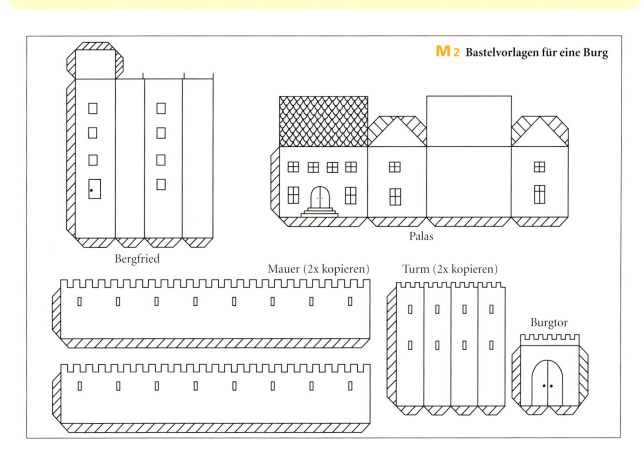

**M 2** Bastelvorlagen für eine Burg

77

# Erlebnis Geschichte

## 18. Neue Wege der Archäologie

**M 1** Funde aus einer Latrine in Amberg (Oberpfalz, spätes 15./ 1. Hälfte 16 Jh.)

**Neue Forschungsfelder**

Ein Laie, der den Begriff „Archäologie" hört, denkt meist spontan an Leute, die im Staub einer Grabung herumknien und Reste aus vorgeschichtlicher oder antiker Zeit ausbuddeln. Das ist aber nur zum Teil zutreffend. Vor allem in den letzten Jahrzehnten hat sich das Bild der Archäologie gewandelt: Sie hat sich neuen Zeiträumen, nämlich dem Mittelalter und der Neuzeit, und damit auch anderen Forschungsfeldern (z. B. Stadtarchäologie, Burgenforschung, Unterwasserarchäologie) zugewandt. Die Archäologen bedienen sich außerdem der neuen Möglichkeiten, die sich durch Fortschritte in den Naturwissenschaften bieten.

**Städte und Burgen**

Durch die Zerstörungen der Städte im Zweiten Weltkrieg, den anschließenden Wiederaufbau sowie durch Großbaumaßnahmen ergab sich vor allem in den Städten die Gelegenheit, aber auch der Zwang zu archäologischen Grabungen. Dabei rückten andere historische Zeiträume, nämlich das Mittelalter und die Frühe Neuzeit ins Blickfeld. Für diese Epochen erschien archäologische Erforschung bis dahin eher uninteressant. Man hatte ja schriftliche und bildliche Quellen sowie oberirdisch erhaltene bauliche Reste. Dadurch wusste man schon sehr viel über Politik und Kultur dieser Zeiten. Doch die Stadtarchäologie und Burgenforschung bieten einen anderen, genauso wichtigen Blickwinkel: auf das alltägliche Leben, auch der ärmeren Bevölkerungsschichten.

**Probleme bei Grabungen**

Gegenüber Grabungen im Freiland müssen die Archäologen in unseren Städten häufig schwierigere Hindernisse überwinden: Zum einen befinden sich die auszugrabenden Zeugnisse meist unter dichter Bebauung im Stadtkern. Zum anderen lagern hier oft viele Schichten aus mehreren zeitlichen Perioden auf engem Raum übereinander. Auch bei mehrfach erweiterten und umgebauten, zerstörten und wiedererrichteten Burgen ist die Fundlage entsprechend kompliziert. Häufig stehen sogar Gebäude aus modernerer Zeit darüber.

**Neue Methoden**

Gerade bei komplizierten Fundstätten helfen neue Verfahren, die ursprünglich für andere Wissenschaftsbereiche entwickelt wurden: Mit dem **Georadar** kann das Gelände quasi „durchleuchtet" werden. Die Archäologen bekommen so schon vor dem ersten Spatenstich einen Einblick in das, was sie erwartet. Die Grabungen selbst werden zwar immer noch per Hand ausgeführt, für Aufzeichnungen über die Grabung und bei der Erfassung der Funde ist der Computer mittlerweile aber unentbehrlich.

Vor allem aber bei der Untersuchung der ausgegrabenen Gegenstände kommen moderne Methoden ins Spiel: Mit **Röntgenbildern** oder Computertomographie kann das Innere von Fundstücken untersucht werden. **Dendrochronologie** (Bestimmung des Alters von Holz anhand der Jahresringe) und **Radiocarbonmethode** (Messung des Gehalts an radioaktiven $C_{14}$-Atomen) helfen bei der Datierung. Untersuchungen von **Skelettresten** und **DNA** (menschliche Erbsubstanz) erweitern das Wissen um das Leben der Menschen (Alter, Ernährung, Krankheiten, Verletzungen, verwandtschaftliche Beziehungen innerhalb bestimmter Gruppen).

Wissenschaftler aus den Bereichen der Paläozoologie und Archäobotanik (neue Forschungsrichtungen, die sich mit der Tier- und Pflanzenwelt vergangener Zeiten beschäftigen) bestimmen die gefundenen Tierknochen, Samen und Pollenkörner. Hinzu kommen detaillierte chemische und physikalische Untersuchungen von Fundmaterialien und Bodenproben.

**Neue Erkenntnisse**

All diese neuen – leider meist sehr kostspieligen – Methoden führen zu einer Fülle neuer Erkenntnisse: Die Analyse von Körnern, Pollen und Tierknochen erlaubt Aussagen über die Nahrung der Menschen, aber auch über die Vegetation und sogar das Klima zu einer bestimmten Zeit. Teilweise kann sogar festgestellt werden, welche Kräuter und Gewürzpflanzen beim Kochen Verwendung fanden. Untersuchungen an menschlichen Skeletten geben Auskunft über Ernährung, Krankheiten, die Lebenserwartungen und über verschiedene Todesarten. Durch die archäologische Forschung in den Städten erfahren wir viel Neues über die Entstehung und die Entwicklung der Städte, über Grundstücksgrößen, Hausbau, Verteidigungsanlagen. Daraus kann man wiederum Schlüsse über die sozialen Verhältnisse und den Lebensstil der Menschen ziehen. Eine archäologische Erforschung von Burgen ergänzt unser Wissen über das alltägliche Leben dort.

**M 2** Grabung in Hof (Fundamentmauern und Keller der Schlossanlage, 14.–16. Jh.)

### Fragen und Anregungen

**1** In M1 siehst du Funde aus einer Latrinengrube. Überlege, worum es sich im Einzelnen handelt.

**2** Betrachte M2 und erkläre, mit welchen besonderen Problemen die Ausgräber in dieser Situation zu kämpfen haben.

**3** Suche dir einen der Gegenstände aus und erfinde eine kurze Geschichte, wie er damals in die Latrinengrube gekommen sein könnte. (M1)

**4** Überlege, was du innerhalb eines Tages in den Mülleimer wirfst. Was kann man aus diesen Gegenständen über dein Leben erfahren? Verfasse einen kurzen „Fundbericht", wie ihn ein Archäologe in der Zukunft darüber schreiben könnte.

# DIE EUROPÄISCHE STAATENWELT AUF DEM WEG IN DIE NEUZEIT

Politisch bestand das mittelalterliche Europa aus einer Vielzahl von Herrschaftsgebieten. Das Heilige Römische Reich, das sich im Wesentlichen auf das heutige Deutschland und Italien erstreckte, galt seinen Herrschern und Untertanen als Nachfolger des Römischen Reiches. Aber auch hier herrschte der Kaiser nicht uneingeschränkt, denn er musste die Interessen der Landesfürsten berücksichtigen. In Bayern z. B. herrschten die Wittelsbacher. In England wurde die Willkür des Königs gegenüber dem Adel in der „Magna Charta" eingeschränkt. Auch in Polen und Böhmen entstanden Königreiche. Politische Konflikte waren im Mittelalter häufig Konflikte zwischen Herrscherfamilien, so auch der Hundertjährige Krieg zwischen England und Frankreich. Aber auch kulturelle Konflikte wurden kriegerisch ausgetragen.

**Ritter im Zweikampf**
(Malerei in einer Handschrift, um 1190)
Manche Fehde wurde blutig ausgetragen.

Wappen der Kurpfalz

**Warum kniet der König vor seinem Fürsten?**
(Malerei in der Sächsischen Weltchronik, vor 1290)
Während eines jahrelangen Konfliktes bittet König Friedrich Barbarossa 1176 den Herzog Heinrich den Löwen um Hilfe. Ein unpassendes Verhalten?

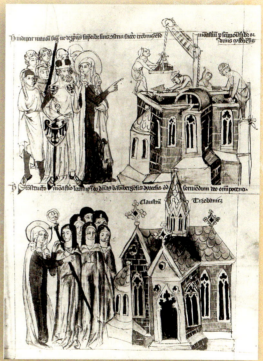

**Zisterzienserkloster Trebnitz bei Breslau**
(Buchmalerei, 1452)
Herzog Heinrich I. stiftete es 1201 auf den Wunsch seiner Frau Hedwig hin. Die ersten Nonnen kamen aus einem Bamberger Kloster.

**Der englische König Eduard I. (1272–1307) im Parlament**
(engl. Buchmalerei, um 1524)
Links sitzen geistliche Würdenträger, rechts die Vertreter des Adels.

# 1. Königliche Nachbarn im Norden und im Westen: England und Frankreich

**M 1 Zwei Könige**
Diese Buchmalerei zeigt den englischen König Eduard III. bei seinem Treffen mit dem König von Frankreich 1329 in der nordfranzösischen Stadt Amiens. Die englischen Könige führten den Leoparden im Wappen, die Könige von Frankreich die Lilie.

| | |
|---|---|
| **1215** | In der Magna Charta Libertatum („Großer Brief der Freiheiten") muss Englands König Johann Ohneland die Forderungen des Adels anerkennen. |
| **1295** | In England wird das Parlament eine ständige Einrichtung und erhält das Recht der Steuerbewilligung. |
| **1339–1453** | England und Frankreich bekämpfen sich im „Hundertjährigen Krieg". |

**England bekommt einen mächtigen König**

Als Vetter des kinderlos verstorbenen Königs beanspruchte Wilhelm, der Herzog der Normandie, im Jahre 1066 die englische Königskrone. Er setzte mit einem Heer nach England über und besiegte den angelsächsischen König Harold. Wilhelm der Eroberer herrschte dann 20 Jahre lang. Seine Nachfolger verstärkten die Rechte des Königs: Königliche Abgesandte regelten nun überall im Land die Streitigkeiten. Heinrich II., ein Urenkel Wilhelms, unterwarf sogar die Geistlichen der königlichen Rechtsprechung: Kirchliche Strafen wie der Kirchenbann gegen königliche Vasallen und Verwaltungsbeamte durften nur noch mit dem Einverständnis des Königs ausgesprochen werden. Doch in Thomas Becket, dem Erzbischof von Canterbury, fand Heinrich einen hartnäckigen Gegner. Becket lehnte diese Betonung der königlichen Rechte ab. Als im Jahre 1170 einige Ritter aus dem Gefolge des Königs den Erzbischof in seiner Kathedrale ermordeten, begannen die normannischen Adeligen – die Barone –, sich gegen den König zu wenden.

**Schach dem König: die Magna Charta**

Schon Heinrich II. hatte sich oft außerhalb Englands, in seinen französischen Ländern, aufgehalten. Auch sein Nachfolger Richard Löwenherz und dessen Bruder Johann Ohneland verließen wiederholt die Insel, um die französischen Besitzungen gegen den erstarkenden König von Frankreich zu verteidigen. Als Johann im Jahr 1214 in zwei Schlachten dem französischen König unterlag, war die Stunde des englischen Adels gekommen. Der König musste die „Magna Charta Libertatum" unterzeichnen. Dieses Dokument schränkte die königlichen Rechte ein und schützte vor königlicher Willkür. Es sicherte den Adeligen die Mitwirkung z. B. bei der Steuererhebung zu, ja sogar das Recht des Widerstands gegen einen wortbrüchigen König.

Als Johanns Sohn Heinrich III. wieder eigenmächtig Steuern für seine Kriegszüge erhob, kam es erneut zu einem Aufstand der Adeligen. In ihrem Kampf gegen den König suchten die Adeligen Unterstützung bei den Städten. Sie beriefen eine Versammlung ein, der neben den Vertretern der Adeligen auch zwei Bürger aus jeder Stadt angehörten. Zwar konnte Heinrich III. seine willkürliche Steuererhebung durchsetzen, er hatte aber aus den Schwierigkeiten gelernt: Als er später neue Steuern einziehen wollte, berief er selbst diese Versammlung von Adeligen und Bürgern ein. So entstand das englische Parlament. Unter Heinrichs Nachfolgern wurde das Parlament zu einer ständigen Einrichtung. Der König musste es regelmäßig einberufen. Das Parlament wurde damit neben der Person des Herrschers zum Ausdruck der Einheit des englischen Staates. Die Auseinandersetzungen mit dem König hatten Adeligen und Bürgern der Städte bewusst gemacht, dass sie gemeinsame Interessen hatten. Dies führte zu einer Annäherung, die sich auch in der Sprache widerspiegelte: Das Französische – die Sprache des normannischen Adels – wurde allmählich abgelöst vom Englischen, das sich aus dem Angelsächsischen, der Sprache des Volkes, und französischen Einflüssen gebildet hatte. Englands Einwohner wurden Engländer.

**Adel und Städte im Parlament**

**M 2 Der Teppich von Bayeux** (ca. 1080)
Der Ausschnitt des über 70 Meter langen Stickteppichs zeigt den Sieg der Normannen. Der Begleittext lautet: „Hier ist König Harold getötet worden. Und die Engländer ergriffen die Flucht."

**M 3 England und Frankreich um 1200**
Die Karte verdeutlicht, wie sehr England damals mit dem Festland verbunden war. Schottland, Irland und Wales gehörten noch nicht zum englischen Königreich. Als Herzog der Normandie und für weite Gebiete, die bis zu den Pyrenäen reichten, war der englische König eigentlich ein Vasall des Königs von Frankreich. Im England um 1200 war das Französische die Sprache des Adels, der Verwaltung und der Gerichte.
Der französische König gebot zunächst nur über ein kleines Gebiet im Zentrum des heutigen Frankreich. Im Süden herrschte der Graf von Toulouse wie ein König.

**Frankreich: Es begann mit der Königsstadt Paris**

Ganz anders als in England verlief die Entwicklung in Frankreich. Die französischen Könige beherrschen zunächst nur einen sehr kleinen Landesteil, nämlich die Ile de France („Insel Frankreichs") von Paris bis Orléans an der Loire. Beim Aufstieg der französischen Könige spielte die Stadt Paris eine große Rolle. Aufgrund ihrer Lage an der Seine im Bereich wichtiger Handelswege und inmitten einer fruchtbaren Landschaft wurde die Stadt ein gern besuchter Handelsplatz. Die Zölle, die jeder Händler für die von Paris beherrschten Verkehrswege bezahlen musste, flossen in die königliche Kasse. Von den königlichen Städten Paris und Orléans aus bekämpften die Könige das Räuberunwesen auf dem Lande, sorgten auch in den anderen Städten für Ordnung und schlichteten Streitigkeiten unter den Adeligen. So stieg ihr Ansehen. Bald konnten die Könige darangehen, die Besitzungen ihrer Vasallen durch Beschlagnahme, Heirat, Kauf oder Eroberung dem eigenen Besitz einzugliedern. Nach den französischen Siegen im Jahre 1214 musste Englands König Johann Ohneland auf alle Besitzungen nördlich der Loire verzichten. Für Aquitanien (Landschaft um Bordeaux) musste er als Vasall des französischen Königs den Lehenseid leisten.

**Zentrale Verwaltung**

Gegen Ende des 13. Jahrhunderts reichte das Herrschaftsgebiet des französischen Königs von der Kanalküste bis zur Rhône und zum Mittelmeer. Doch wie im Deutschen Reich standen dem König mächtige Adelsfamilien mit einem eigenen Herrschaftsanspruch gegenüber. Im Gegensatz zum deutschen König gelang es dem König Frankreichs, sich beim Aufbau einer zentralen Verwaltung durchzusetzen. Um 1300 errichtete Philipp IV. in Paris zwei wichtige zentrale Behörden: den Rechnungshof und einen Gerichtshof zur Behandlung von Rechtsstreitigkeiten, z. B. bei der Durchsetzung königlicher Entscheidungen.

**Frankreich behauptet sich gegen England**

1339 beanspruchte der englische König Eduard III. – seine Mutter war eine Tochter Philipps IV. – den französischen Königsthron. Darüber kam es zu einem Krieg zwischen England und Frankreich, der erst nach mehr als hundert Jahren ein Ende fand. Frankreich konnte sich lange Zeit von den englischen Siegen zu Kriegsbeginn nicht erholen. Um 1420 verlor der König mit der Hauptstadt Paris sogar seinen ältesten Besitz. Die Wende kam, als es Jeanne d'Arc gelang, den Widerstand neu zu entfachen. Dieses Bauernmädchen aus Lothringen eroberte an der Spitze eines Heeres Orléans für den König zurück: „Johanna von Orléans". Viele Soldaten glaubten ihr nun, wenn sie sagte, sie sei von Gott zur Rettung des Königs und Frankreichs gesandt.

Aus dem Krieg des französischen Königs wurde ein Krieg der Franzosen, denn viele wurden sich der gemeinsamen Zugehörigkeit zu dem bedrohten Volk bewusst. Die Engländer wurden schließlich vom Festland verdrängt.

**M 4 Das Mädchen, das Frankreich rettete** (franz. Miniatur, 1505) Jeanne war 13 Jahre alt, als sie jene Stimmen hörte, die ihr den Auftrag Gottes mitteilten, „die Engländer aus Frankreich hinauszuschmeißen".

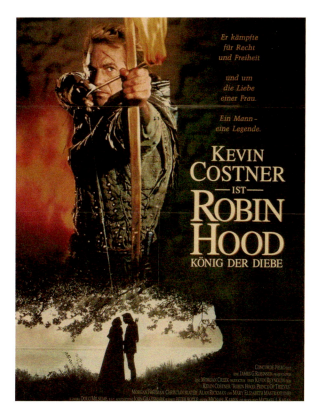

**M 5 Eine englische Legende: Robin Hood** (Filmplakat)
Robin Hood, der selbstlose Rächer der Armen, hat nie gelebt. In der Vorstellung des Volkes verkörperte seine Gestalt den Widerstand der unterdrückten Angelsachsen gegen den normannischen Adel und die Treue gegenüber dem rechtmäßigen König. Um 1400 ist er als edler Räuber der Held vieler Volksballaden. Die Legende um Robin Hood wurde oft verfilmt. So auch im Jahre 1991: Robin Hood, König der Diebe.

### LITERATURTIPP
Rosemary Sutcliff: Robin Hood. Stuttgart: Freies Geistesleben 2003.
Tilman Röhrig: Robin Hood. Solange es Unrecht gibt. Heidelberg: Drexler 1994.
Walter Scott: Ivanoe. Frankfurt am Main: Insel 1989.

**M 6 Die „Magna Charta Libertatum"**
*Am 15. Juni 1215 traf König Johann Ohneland mit den Vertretern des Adels zusammen, die ihn zwangen, die 63 Artikel der „Magna Charta Libertatum" zu unterzeichnen.*

12. Kein Hilfsgeld soll in unserem Königreich ohne Genehmigung des Allgemeinen Rates eingefordert werden; ausgenommen bei Loskauf unserer Person (aus Kriegsgefangenschaft), beim Ritterschlag unseres ältesten Sohnes oder bei der Heirat unserer ältesten Tochter.
13. Die Stadt London soll alle ihre alten Freiheiten zu Lande wie zu Wasser behalten, ebenso alle anderen großen und kleinen Städte, Dörfer und Häfen.
17. Die gemeinsamen Gerichtstage werden nicht an unserem Hof, sondern an einem anderen sicheren Ort abgehalten.
39. Kein freier Mann darf verhaftet, gefangen gehalten, enteignet, geächtet, verbannt oder sonst irgendwie zu Grunde gerichtet werden. Wir werden nicht gegen ihn vorgehen, es sei denn aufgrund gesetzlichen Urteils von Leuten seines Standes oder der Gesetze des Landes.
61. Die Barone sollen unter sich 25 Standesgenossen auswählen. Diese sollen nach Kräften den Frieden und die Freiheiten, die wir ihnen gewährt haben, wahren, festhalten und dafür sorgen, dass sie beachtet werden. Sollten wir oder irgendeiner unserer Beamten uns in irgendeiner Sache gegen sie vergehen, sollen sie fordern, dass wir dieses Vergehen ohne Aufschub wieder gutmachen. Sollten wir es nicht wieder gutmachen, mögen jene 25 Barone zusammen mit dem ganzen Land uns auf jede Weise angehen und bedrängen, durch Wegnahme unserer Burgen, Ländereien und Besitzungen, bis die Sache nach ihrem Gutdünken wieder in Ordnung gebracht ist.

*Guggenbühl/Huber: Quellen zur Geschichte des Mittelalters. Zürich 1972, S. 231–234.*

**M 7 Armbrustschütze**

### Fragen und Anregungen

1. Erkläre, wie die Macht des englischen Königs durch die Magna Charta eingeschränkt wurde. (M6)
2. Frankreich fand im Mittelalter zu einer ersten Form staatlicher Einheit, aber auf einem anderen Weg als England. Erläutere den Unterschied. (VT, M4)
3. Informiere dich in einem Lexikon oder im Internet über das Schicksal der Jeanne d'Arc. (M4)

# 2. Das Heilige Römische Reich deutscher Nation: Kaiser – König – Fürsten

| | |
|---|---|
| 1220–1232 | Reichsgesetze gestatten zunächst den geistlichen, dann auch den weltlichen Fürsten die Ausübung königlicher Rechte. Die Fürsten werden dadurch vom König als Landesherren anerkannt. |
| 1356 | In der „Goldenen Bulle" wird die deutsche Königswahl genau geregelt. Nur die sieben Kurfürsten haben von nun an das Wahlrecht. |

**M 1  Kaiser Karl IV., im Veitsdom zu Prag**
Karl IV. regierte um die Mitte des 14. Jahrhunderts 32 Jahre lang als Kaiser, deutscher König und König von Böhmen. Prag, die Hauptstadt der heutigen tschechischen Republik, war seine Residenzstadt. Er gab dem Reich eine Form, die bis zum Jahre 1806 gültig blieb.

**Mehr Macht für die Fürsten**

Während in England und Frankreich, wenn auch auf unterschiedlichen Wegen, die ersten Schritte zur Bildung einer englischen bzw. französischen Nation verwirklicht wurden, ging im Reich der Einfluss des Königs und Kaisers zugunsten der Fürsten zurück. Als Kaiser Friedrich I. Barbarossa 1190 starb, folgte ihm sein Sohn Heinrich VI. nach, der schon als Dreijähriger 1169 zum König gewählt worden war. Heinrich VI. wurde durch seine Heirat mit der Erbin Siziliens auch König von Unteritalien und Sizilien. Somit waren das Reich, in dem das Königsamt durch Wahl besetzt wurde, und Sizilien, wo es vererbt wurde, in einer Hand.

Um die Herrschaft seiner Familie auch im Reich zu sichern, ließ Heinrich seinen Sohn Friedrich, auch er noch ein Kind, zum deutschen König wählen (vgl. S. 100 f.). Als er noch im selben Jahr starb, blieb seinem Sohn als Friedrich II. zunächst dennoch nur die Herrschaft über Sizilien. Im Reich kam es zu einer Doppelwahl: Zwei Könige kämpften um die Macht. Nach dem Tod des einen wurde Friedrich II. nochmals zum König gewählt. Der König und Kaiser weilte aber immer wieder für lange Zeit im italienischen Süden.

Diese Situation nützten die deutschen Reichsfürsten, um sich königliche Rechte anzueignen. Sie betrachteten ihre Reichslehen nun als Eigenbesitz. Friedrich II. versuchte die Nachfolge zu sichern, indem er 1220 seinen neunjährigen Sohn Heinrich zum König wählen ließ. Um die Zustimmung der mächtigen rheinischen Erzbischöfe für die Wahl seines Sohnes zu gewinnen, überließ Friedrich II. den geistlichen Fürsten des Reiches für ihren weltlichen Herrschaftsbereich alle wesentlichen königlichen Rechte. Dasselbe gestand er 1232 den weltlichen Fürsten zu. Friedrich II. wollte sich ganz auf sein unteritalienisches Königtum konzentrieren. So gab er auf, was er nur in einem Kampf mit zweifelhaftem Ausgang hätte wiedergewinnen können.

Die Wahl des Königs war Sache des Adels. Zahl und Zusammensetzung der Wähler waren aber offen. Nur die Krönungsvorgänge waren durch altes Herkommen festgelegt. Mit der Beschränkung der königlichen Macht seit Friedrich II. schwand bei immer mehr Fürsten das Interesse an der Königswahl. An ihrem Wahlrecht hielten schließlich nur drei geistliche und vier weltliche Fürsten fest, die sieben Kurfürsten (= Wahlfürsten). Die sieben Fürsten strebten danach, mithilfe ihres Vorrechts eine Sonderstellung im Reich zu erlangen. Sie vermieden daher die Wahl direkter Nachkommen des bisherigen Königs.

Um in ihrer Bedeutung nicht gemindert zu werden, wiesen die Kurfürsten auch Ansprüche des Papstes zurück, die Gültigkeit der deutschen Königswahl überprüfen zu dürfen. Auf einer Zusammenkunft im Jahre 1338 stellten sie deshalb fest, dass der von ihnen Gewählte „keiner Ernennung, Genehmigung, Bestätigung oder Gutheißung" bedürfe.

**M 2 Grabplatte des Mainzer Erzbischofs Peter von Aspelt**
Er ist abgebildet mit drei Königen, an deren Wahl er beteiligt war. Zwei von ihnen waren auch Kaiser. Woran sind diese beiden erkennbar?

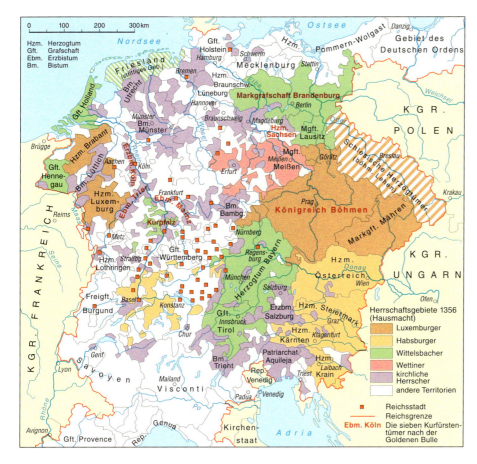

**M 3 Die Ergebnisse der Hausmachtpolitik**
Drei Fürstenfamilien stiegen zur Königswürde auf und erwarben im Deutschen Reich große Gebiete: Luxemburger, Habsburger und Wittelsbacher. Brandenburg gaben die Wittelsbacher an die Luxemburger ab. Die Habsburger erbten 1437 von den Luxemburgern Böhmen und Mähren und besaßen seitdem die deutsche Königswürde für fast 400 Jahre. Sie begründeten so eine Machtstellung für ihr „Haus" (= Familie).

**Die Goldene Bulle** Nachdem Karl IV. in Rom Kaiser geworden war, ging er daran, die Königswahl endgültig zu regeln: 1356 wurde die „Goldene Bulle", so genannt nach dem anhängenden Goldsiegel, ausgefertigt. Sie bestimmte den mit Mehrheit von den 7 Kurfürsten Gewählten zum König. Der Mainzer Erzbischof leitete die Stimmabgabe und wählte selbst als letzter. Zum Schutz gegen zukünftige Unsicherheiten wurden die weltlichen Kurfürstentümer als unteilbar und erblich erklärt, solange männliche Nachkommen vorhanden waren. Zudem waren sie von jeglicher kaiserlicher Gerichtsbarkeit befreit. Damit übertrafen die Kurfürsten an Selbstständigkeit gegenüber dem Königtum alle anderen Gewalten im Reich.

**M 4 Kaiser Karl IV. und die sieben Kurfürsten**
(Buchmalerei, 1493)
Links des thronenden Kaisers die drei kirchlichen Kurfürsten, die Erzbischöfe von Trier, Köln und Mainz, rechts die weltlichen Kurfürsten, die Herrscher von Böhmen, Rheinpfalz, Sachsen und Brandenburg.

### Kurfürsten

Das Wort Kur bedeutet „Wahl". Die Kurfürsten sind die seit dem 14. Jahrhundert allein zur Königswahl berechtigten Reichsfürsten: die Erzbischöfe von Mainz, Köln und Trier, der König von Böhmen, der Pfalzgraf bei Rhein, der Herzog von Sachsen und der Markgraf von Brandenburg. Im 17. Jahrhundert kamen zwei weitere Kurfürsten hinzu: der Herzog von Bayern und der Herzog von Braunschweig-Hannover.

**M 5 Die Kurfürstentümer im Reich**

1 = Erzbistum Mainz
2 = Erzbistum Trier
3 = Erzbistum Köln
4 = Böhmen
5 = Pfalzgrafschaft bei Rhein
6 = Sachsen-Wittenberg
7 = Markgrafschaft Brandenburg

## M 6  Die Goldene Bulle von 1356

Nachdem die Kurfürsten in die Stadt Frankfurt eingezogen sind, sollen sie sogleich bei Anbruch des folgenden Tages in vollständiger Anwesenheit die Messe „Vom Heiligen Geist" singen lassen, auf dass es ihnen
5 gelinge, mit seinem Beistand einen gerechten, redlichen und tüchtigen Mann zum römischen König und künftigen Kaiser zu wählen zum Heil der Christenheit. Wenn nun die Kurfürsten den Eid geleistet haben, sollen sie zur Wahl schreiten und die Stadt Frankfurt nicht
10 verlassen, bevor die Mehrzahl von ihnen der Christenheit ein weltliches Oberhaupt gewählt hat. Wer zum römischen König gewählt worden ist, soll sogleich nach vollzogener Wahl, bevor er in irgendwelchen anderen Angelegenheiten oder Geschäften seine Tätig-
15 keit beginnt, allen und jedem geistlichen und weltlichen Kurfürsten alle ihre Privilegien, Briefe, Rechte, Freiheiten und Vergünstigungen, alte Gewohnheiten und auch Würden durch seine Briefe und Siegel bestätigen und bekräftigen.
20 Damit nicht unter den Söhnen besagter weltlicher Kurfürsten wegen des Rechts, der Stimme und der Befugnis zukünftig Anlass zu Ärgernis und Zwietracht entstehen kann, bestimmen wir, dass nach dem Ableben eines weltlichen Kurfürsten Recht, Stimme und Befug-
25 nis zu solcher Wahl auf seinen erstgeborenen Sohn übergehe. Wir verordnen, dass von jetzt an das Königreich Böhmen, die Pfalzgrafschaft bei Rhein, das Herzogtum Sachsen und die Markgrafschaft Brandenburg nicht geteilt werden dürfen.

*Nach: Geschichte in Quellen, Band 2. München 1975, S. 772 ff.*

### Goldene Bulle

Mit „Bulle" wurde im Mittelalter ein Siegel aus Metall und in kreisrunder Form bezeichnet. Die Goldene Bulle ist das bedeutendste Grundgesetz des Heiligen Römischen Reiches deutscher Nation. Es regelte die Stellung der Kurfürsten und die deutsche Königswahl.

**M 7** „Männleinlaufen" (Detail eines Glockenspiels)
Zur Erinnerung an die Verkündigung der Goldenen Bulle in Nürnberg ziehen die sieben Kurfürsten, sich verneigend, am Kaiser vorüber. Dieses Bildwerk befindet sich an der von Kaiser Karl IV. gestifteten Frauenkirche in Nürnberg.

### Fragen und Anregungen

1. Welches Selbstverständnis der Kurfürsten drückt die Grabplatte des Mainzer Erzbischofs aus? (M2, vergleiche damit M4 und M6)

2. Schildere den Verlauf der deutschen Königswahl gemäß der Goldenen Bulle. (VT, M6)

3. Die Goldene Bulle bestimmte auch, dass die Söhne der Kurfürsten vier Sprachen lernen musten: Deutsch, Latein, Italienisch, Böhmisch (Tschechisch). Wie erklärst du dir diese Bestimmung?

4. Wie sieht der Schöpfer des Nürnberger Männleinlaufens das Verhältnis Kaiser – Kurfürsten? Entspricht diese Sicht der Wirklichkeit? (M7)

# 3. Die Wittelsbacher herrschen in Bayern

| 1167 | Der Würzburger Bischof erhält den Titel „Herzog in Franken". |
| --- | --- |
| 1180 | Kaiser Friedrich I. verleiht Pfalzgraf Otto von Wittelsbach das Herzogtum Bayern. |
| 1214 | Otto II. von Wittelsbach erhält die Pfalzgrafschaft bei Rhein zu Lehen, die 1329 als eigenständige Herrschaft unter einem wittelsbachischen Kurfürsten von Bayern getrennt wird. |
| 1506 | Herzog Albrecht IV. führt in der Familie Wittelsbach das Erstgeburtsrecht ein und beendet damit die Teilungen der Wittelsbacher Gebiete. |

Wappen der Kurpfalz

Wappen der Grafen von Bogen

Bayerisches Staatswappen seit 1950

### M 1 Bayerische Wappen

Als den Wittelsbachern die Rheinpfalz verliehen wurde, führten sie deren Wappentier, den Löwen, weiter. Als Erben der reichen Grafen von Bogen übernahmen sie deren Rautenschild. Beide, der Löwe und die weiß-blauen Farben, wurden Sinnbilder Bayerns. Im bayerischen Staatswappen sind auch die weiteren Regionen Bayerns vertreten: die Oberpfalz mit dem goldenen Löwen, Schwaben mit drei schwarzen Löwen und Franken mit den drei silbernen Spitzen. Der blaue Panther vertritt Nieder- und Oberbayern.

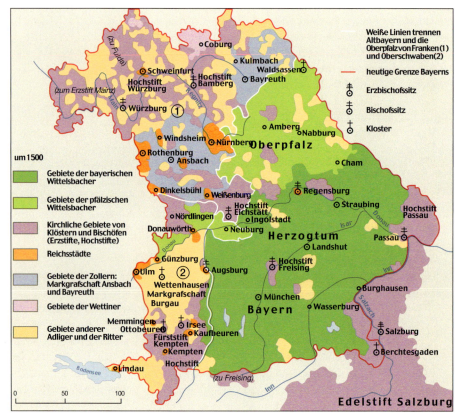

### M 2 Karte der Herrschaftsgebiete in Bayern um 1500

Im heutigen Bayern bestanden um 1500 sehr viele verschiedene Staaten und kleine Herrschaften. Die weißen Linien trennen Altbayern und die Oberpfalz von den Landesteilen Franken und Schwaben, die erst nach 1806 erworben wurden.

90

Schon im 7. Jahrhundert herrschte ein Herzog über die Bayern. Die Herzogswürde, die über viele Jahrhunderte bestand, verlieh Friedrich Barbarossa an die Wittelsbacher, die bis 1918 über Bayern regierten. Diese vermehrten ihre anfangs geringe Macht durch militärische Aktionen, Heiratspolitik, Kauf oder Tausch von Gebieten und durch Einzug von Lehen. Viele alte bayerische Hochadelsfamilien starben aus; ihre Besitzungen und Hoheitsrechte übernahmen die Herzöge. Die neuen Güter und Rechte fassten die Wittelsbacher in einer Reihe von „Pfleggerichten" zusammen, die von Beauftragten der Herzöge verwaltet wurden. Sie übten das Richteramt aus und sammelten die Steuern ein. 1240 berichtet eine Chronik vom Machtzuwachs des bayerischen Herzogs: „Er ward reicher als der Reiche, mächtiger als der Mächtige, und alle Großen des Landes sahen auf ihn wie auf den alleinigen Fürsten und zollten ihm Achtung." Schließlich konnten die Herzöge für alle Einwohner des Herzogtums Gesetze erlassen und die schweren Verbrechen durch herzogliche Richter bestrafen lassen. Um die Steuern besser erheben zu können, fasste man die Pfleggerichte in vier Viztumsämtern, einer Art Steuerbezirke, zusammen. Die Regierungsgeschäfte übertrug der Herzog verschiedenen Ämtern: z. B. die allgemeine Verwaltung dem Hofrat, die Finanzen der Hofkammer und den Schriftverkehr der Kanzlei.

**Territorialstaat**

Auf diese Weise versuchten die Wittelsbacher wie andere Reichsfürsten auch, ein geschlossenes Gebiet zu erwerben, das sie mit einer durchsetzungsfähigen Verwaltung regierten. So entstanden im späten Mittelalter in ganz Europa Territorialstaaten. Ehrgeizige Kriege, vor allem jedoch die Erbteilungen schwächten die Macht der bayerischen Herzöge. Schließlich kam es zu verschiedenen Teilherrschaften: Die Oberpfalz wurde zusammengelegt mit der Kurpfalz am Rhein; Ober- und Niederbayern wurde aufgeteilt in vier Herzogtümer mit den Hauptstädten München, Landshut, Straubing und Ingolstadt.

**Erbteilungen**

Die Stände, d. h. die geistlichen und weltlichen Adeligen, auch die reichen Stadtbürger, sahen sich durch den Aufbau der staatlichen Verwaltung und die Landesteilungen immer neuen Steuerforderungen der Wittelsbacher ausgesetzt. Sie setzten ein Mitspracherecht durch, und auf Ständeversammlungen, den Landständen oder Landtagen, entschieden ihre Vertreter über neue Steuern. Die adeligen und geistlichen Herren besaßen aber auch die niedere Gerichtsbarkeit, weswegen sie Recht über die leichteren Fälle des Alltags sprachen und dafür Gebühren erhoben.

**Landstände**

In Franken und Schwaben, die heute zum Freistaat Bayern gehören, regierten Fürstbischöfe geschlossene Territorien. Diese leiteten ihre weltlichen Herrschaftsgebiete (Hochstifte) als Fürsten. Sie besaßen jedoch auch als Bischöfe die geistliche Macht in der Kirche. Diese doppelte Herrschaft verdeutlicht der Begriff „Fürstbischof". 1167 verlieh Kaiser Friedrich I. den Würzburger Bischöfen den Titel „Herzog in Franken". In Schwaben und Franken bestand jedoch eine starke territoriale Zersplitterung zwischen geistlichen und weltlichen Fürsten, Grafschaften, Reichsritterschaften und Reichsstädten, sodass keiner der ansässigen Herrscher die Vormacht ausüben konnte.

**Fürstbischöfe**

**M 3** Das Würzburger Herzogsschwert
Es wurde dem Bischof von Würzburg bei öffentlichen Auftritten vorausgetragen und verdeutlichte seine weltliche Herzogswürde.

**M 4** **Fürstbischof Scherenberg von Würzburg** (Denkmal von Tilman Riemenschneider, 1495)

**M 6 Die Verwaltung in Bayern im 14. Jahrhundert**

**M 5 Auszüge aus der Erbfolge im Herzogtum Bayern**

**a)** 1255:
Ludwig und Heinrich, die Herzöge von Bayern, teilten untereinander die Herrschaft. Heinrich erhielt den Titel Herzog zusammen mit dem größten Teil Bayerns (…). Ludwig jedoch bekam den oberen Teil Bayerns mit der Rheinpfalz, ferner den Titel eines Burggrafen von Regensburg (…).

Monumenta Germaniae Historia, SS XVII, Hannover, S. 397.

**b)** 1506:
Wir beide Fürsten und Brüder (…) ordnen und setzten (…) für Uns, alle Unsere Erben und Nachkommen mit (…) Unserer Landschaft Rat und Willen (…), dass von nun an für ewige Zeiten (…) in Unseren Fürstentümern (…) keine Teilung oder Trennung mehr stattfinden soll. Es soll in diesen Unseren Herzogtümern immer nur ein regierender Herzog Landesfürst und Herr sein.

Primogeniturordnung von 1506. Nach: Lerchenfeld, Gustav von: Die altbaierischen Landständischen Freibriefe mit den Landesfreiheitserklärungen. 1853, S. 311 f.

**M 7 Kritik des Sprechers der Stände**
*Ein Sprecher der Stände kritisiert 1514 die Ausgabenpolitik des Herzogs:*
Nun wissen Euer Gnaden, dass wenig Geld und dabei viele Gläubiger mit großen Forderungen vorhanden sind. Es täte daher Not zu sparen, damit die Schulden getilgt werden. Deshalb empfehlen wir, dass sich Euer Gnaden so verhalten, dass unnötige Ausgaben vermieden werden. Weiter sind die Reden, die Euer Gnaden gebraucht haben, gegen das Recht und die menschliche Vernunft; gegen das Recht, dass niemand um seines Rates willen ein Schaden geschehen soll.

Krenner, Franz von (Hg.): Baierische Landtagsverhandlungen in den Jahren 1429–1513, Bd. 29. München 1803–1805, S. 460 ff.

### Territorialstaat/Landesherrschaft

Die Reichsfürsten verstanden sich als Landesherren. Sie bauten die von Kaiser Friedrich II. verliehenen Rechte aus und errichteten eine gleichmäßige Verwaltung in ihrem Staat. Sie versuchten ein geschlossenes Herrschaftsgebiet (ein Territorium) aufzubauen und unterbanden schließlich so die Erbteilungen in ihren Familien.

### Ständewesen

Geistlichkeit, Adel und Stände, die nach ungleichem Recht lebten, beanspruchten Mitbestimmung, als die Landesfürsten ihre Herrschaft ausbauten. Sie erhielten ihre eigenen ständischen Rechte und Mitsprache bei der Festlegung und Verwendung der Steuern. Die Ständeversammlungen und Landtage sind frühe Vorläufer der heutigen Volksvertretungen.

### Fragen und Anregungen

1. Untersuche, wer im Mittelalter in deinem Heimatort herrschte. (M2)

2. Wie sammelten die Wittelsbacher als bayerische Herzöge Macht und wie konnten sie sie bewahren? Wodurch wurde ihre Macht eingeschränkt? (VT, M5, M7)

3. Wie waren die Herrschaftsverhältnisse in Franken und Schwaben? (VT, M2)

4. Der Bischofsstab (M4) steht für die geistliche Macht. Warum trägt der Bischof jedoch auch ein Schwert?

# 4. Polen und Tschechen – Nachbarn im Osten

| | |
|---|---|
| 10. Jh. | Die Herzöge der Tschechen und der Polen werden mit ihren Völkern christlich. |
| 11. Jh. | In Böhmen und Polen entstehen Königreiche. |
| 12. Jh | Deutsche Siedler wandern in Polen und Böhmen ein. |
| 14./15. Jh. | Polen und Böhmen werden Kernländer mächtiger Reiche. Der slawische Einfluss nimmt wieder zu. |

**M 1** Ritter des Deutschen Ordens im geistlichen Gewand
(Ausschnitt aus der Manessischen Liederhandschrift, 14 Jh.)

**Der tschechische Herzog wird Fürst im Deutschen Reich**

Seit mehr als 1000 Jahren leben zwei slawische Völker, die Polen und Tschechen, als die östlichen Nachbarn der Deutschen. Im 10. Jahrhundert standen Herzöge an ihrer Spitze. Der tschechische Herzog Wenzel aus der Familie der Przemysliden nahm das Christentum an. Nachdem er in einem heidnischen Aufstand 929 getötet worden war, wurde er als tschechischer Nationalheiliger verehrt. Im selben Jahr wurde Böhmen, das Siedlungsgebiet der Tschechen, der Oberhoheit des deutschen Königs unterstellt. 1086 errangen die Przemysliden die Königswürde und wurden mächtige Reichsfürsten.

**Polen braucht deutsche Siedler**

Etwas anders verlief die Entwicklung in Polen. Herzog Mieszko I. aus der Familie der Piasten ließ sich 966 taufen. Die polnischen Herrscher, die 1076 die Königswürde errangen, waren durch Heiraten mit deutschen Fürsten verwandt. Diese Verwandtschaft ließ die Idee entstehen, deutsche Bauern, die die Dreifelderwirtschaft anwandten, als Fachkräfte in das Land zwischen Elbe und Oder zu rufen.

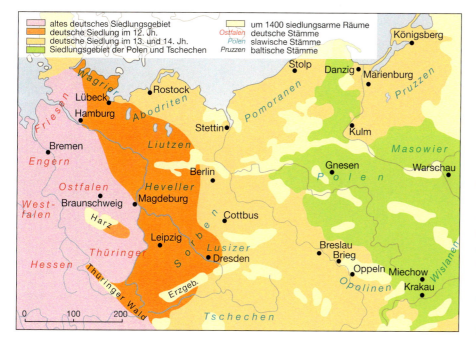

**M 2** Die deutsche Ostsiedlung

Die Ausweitung des deutschen Siedlungsgebietes nach Osten durch Eroberung oder friedliche Angleichung verdrängte die Slawen. Bei Cottbus in Brandenburg und bei Bautzen hat sich jedoch bis heute die Minderheit der slawischen Sorben erhalten.
Die meisten der östlich der Oder und in Böhmen, Mähren und Schlesien siedelnden Deutschen mussten nach dem Zweiten Weltkrieg ihre Heimat verlassen.

Hier bestanden Urwälder und Brachland, das die slawische Bevölkerung nicht bebaute. Die Anwerbung von deutschen Bauern, die sich als Siedler niederlassen sollten, planten die polnischen Fürsten genau. Lokatoren, Siedelunternehmer, warben Bauern an, leiteten den großen Treck nach Osten und die Ansiedlung. In der neuen Heimat mussten sie erst roden und entwässern, das Land vermessen und verteilen, schließlich Städte und Dörfer planmäßig errichten. Die Lokatoren leiteten alle diese Arbeiten und erhielten dafür das erbliche Amt eines Schulzen, des Dorfvorstehers. Die Bauern brauchten erst nach einigen Freijahren Abgaben zu entrichten. Der Zuzug von Deutschen dauerte mehrere Jahrhunderte. Allmählich glichen sich die tschechischen, polnischen und deutschen Nachbarn einander an.

**Der deutsche Ordensstaat und der polnische König**

Polen war zeitweise unter vielen Zweigen der Piastenfamilie aufgeteilt. Zu Beginn des 13. Jahrhunderts rief Herzog Konrad von Masowien gegen die heidnischen Preußen (Pruzzen) die Ritter des Deutschen Ordens zu Hilfe, die die Missionierung als gewaltsamen Glaubenskampf gegen die heidnischen Slawenstämme in Osteuropa betrieben. Als Lohn erhielten sie Land an der Weichsel und bauten ihre Besitzungen durch die Eroberung von Kurland und Livland aus. Die Ordensritter warben viele deutsche Siedler an, gründeten über 1 000 Dörfer und Städte und verwalteten ihr Land straff. Die Führungsstellen im Ordensstaat besaßen nur deutsche Adelige, die Polen waren ihre Untertanen. Der polnische König Kasimir (1333–1370), der seine Stellung im Staat gestärkt hatte, konnte nach der Vereinigung von Litauen und Polen den Ordensstaat unterwerfen.

**Die tschechischen Hussiten**

Wie die Polen entwickelten auch die Tschechen im 15. Jahrhundert ein nationales Zusammengehörigkeitsgefühl. Im 14. Jahrhundert hatte Kaiser Karl IV. Prag, die böhmische Hauptstadt, als Residenzstadt ausgebaut. Er gründete die erste Universität Mitteleuropas, an der viele deutsche Gelehrte wirkten und deutsche Studenten lernten. Die Tschechen blieben in der Minderheit. Das änderte sich jedoch: 1402 wurde der tschechische Priester Jan Hus Rektor der Universität. Er kritisierte den Reichtum der Kirche und fand viele Anhänger, weil er in tschechischer Volkssprache predigte. Als er 1415 auf dem Konzil von Konstanz als Ketzer verbrannt wurde, erhoben sich seine tschechischen Anhänger und errangen für mehrere Jahrzehnte die Macht in Böhmen.

**M 3 Die Gründung eines Dorfes** (Buchmalerei, Sachsenspiegel, 13. Jh.) Der Grundherr übergibt die Urkunde an einen so genannten Lokator. Dieser hat die Siedler angeworben und ihren Zug organisiert. Er kümmert sich auch um die Verteilung des Landes. Die Lokatoren wurden meist die „Schulzen" (Bürgermeister) der neuen Dörfer.

### M 4 Die Marienburg

Sie liegt an der Nogat, einem Mündungsarm der Weichsel. 1272 begonnen, diente die Burg von 1309 bis 1460 dem Hochmeister des Deutschen Ordens als Regierungssitz. Von hier aus lenkte er seinen von Beamten verwalteten Staat. Der hohe Bau mit dem Turm in der Mitte war das Hochschloss, das Haus für 12 Ordensbrüder. Daneben befindet sich der Hochmeisterpalast. Die große Anlage, eine Mischung von Kloster und Burg, wurde nach der Zerstörung im Zweiten Weltkrieg vom polnischen Staat wieder aufgebaut.

### M 5 Beschwerden von Polen

*Beschwerden von Polen über die Ansiedlung von Deutschen sind nicht sehr zahlreich. Erzbischof Jakob Schwinka von Gnesen schrieb 1285 an Kardinäle in Rom:*
Uns werden durch das Eindringen des deutschen Volkes die kirchliche Freiheit und unsere Rechte genommen, die bisher von den Polen von Anfang an beachtet worden sind. Sie, die Deutschen, lehnen dies vollständig ab, ebenso wie in der Bezahlung der Zehenten Willkür herrscht, die einige von ihnen überhaupt nicht zahlen, andere nicht nach dem Recht des Landes, sondern nach der Gewohnheit ihres Volkes. Noch andere Übel sind durch das Eindringen dieses Volkes im Land vervielfacht worden, da das polnische Volk durch sie unterdrückt, von ihnen verachtet, der löblichen Rechte und Gewohnheiten des Vaterlandes beraubt wird.

Zit. nach: Helbig, Herbert; Weinrich, Lorenz (Hg.): Urkunden und erzählende Quellen zur deutschen Ostsiedlung im Mittelalter, zweiter Teil. Darmstadt 1970, S. 89 f.

### M 6 Deutsches Recht für Gastsiedler, 1221

Es möge allen bekannt sein, dass wir, Heinrich, von Gottes Gnaden Herzog von Schlesien (…) (den) Gastsiedlern, die in Baudiss und in den beiden Dörfern Kreidel wohnen, deutsches Recht verliehen haben, sodass sie von den Frondiensten frei sind, die von den Polen geleistet werden nach dem Herkommen des Landes; (…) ferner von den Abgaben, die gemeinhin gefordert werden (…). Jedoch soll folgende Abmachung gelten: (…) Beim Burgenbau sollen sie (die Gastsiedler) uns bei großer Not helfen. Zum Heereszug sollen sie kommen wie die anderen Deutschen. Schwere Vergehen, also Kapitalverbrechen, werden Wir richten, und zwar Wir selbst oder durch einen von Unseren Baronen.

Zit. nach: Kötzschke, Rudolf: Quellen zur deutschen Geschichte der ostdeutschen Kolonisation. Nr. 60. Lepizig/Berlin 1931, S. 83.

### Ostsiedlung

Die Erschließung des neuen Landes östlich der Elbe und Saale vollzog sich weithin friedlich durch die Arbeit von Bauern und Handwerkern. Sie war allerdings auch mit Eroberungskriegen deutscher Fürsten und des Deutschen Ordens verknüpft.

### Fragen und Anregungen

1. Vergleiche die Geschichte der Tschechen und Polen vom heidnischen Stamm zum mächtigen Staat. Worin bestehen die Gemeinsamkeiten? (VT)

2. Untersuche die unterschiedlichen Formen der deutschen Ostsiedlung und deren Folgen. (VT, M2, M5, M6) Warum kam es zu einer Wende im Verhältnis von Slawen und Deutschen?

95

# 5. Der Sultan herrscht in Istanbul

| | |
|---|---|
| 1240 | Die Mongolen rücken aus Innerasien bis nach Osteuropa vor. Türkische Stämme, die vor ihnen fliehen, lassen sich in Kleinasien nieder und gründen dort islamische Reiche. |
| 1453 | Die Türken erobern Konstantinopel, das als Istanbul Hauptstadt des Osmanischen Reiches wird. |
| 1529 | Die türkischen Heere können Wien nicht erobern. |

**Türkische Reiche in Anatolien**

Im 12. Jahrhundert war es dem mongolischen Stammesfürsten Dschingis Khan gelungen, die vielen Stämme seines Nomadenvolkes in Zentralasien zu einigen. In kürzester Zeit eroberte er ein Reich, das von China bis Persien reichte. Obwohl das mongolische Großreich bald in Teilreiche zerfiel, veränderte der mongolische Angriff doch die staatlichen Verhältnisse in Osteuropa und im Vorderen Orient gründlich. Vor den vordringenden Mongolen flüchteten verschiedene türkische Nomadenstämme aus ihrem Stammesgebiet östlich des Kaspischen Meeres. Einer von ihnen setzte sich im nördlichen Kleinasien unter ihrem Herrscher, dem Sultan Osman Ghasi (1258–1326), fest. Nach ihm nannte sich der Stamm der Osmanen, der in Anatolien im 14. Jahrhundert einen neuen mächtigen Staat, das Osmanische Reich, errichtete.

**Der Sultan in Istanbul**

Seit 1350 dehnten die osmanischen Türken ihre Herrschaft und damit auch die des Islam in Europa vom östlichen Balkan bis nach Ungarn aus. Das alte Oströmische Reich war auf allen Seiten von türkischer Herrschaft umgeben und bestand bald nur noch aus der Umgebung von Konstantinopel. Bulgarien, Serbien, Bosnien, Thrakien mit der Stadt Edirne, dem alten Adrianopel, hatten die osmanischen Armeen unterworfen. 1453 eroberten die Türken die alte Stadt am Bosporus und machten sie unter dem Namen Istanbul zur Hauptstadt des Reiches. Damit endete mehr als ein Jahrtausend des christlichen oströmischen Kaisertums. Viele griechische Gelehrte flüchteten nach Italien und brachten das Wissen der griechischen Antike nach Florenz. Sie förderten die Entwicklung des Humanismus. Trotz des allgemeinen Entsetzens einigten sich die christlichen Herrscher Europas nicht auf ein gemeinsames Vorgehen gegen die erfolgreichen türkischen Heere und folgten auch nicht dem Kreuzzugsaufruf von Papst Pius II. Der italienische Schriftsteller Ariost verstieg sich sogar zu dem Satz, dass „der schmutzige Türke Konstantinopel besetzt hält, den besten Teil der Welt".

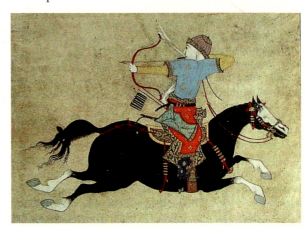

**M 1 Türkischer Reiter**
Die osmanischen Türken waren wie die Mongolen Nomaden. So bildete bei ihnen die Reiterei den Kern des Heeres. Die Reiter verhalfen den osmanischen Türken immer wieder zu Siegen über ihre Gegner: Augenzeugen rühmten die Schnelligkeit der Pferde und die Treffsicherheit der reitenden Bogenschützen.

Dies stellte natürlich ein unberechtigtes Vorurteil dar. Der Sultan beanspruchte für sich das Erbe der griechischen Kaiser. Religiöse Unduldsamkeit herrschte nicht in dem islamischen Großreich: Nichtmuslimische Untertanen des Sultans konnten weiterhin ihren Glauben ausüben, mussten jedoch eine besondere Steuer zahlen, waren dafür aber nicht zum Kriegsdienst verpflichtet. Christen und Juden konnten in hohe Stellen aufsteigen, wenn sie sich zum Islam bekehrten und die türkische Sprache lernten. Die hoch gebildeten und prachtliebenden Sultane Selim I. und Suleiman II. wollten nicht auf die Fähigkeiten und Kenntnisse ihrer Untertanen verzichten. Der große Architekt Sinan, der eine neue Moschee in Istanbul errichtete, war griechischer Abstammung. Türkische Beamte und Soldaten trugen dazu bei, ihre Lebensgewohnheiten und ihre Religion auf dem Balkan zu verbreiten. Sie verwalteten von den Städten aus das Osmanische Reich. Die Städte erhielten ein türkisches Gesicht: Moscheen wurden errichtet, und in türkischen Dampfbädern trafen sich die Männer in der Freizeit. Geheimnisvoll war den Europäern der Harem des Sultans, in dem die zahlreichen Frauen des Herrschers lebten. Die türkische Sitte, dass man im Kaffeehaus gemeinsam das wach haltende, schwarze Getränk genoss, machte sich Ende des 17. Jahrhunderts in ganz Europa breit.

**Ein islamisches Reich und islamische Kultur**

Durch militärische Vorstöße, aber auch durch Verträge und Vereinbarungen gelang es den Sultanen, nach der Eroberung Konstantinopels ihr Reich zu vergrößern. Von Syrien und Ägypten aus konnten sie schließlich die gesamte nordafrikanische Küste am Mittelmeer kontrollieren. Die türkische Flotte bedrohte die christlichen Seemächte, vor allem Venedig und Spanien. Auf dem Kontinent besiegten das türkische Heer, besonders wegen des Einsatzes der Elitetruppen der Janitscharen, 1526 das militärische Aufgebot des ungarischen Königs. Drei Jahre später allerdings gelang es ihnen nicht, Wien, die Residenzstadt der Habsburger, zu erobern. Bis nach Bayern hatten die Reitertrupps, die Sahis, ihre Raubzüge vorgetragen. Mit der Niederlage vor Wien war die Ausdehnung des Osmanischen Reiches noch lange nicht unterbunden: 1541 wurden große Teile Ungarns eingegliedert. Jetzt setzte auch die Bekämpfung der christlichen Religion ein: Alle Kirchen wurden in Moscheen umgewandelt. In der zweiten Hälfte des 15. Jahrhunderts entwickelte sich ein hartnäckiger Kleinkrieg zwischen den Habsburgern und den Osmanen, der zum Niedergang der umkämpften Gebiete führte. Obwohl die militärische Kraft des Osmanischen Reiches nachließ, blieb es noch mehrere Jahrhunderte eine bedeutende europäische Großmacht.

**Der türkische Vorstoß**

**M 2 Die Altstadt Sarajewo**
Die Aufnahme zeigt die Hauptstadt von Bosnien-Herzegowina vor der Zerstörung im Bürgerkrieg, der 1995 endete. Die osmanische Herrschaft dauerte bis 1878 und hinterließ nicht nur deutliche Spuren im Stadtbild. Millionen von Menschen auf dem Balkan bekennen sich zum Islam. Viele von ihnen waren in dem Bürgerkrieg vor 1995 schlimmen Verfolgungen ausgesetzt.

**M 3 Die Belagerung von Konstantinopel**
(frz. Miniatur, 1453)
Das historische Ereignis ist zeitnah und realistisch wiedergegeben. Konstantinopel liegt zwischen Bosporus und Goldenem Horn, das versperrt war, um die türkische Flotte fern zu halten. In der Stadtmitte ragt die Hauptkirche Hagia Sophia heraus, die nach 1453 in eine Moschee umgewandelt wurde. Im Vordergrund befindet sich das türkische Lager mit dem goldenen Zelt des Sultans.
Beschreibe die Vorbereitungen zur Belagerung. Beachte auch die Gleitschienen, auf denen die Türken ihre Schiffe in das Goldene Horn zogen, das vom Meer her nicht erreichbar war.

**M 4 Die Eroberung von Konstantinopel**
a) *Die Sicht der Türken:*
Man war seit langem schon dabei, die Rüstungen für die Eroberungen der Stadt (Konstantinopel) selbst zu treffen. Sowie alles bereit war, kam auch der Sommer, und Sultan Mehmet sagte: „Heuer verbringe ich den
5 Sommer in Istanbul." Nun rückten sie vor die Mauern von Istanbul. Vom Land her und vom Meere her schlossen sie es ringsum ein. (…) Fünfzig Tage lang wurde tags und nachts gekämpft, und am einundfünfzigsten Tag gab dann der Sultan die Stadt zur Plünderung frei. Die Soldaten stürmten, und am Dienstag (den 29. Mai 10 1453) wurde die Festung (d. h. das befestigte Konstantinopel) genommen. Da gab es gute Beute. Gold und Silber und Juwelen und kostbare Stoffe wurden auf den Markt im Heerlager gebracht und in Haufen aufgestapelt; all dies wurde nun feilgeboten. Die Christen 15 von Istanbul wurden zu Sklaven gemacht, und die schönen Mädchen wurden von den Soldaten in die Arme genommen. Am Mittwoch wurde Halil Pascha mit seinen Söhnen und seinen Verwaltern zur Aufsicht über die Festung eingesetzt. 20
*Geschichte in Quellen, Band 2. München 1975, S. 825.*

b) *Ein griechischer Augenzeuge schreibt:*
Als dies der unglückliche Kaiser, mein armer Herr sah, da rief er Gott um Hilfe an und ermahnte die Krieger zu großherzigem Ausharren. (…) Er tat es, wie es Samson mit den Philistern getan: Eine große Menge von Türken riss er von der Mauer und brachte sie zum Sturze, dass es ein Wunder anzusehen war. (…) So töteten 5 sie viele Feinde, bevor sie selbst sterben mussten. (…) So waren am dritten Tage die Feinde im Besitze der ganzen Stadt. (…) An manchen Orten war die Erde nicht mehr zu sehen vor lauter Toten, die umherlagen. 10 Es war ein schrecklicher Anblick, jammervoll anzusehen, wie sie unzählige Gefangenen aller Art hinwegführten, vornehme Damen, Jungfrauen und gottgeweihte Nonnen, und wie sie sie an den Haaren aus den Kirchen herauszerrten (…), dazu das Weinen und Heu- 15 len der Kinder, die entweihten heiligen Orte (…) auf den heiligen Ikonen, die mit Gold, Silber und Edelsteinen verziert sind, traten sie herum. (…) Als sie die Stadt eingenommen hatten, zog der Sultan in sie ein und befahl nach dem Kaiser mit allem Eifer nachzuforschen. 20 Er hatte keinen anderen Gedanken im Sinn, als zu erfahren, ob der Kaiser am Leben geblieben oder tot sei.
*Geschichte in Quellen, Band 2. München 1975, S. 829 f.*

**M 5 Wiederaufbau von Konstantinopel unter Sultan Mehmet II.**
*Der Bericht sammt von dem griechischen Hofbeamten Michael Kritoboulos:*
Als der Sultan in Byzanz (Konstantinopel) ankam, fand er seine künftige Residenz prächtig vollendet und sowohl die Festung am Goldenen Horn, als auch sämtliche Mauern der Stadt sorgfältig aufgebaut. Er war zufrieden mit dem Geleisteten und beschenkte die 5 Aufseher und Bauarbeiter mit Geld, Gewändern und vielen anderen Dingen. Dann befahl er so schnell wie möglich die Brücken von Athyras und Rhegion, die mit

98

der Zeit Schaden genommen hatten und eingestürzt waren, wieder aufzubauen. Außerdem sollten auch die übrigen Straßen (…) geebnet und ausgeglichen werden. (…) Vor allem aber kümmerte er sich um die Besiedlung der Stadt. Er bemühte sich, sie ganz mit Einwohnern zu füllen, so wie es früher auch gewesen war. Zu diesem Zweck sammelte er alle möglichen Leute überall in seinem Reich sowohl in Asien wie in Europa (auf dem Balkan). Und er siedelte sie mit größtmöglicher Sorgfalt und Eile in die Stadt hinein um. Er nahm sie aus türkischen, aber auch aus allen anderen nichttürkischen Völkern, diese vor allem jedoch aus christlichen Völkerschaften.

*Kritoboulos von Imbros, Mehmet II. erobert Konstantinopel, eingel. und hg. v. Dieter Renisch. In: Byzantinische Geschichtsschreiber Bd. 17. Graz, Wien, Köln 1986, S. 158 f.*

## M 6 Fremde Völker, fremde Sitten

*1665 verwunderte sich ein türkischer Besucher in Wien über die Behandlung der Frauen:*

In diesem Lande habe ich etwas ganz Merkwürdiges erlebt: Sooft der Kaiser auf der Straße einem Frauenzimmer begegnet, bringt er, falls er hoch zu Ross ist, sein Pferd zum Stehen und lässt die Frau vorbeigehen. Und wenn der Kaiser zu Fuß geht und dabei einer Weibsperson begegnet, so bleibt er in höfischer Haltung stehen. Dann grüßt die Frau den Kaiser, und da zieht er einen Hut vom Kopf und erweist dem Weibsbild seine Ehrerbietung, und erst wenn die Frau vorbei ist, geht auch der Kaiser weiter.
Eine ganz seltsame Sache ist das. In diesem Land und überhaupt in den Gebieten der Christen führen die Weiber das große Wort, und man ehrt sie und achtet sie um der Mutter Maria willen.

*Schulze, Hagen; Paul, Ina-Ulrike (Hg.): Europäische Geschichte, Quellen und Materialien. München 1994, S.1114.*

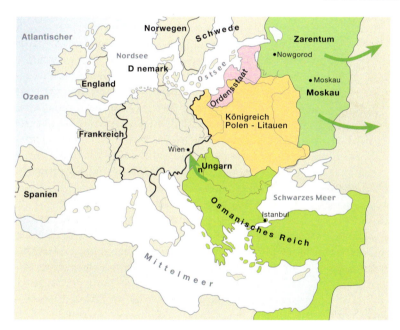

M 7 Das Osmanische Reich

## Fragen und Anregungen

1. Beschreibe ausgehend von M7 und VT die Ausbreitung und den Rückzug des Osmanischen Reiches in Europa bis zum Beginn des 20. Jahrhunderts. Diskutiert in der Klasse die Behauptung, dass das Osmanische Reich und die Türkei einen Teil Europas darstellen.

2. Vergleiche die türkische und die griechische Darstellung vom Fall Konstantinopels: die Rolle der jeweiligen Herrscher, die Darstellung von Eroberung und Plünderung. (M4)

3. Beschreibe die Maßnahmen Mehmets zur Erneuerung Istanbuls. Kann man den Sultan als Erben des oströmischen Kaisers sehen? (M5)

4. Wie wird das Verhältnis von Mann und Frau in M6 dargestellt. Erkläre, warum der türkische Besuchte ein solches Befremden äußert. Informiere dich über die Stellung der Frau in der muslimischen Kultur.

99

# Vertiefung

## 6. Friedrich II. – „das Staunen der Welt"

**Kaiser und König**

Friedrich, den seine Zeitgenossen als Stupor mundi (= Staunen der Welt) bezeichneten, war der Sohn des Stauferkaisers Heinrich VI. (vgl. S. 86). Da sein Vater früh starb, wuchs er in Sizilien – dem Erbe seiner Mutter – auf. Später gelang es ihm, mit Unterstützung des Papstes deutscher Kaiser zu werden. Wie die meisten seiner Vorgänger musste Friedrich seine Herrschaft mit Waffengewalt verteidigen: Zu Beginn und am Ende seiner Regentschaft gab es im Deutschen Reich Gegenkönige. Oft kam es zu Konflikten mit deutschen Fürsten oder Städten. Mit den Städten der Lombardei und dem Papst lag der Kaiser jahrelang in Fehde (kämpferische Auseinandersetzung zur Durchsetzung von Rechtsansprüchen).

**Zwischen Deutschland und Sizilien**

Er verbrachte nur wenige Jahre seiner Regierung in Deutschland (1212–1220, 1235/36) und ließ sich dort die restliche Zeit von seinen Söhnen vertreten. Um seine Position als Kaiser trotzdem zu erhalten und den Rücken für seine Kämpfe in Italien freizuhalten, gab er den geistlichen und weltlichen Fürsten im Deutschen Reich wichtige Privilegien, durch die ihre Position als Landesherren gestärkt, die Macht des deutschen Königs und Kaisers jedoch beschränkt wurde. Sein Königreich Sizilien hingegen baute Friedrich zu einem vorbildlichen, zentral verwalteten Staat aus: Die Rechte des einheimischen Adels beschnitt er rigoros. Allein königliche Beamte durften Steuern und Zölle einziehen. Die Verwaltung wurde ebenfalls durch vom Staat besoldete und an der Universität von Neapel ausgebildete Beamte – darunter auch Juden oder Araber – durchgeführt. In den „Konstitutionen von Melfi" ließ der König 1231 zahlreiche Gesetze zusammenfassen. Sie regelten fast alle Bereiche des Lebens und enthielten Bestimmungen zu Eheschließungen und zum Umweltschutz. 1224 gründete Friedrich die Universität von Neapel und unterstützte die medizinische Hochschule von Salerno. Die Auseinandersetzungen mit dem Papst erreichten unter Friedrich eine neue Qualität. Der Kaiser wollte die weltliche Herrschaft der Kirche und die Ausweitung des Kirchenstaates nicht akzeptieren und kämpfte dagegen. In den letzten Jahren seiner Regierung wurde dieser Kampf mit größter Härte geführt: Papst und Kaiser erklärten sich gegenseitig für ihres Amtes unwürdig und riefen Fürsten und Kardinäle zu Neuwahlen auf. Friedrich ging militärisch gegen den Papst vor, dieser exkommunizierte ihn und beschuldigte ihn der Gotteslästerung. Im Propagandakampf bezeichneten sich das Oberhaupt der Kirche und deren weltlicher Beschützer gegenseitig als „Antichrist".

**M 1 Darstellung Friedrichs im Falkenbuch**
Dieses Buch, das Friedrich selbst verfasste, gibt Informationen über Verhalten und Aufzucht von Falken.

**Freund der Araber**

Friedrichs Weltoffenheit gegenüber Andersgläubigen machte ihn in den Augen der Kirche verdächtig. An seinem Hof waren Araber willkommen; Friedrich debattierte mit ihnen über wissenschaftliche und theologische Themen. Seine Leibwache bestand aus muslimischen Sarazenen, denen er in seinem Königreich die freie Religionsausübung gestattete. Die Juden unterstellte er seinem Schutz. Seine großen Erfolge auf dem Kreuzzug erreichte er durch Verhandlungen mit dem Sultan von Ägypten, mit dem er regelmäßig Geschenke tauschte.

**Förderer von Kunst und Wissenschaft**

Für einen Menschen seiner Zeit war Friedrich äußerst gelehrt. In seinem Königreich Sizilien vereinten sich normannische, arabische und griechische Kultureinflüsse. Der König sprach mehrere Sprachen und interessierte sich für viele Wissensbereiche, z. B. Mathematik, Philosophie, Theologie und Naturwissenschaften. An seinem Hof in Palermo lebten vom König unterstützt zahlreiche Wissenschaftler arabischer oder jüdischer Herkunft, aber auch viele Dichter. Der Kaiser förderte Übersetzungen antiker und arabischer Schriften ins Lateinische bzw. Griechische.

## M 2 Über Friedrich II.

*Der italienische Minorit Salimbene da Parma schreibt in seiner ab 1282 verfassten „Chronik":*

Friedrich war ein Verderben bringender und verdammter Mensch, (…) der den ganzen Erdkreis verdarb und in den Städten Italiens den Samen der Uneinigkeit und Zwietracht säte. Friedrich liebte es immer,
5 Streit mit der Kirche zu haben, und bekämpfte sie, die ihn genährt, verteidigt und erhoben hatte, vielfach. Glauben an Gott war ihm fremd. Er war ein verschlagener Mensch, hinterlistig, habgierig, ausschweifend, boshaft, jähzornig. Bisweilen war er auch ein tatkräfti-
10 ger Mann, und wenn er seine guten Eigenschaften und seine Höflichkeit zeigen wollte, war er freundlich, angenehm, ergötzlich, eifrig. Er wusste zu lesen, zu schreiben und zu singen, Gesänge und Weisen zu erfinden. Er war ein schöner, wohl gebauter Mann, wenn
15 auch nur von mittlerem Wuchs. Ich habe ihn ja gesehen und einst geliebt. (…) Ebenso verstand er, in verschiedenen Sprachen zu reden. Und um mich kurz zu fassen: Wenn er ein guter Christ gewesen wäre, Gott, die Kirche und seine Seele geliebt hätte – es wären
20 unter den Weltlichen im Reiche wenige seinesgleichen gewesen. Aber er hatte alle seine Vorzüge dadurch zunichte gemacht, dass er die Kirche Gottes verfolgte. Daher wurde er des Kaisertums entsetzt und starb eines schlimmen Todes.

*Pollmann, Bernhard (Hg.): Lesebuch zur deutschen Geschichte. Band 1: Von den Germanen bis zum Beginn der Neuzeit. Dortmund 1984, S. 294.*

## M 3 Lebenslauf Friedrichs II.

1194 Friedrich wird in Iesi in der Nähe von Ancona (26. Dezember) geboren.
1196 Als Zweijähriger wird er zum deutschen König gewählt.
1197 Sein Vater Heinrich VI. stirbt während der Vorbereitungen zu einem Kreuzzug.
1198 Friedrich wird als Vierjähriger zum König von Sizilien (Mai) gewählt. Im selben Jahr stirbt seine Mutter Konstanze (28. November). Sie bestimmt Papst Innozenz III. zum Vormund Friedrichs (bis 1208).
1209 Friedrich heiratet Konstanze, die Schwester des Königs von Aragon.

## M 4 Goldmünze mit dem Bild Friedrichs II.

Die Münze hat einen Durchmesser von 2,1 cm und ein Gewicht von 5,25 g.

1211 Sein Sohn Heinrich wird geboren. Auf Betreiben des Papstes wählen sechs deutsche Reichsfürsten Friedrich zum König.
1215 Friedrich wird zum deutschen König gekrönt. Er verspricht, einen Kreuzzug durchzuführen.
1220 Die Fürsten wählen seinen Sohn Heinrich zum deutschen König. Er selbst wird in Rom zum Kaiser gekrönt (22. November).
1222 Seine Frau Konstanze stirbt.
1225 Friedrich verspricht wieder einen Kreuzzug und heiratet Isabella von Jerusalem.
1227 Der Papst exkommuniziert Friedrich, weil er angeblich den Kreuzzug hinauszögert.
1228 Sein Sohn Konrad wird geboren. Kurz darauf stirbt Isabella. Friedrich begibt sich auf den Kreuzzug.
1229 Friedrich krönt sich selbst zum König des Königreiches Jerusalem.
1230 Der Papst hebt die Exkommunikation auf.
1235 Friedrich hält Gericht über seinen Sohn Heinrich, weil dieser sich gegen seinen Vater erhoben hat. Heinrich wird abgesetzt und zu lebenslanger Haft verurteilt. Friedrich heiratet zum dritten Mal: Isabella von England.
1237 Sein 9-jähriger Sohn Konrad wird zum König gekrönt.
1239 Zum zweiten Mal exkommuniziert der Papst Friedrich. Anlass ist ein Streit um das päpstliche Lehen Sardinien. Der Konflikt zwischen Friedrich und dem Papst spitzt sich in den folgenden Jahren immer mehr zu.
1241 Isabella von England stirbt.
1245 Auf dem Konzil von Lyon wird Friedrich zum Ketzer erklärt und durch den Papst abgesetzt.
1246 Es wird eine Verschwörung gegen Friedrich aufgedeckt. Es kommt zur Wahl eines Gegenkönigs.
1250 Am 13. Dezember stirbt Friedrich an der Ruhr.

*Zusammenstellung des Verf.*

## Fragen und Anregungen

1. Beschreibe die Darstellung Friedrichs II. auf der Porträtmünze. Warum ließ er sich so abbilden? (M4)

2. Salimbene von Parma charakterisiert in seiner Quelle (M2) den Kaiser. Stelle dessen Eigenschaften zusammen. Beachte dabei aber, dass der Chronist parteiisch war. Vergleiche auch mit M3.

# Erlebnis Geschichte

## 7. Streiten lernen – am historischen Beispiel

Das Streiten gehört ganz natürlich zum menschlichen Leben. Gerade im Geschichtsunterricht erfahren wir von – meist sogar bewaffneten – Konflikten zwischen Menschen, Gruppen und Staaten. Manchmal kann man die Beweggründe der Beteiligten nur schlecht nachvollziehen oder findet sie sogar etwas seltsam. Gerade dann ist es wichtig, sich klar zu machen, um welche Punkte gestritten wurde. In einem Streitgespräch lassen sich viele Konfliktsituationen aus der Geschichte nachstellen. Dabei ist es nicht von Belang, ob sich ein solches Gespräch tatsächlich ereignet hat, ja nicht einmal ob sich die Beteiligten je in Wirklichkeit getroffen haben. Wichtig ist das Überdenken der Streitpunkte: Wenn man sich die Argumente einer der streitenden Parteien zu eigen macht, darüber nachdenkt und den angenommenen Standpunkt in der Diskussion verteidigt, kann man vielleicht besser nachvollziehen, warum die Menschen in einer historischen Situation auf eine bestimmte Weise gehandelt haben. Bei einem solchen Streitgespräch mit historischem Hintergrund kann man daneben auch das Diskutieren üben: Wie muss ich mich verhalten, damit die anderen auf mich hören? Auf welche Weise muss ich argumentieren, um jemanden zu überzeugen? Möglicherweise kann sich im Streitgespräch sogar eine Gruppe durchsetzen, die in der tatsächlichen historischen Situation unterlag.

### Welche Arbeitsschritte gehören zu einem gut durchgeführten Streitgespräch?

**1. Abklären des historischen Hintergrundes, Festlegen der am Streit beteiligten „Parteien":**
Das Streitgespräch sollte gut geplant werden. Die Beteiligten wie die Zuschauer müssen wissen, in welcher historischen Situation es stattgefunden haben könnte. Je genauer man darüber Bescheid weiß, desto mehr und bessere Argumente kann man finden. Dazu ist möglicherweise eine gewissenhafte Vorbereitung nötig. Informationen findest du im Geschichtsbuch, in geeigneten Sachbüchern oder im Internet. Dein Lehrer bzw. deine Lehrerin gibt dir sicher die passenden Hinweise. Dann muss festgelegt werden, welche SchülerInnen (im Minimalfall zwei) welche Seite der Diskussion vertreten. Es können aber auch Teams gebildet werden, die gemeinsam die Argumente für eine „Partei" suchen.

**2. Vorbereitung der Argumentation:**
Die Vorbereitung ist fast so wichtig wie das Streitgespräch selbst. Überlege gut, welche Argumente du verwenden möchtest. Bedenke dabei, dass du nicht einfach leere Behauptungen aufstellen darfst, sondern alles auch begründen solltest. Um im Gespräch flexibel sein zu können, musst du deinen eigenen Standpunkt gut kennen.
Es ist außerdem sinnvoll, wenn du von vorneherein auch über mögliche Argumente der Gegenseite nachdenkst und überlegst, wie du diese entkräften kannst. Auf diese Weise kannst du im Streitgespräch schlagfertiger antworten.

**3. Durchführen des Streitgesprächs:**
Im Streitgespräch selbst musst du auf dein Gegenüber eingehen. Antworte auf das, was dein „Gegner" sagt, versuche, seine Argumentation zu widerlegen. Drücke dich klar und sehr deutlich aus und achte darauf, dass du verstanden wirst. Auch bei einem Streit musst du die Gesprächsregeln beachten.

**4. Auswertung des Streitgesprächs:**
An dieser Abschlussphase sind auch die Zuschauer beteiligt. Sie sollen sich nun begründet äußern, welche Partei – nach Meinung der Zuschauer – ihren Standpunkt am besten vertreten hat. Welche Argumente waren überzeugender, welcher der Mitspieler hat am klarsten argumentiert? Welche Seite hat „gewonnen"?

## Ein Beispiel: Den richtigen König wählen

Die deutschen Könige des Mittelalters wurden gewählt. Die an einer Wahl beteiligten (Kur-)Fürsten verfolgten bei ihrer Stimmabgabe natürlich auch eigennützige Ziele, z. B. möglichst viele Bestechungsgelder herauszuschlagen. Dass im Vorfeld natürlich über den vermeintlich richtigen Kandidaten gestritten wurde, liegt auf der Hand.

In unserem Beispiel streiten sich zwei Fürsten: Der Mainzer Erzbischof Werner von Eppenstein und König Ottokar von Böhmen. Der Erzbischof möchte, dass der Graf Rudolf von Habsburg zum neuen König gewählt wird. Ottokar von Böhmen ist dagegen. Vielleicht, weil er selbst König werden will?

### Wichtige Gesprächsregeln:

Höre deinem Gegenüber zu!
Gehe auf das ein, was sie/er gesagt hat!
Lasse den anderen ausreden!
Beschimpfe den anderen nicht!

### Argumente des Erzbischofs:

- Rudolf ist recht vermögend, seine Besitzungen sind beträchtlich, seine Familie angesehen.
- Er hat einen guten Ruf als Feldherr. Er soll ein guter Verwalter seiner Besitzungen sein und kann mit Menschen umgehen.
- Er ist sicher fähig, für Frieden und Recht im Reich zu sorgen.
- Alle anderen Kurfürsten haben sich schon für Rudolf ausgesprochen.
- Er hat versprochen, das Reichsgut zu wahren.

### Argumente des Königs von Böhmen:

- Rudolf ist doch nur ein „armer, kleiner Graf", er kann nicht König sein.
- Er gehört nicht einmal zum Reichsfürstenstand.
- Die Fürsten wollen ihn nur, weil er zu schwach ist, um ihrer eigenen Macht gefährlich zu werden.
- Das Reich braucht einen mächtigen Mann als König, um den Frieden zu sichern.
- Es gab in der Vergangenheit schon zu viele schwache Herrscher.
- …

### Mögliche Gegenargumente zur Position Ottokars von Böhmen:

- Alle anderen Kurfürsten sind auf Rudolfs Seite. Die Kurfürsten müssen Einigkeit demonstrieren.
- Wenn alle ihn wählen, stärkt das Rudolfs Macht.
- …

### Mögliche Gegenargumente zur Position Werner von Eppensteins:

- Als schwacher König wird Rudolf seine Versprechungen nicht halten können.
- Die Tatsache, dass er seine Besitzungen gut verwaltet, heißt nicht, dass er auch ein guter König wird.
- …

# NEUE GEISTIGE UND RÄUMLICHE HORIZONTE

Als eine „Zeit des Lichts" empfanden Künstler, Gelehrte und reiche Bürger um 1500 ihre Epoche. Sie wollten nicht mehr das glauben, was die Kirche ihnen vorschrieb. Stattdessen begannen sie die Welt mit eigenen Augen zu sehen und mit ihrem Verstand zu begreifen. Die Kirche geriet in eine tiefe Krise. Es kam zur Kirchenspaltung.

1492 entdeckte Kolumbus Amerika, die „Neue Welt" – zur gleichen Zeit bestanden rund um den Erdball große Reiche mit einer hoch entwickelten Kultur. Neue Erfindungen wie der Buchdruck und ein neues Weltbild eröffneten neue Horizonte, die bis dahin nicht erkundet waren.

**Antike Texte studieren und übersetzen – der Gelehrte Erasmus von Rotterdam** (1466–1536, Ölgemälde, um 1525)

**Michelangelo, David, 1501–1504**
Im Alten Testament besiegt der kleine David den Riesen Goliath mit einer Steinschleuder. Die Florentiner Bürger stellten eine Kopie der Statue vor ihrem Rathaus auf.

**Die Erde kreist um die Sonne** (Buchmalerei, 16. Jh.)
Nikolaus Kopernikus verunsicherte seine Zeitgenossen mit einem neuen Bild vom Kosmos.

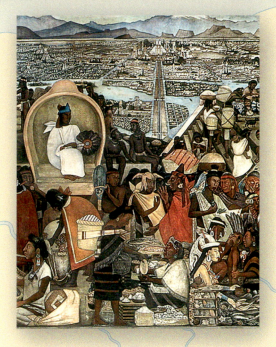

**Blick auf Tenochtitlan** (Rekonstruktion des mexikanischen Malers Diego Rivera, 1886–1957, auf einem Fresko im Nationalpalast in Mexiko City)
So könnte Tenochtitlan, die Hauptstadt des Aztekenreiches, vor der Eroberung durch die Spanier ausgesehen haben.

**Kolumbus begegnet den „Indianern"** (Holzschnitt mit der ersten europäischen Darstellung der „Indianer", Basel, 1493)
So stellte man sich in Europa die erste Begegnung zwischen Kolumbus und den Einheimischen Mittelamerikas vor.

**Einheit** (Gemälde eines unbekannten Künstlers, frühes 16. Jh.)
„Christus mit der Weltkugel" symbolisiert die Einheit der Kirche.

**Spaltung** (zeitgenössischer Kupferstich)
Für die Reformatoren (rechts) wiegt die Bibel mehr als die ganze katholische Kirche mit dem Papst, den Bischöfen, Nonnen und Mönchen (links).

# 1. Katastrophen verändern das Leben der Menschen

**1348–1383** Mehrere Pestepidemien raffen mehr als ein Drittel der Bevölkerung Europas dahin.

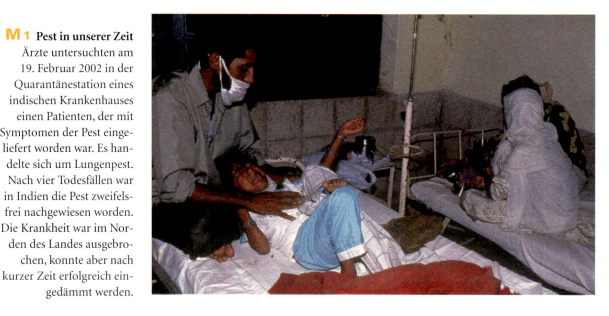

**M 1 Pest in unserer Zeit**
Ärzte untersuchten am 19. Februar 2002 in der Quarantänestation eines indischen Krankenhauses einen Patienten, der mit Symptomen der Pest eingeliefert worden war. Es handelte sich um Lungenpest. Nach vier Todesfällen war in Indien die Pest zweifelsfrei nachgewiesen worden. Die Krankheit war im Norden des Landes ausgebrochen, konnte aber nach kurzer Zeit erfolgreich eingedämmt werden.

**„Kleine Eiszeit" und Hungersnöte**

Unzureichende hygienische Wohnverhältnisse, chronische Unterernährung, Krankheit und Krieg gehörten zum Alltag der Menschen im Mittelalter. Dazu kam, dass um 1400 in ganz Europa die so genannte kleine Eiszeit begann. Die Schneegrenze in den Alpen lag z. B. bis zu 200 m tiefer als heute. Missernten und Hungersnöte waren die Folge. In dieser Situation brach über die geschwächte Bevölkerung des gesamten europäischen Kontinents eine Katastrophe herein, die alles bisher Erlebte übertraf: die Pest.

**M 2 Bestattung der Pestopfer**
Szene aus der flämischen Stadt Tournai, 1349 (Buchmalerei einer flämischen Handschrift der Annalen des Gilles le Muisit, 1352)

Matrosen hatten die Seuche vom Gebiet des Schwarzen Meeres nach Italien eingeschleppt. Am ganzen Körper von schwarzen Beulen befallen, waren sie in den Häfen Messina und Genua angekommen. Bald zeigten sich dort auch bei den Stadtbewohnern die ersten Symptome: Schwindelgefühl, Erbrechen, Schüttelfrost und Schmerzen in den Gelenken, vor allem in den Achselhöhlen.

**Der Schwarze Tod**

Dann bildeten sich große dunkle Eiterbeulen. Die mittelalterliche Medizin stand dieser Herausforderung weitgehend hilflos gegenüber. Meist schon nach drei bis vier Tagen trat der Tod ein. In wenigen Monaten griff die Seuche von Italien auf ganz Europa über. In der Enge der Städte forderte der Schwarze Tod mehr Opfer als auf dem flachen Land. Man schätzt, dass die Bevölkerungszahl in den Städten nahezu halbiert wurde.

**Ein Strafgericht Gottes?**

Über hunderte von Jahren suchten die Menschen nach den Ursachen der Pest, erst 1894 wurde das Pestbakterium entdeckt. Die Flöhe erkrankter Ratten übertragen die Infektionskrankheit über kleine Verletzungen in der Haut bzw. über die Schleimhäute auf die Menschen, die sich untereinander dann selbst anstecken. Auch die Menschen im Mittelalter suchten nach Ursachen. Viele sahen in der Pest ein Strafgericht Gottes. Durch Bußübungen wollten sie Sühne leisten; sie zogen als „Geißler" und Pilger durch das Land und hofften, Gott so dazu zu bewegen, der Krankheit Einhalt zu gebieten.
Für andere war die Seuche eine Folge giftiger Dämpfe aus dem Erdinnern oder einer ungünstigen Stellung der Gestirne. Viele beschuldigten die Juden, die Brunnen vergiftet zu haben. Judenverfolgungen, vor allem in den Städten Mitteleuropas, waren die Folge.
Der Bevölkerungsrückgang wirkte sich einschneidend auf das Wirtschaftsleben in Stadt und Land aus. Durch den ungleich stärkeren Bevölkerungsverlust in den Städten fanden viele Bauern für ihre Agrarprodukte keine Abnehmer mehr, sodass die Preise für landwirtschaftliche Erzeugnisse sanken. Das Einkommen der Bauern ging stark zurück.
In den Städten dagegen wurden durch die Todesfälle große Vermögen vererbt. Der Reichtum der Überlebenden wuchs ebenso wie ihr Streben nach Luxus. Luxusgüter waren aber auch von denen gefragt, die angesichts des nahenden Todes das Leben noch einmal genießen wollten. Das städtische Gewerbe profitierte von dem steigenden Bedarf, das Einkommen vieler Städter stieg.

Viele Menschen, die die Pest auf dem Lande überlebt hatten, wurden von den besseren Verdienstmöglichkeiten im städtischen Gewerbe angezogen und wanderten in die Städte ab (Landflucht). Zurückblieben menschenleere, verfallene Dörfer (so genannte Wüstungen), verwilderte oder nur mehr als Weide benutzte Felder. Allein in Deutschland starb etwa jedes vierte Dorf völlig aus.
Mit der Krise in der Landwirtschaft gingen auch die Einnahmen der Grundherren zurück. Diese versuchten, durch Erhöhung der bäuerlichen Abgaben ihre Einkünfte zu wahren. Erstmals schlossen sich Bauern zu Bünden zusammen, um die alten Rechte zu sichern und ihre Interessen gegen die Grundherren zu vertreten, in Süddeutschland z. B. gegen den Bischof von Augsburg oder den Abt von Ottobeuren. Die Kämpfe waren zwar erfolglos, doch blieb der Widerstand der Bauernschaft gegen die Grundherren erhalten: Die alte Ordnung wurde dauerhaft erschüttert.

**M 3 Pestsäule in Wallerstein** (1725)
Pestsäulen sollten die „vergifteten Winde" abwenden.

## M 4 Geißler wollen durch Buße die Pest abwenden

*Der Straßburger Chronist berichtet:*

Im Jahre 1349 kamen Mitte Juni siebenhundert aus Schwaben nach Straßburg. Sie hatten einen Anführer und noch zwei Meister, deren Befehlen alle Folge leisteten. Als sie den Rhein überschritten hatten, bildeten sie unter Zulauf des Volkes einen weiten Kreis, in dessen Mitte sie Kleider und Schuhe ablegten und herumgingen. Einer nach dem anderen warf sich in diesem Kreise wie ein Gekreuzigter zu Boden, und jeder von ihnen berührte im Vorübergehen den Hingestreckten mit der Geißel. Die letzten, welche sich zuerst niederwarfen, standen zuerst wieder auf, schlugen sich mit Geißeln, welche Knoten mit vier eisernen Stacheln hatten, und zogen, in deutscher Sprache zum Herrn singend, unter vielen Anrufungen vorüber. Nachdem sie dies lange so getrieben, beugten auf ein gegebenes Zeichen alle die Knie und fielen wie Gekreuzigte unter Schluchzen und Beten auf das Antlitz. Dies taten sie zweimal des Tages auf offenen Plätzen und jeder heimlich auch einmal in der Nacht. (…) Es strömten ihnen vom Ober- und Niederrhein und vom Flachlande eine solche Menge zu, dass sie niemand zu zählen vermochte.

*Straßburger Chronik, 1349. In: Geschichtliche Quellenhefte 4. Frankfurt o. J., S. 10 f.*

## M 5 Judenmord

*Während der Pest von 1348/49 kam es in vielen Städten zu Massenmorden an Juden. In der Straßburger Chronik heißt:*

Wegen dieses Sterbens wurden die Juden in der Welt verleumdet (…), in jedem Land, dass sie es mit Gift gemacht, das sie in Wasser und Brunnen getan hätten. (…) Und darum wurden die Juden verbrannt. Da verbrannte man sie in vielen Städten und schrieb diese Geschichte nach Straßburg, Freiburg und Basel, damit sie ihre Juden auch verbrennen sollten. (…) An dem Samstag, es war St. Veltens-Tag (7. Januar), da verbrannte man die Juden in ihrem Kirchhof auf einem hölzernen Gerüst. Das waren an die 2 000. Die sich aber taufen lassen wollten, ließ man leben. (…) Und was man den Juden schuldig war, das war alles abgegolten, und alle Pfänder und Briefe, die sie über Schulden hatten, wurden zurückgegeben. Das bare Geld, das sie hatten, das nahm der Rat und teilte es unter die Handwerker. (…) Das war auch der Grund, aus dem die Juden getötet wurden; wenn sie arm gewesen wären (…), wären sie nicht verbrannt worden. (…) So wurden die Juden verbrannt (…) in allen Städten am Rhein, gleichviel ob es freie Städte oder Reichsstädte oder solche von (Landes-)Herren waren.

*Zit. nach: Die Chroniken der deutschen Städte, Bd. 9: Straßburg, 2. Bd. Göttingen 1961, S. 760 und 763 f.*

## M 6 Aussätzige vor der Stadt

Ausschnitt aus einer französischen Buchillustration zwischen 1333 und 1350. Wie vor der Pest versuchten sich die Städte auch vor anderen ansteckenden Krankheiten zu schützen.

**M 7** Geißlerzug (Buchmalerei, 15. Jh.)

## M 8 Verwilderung der Sitten

*Giovanni Boccaccio (1313–1375) berichtet, wie sich das Verhalten der Menschen durch die Pest 1348 in Florenz veränderte:*

Die Ansteckungen bereits durch Berührung der Kranken verbreiteten bei denen, die am Leben blieben, grässliche Vorstellungen, und bald kamen beinahe alle zu dem grausamen Entschluss, die Kranken und ihre Gegenstände zu meiden und zu fliehen, um sich dadurch am Leben zu halten. Viele waren der Meinung, eine mäßige Lebensweise und die Enthaltung von allem Überflusse müsse ein gutes Mittel sein gegen dieses Unglück. Andere waren entgegengesetzter Ansicht und behaupteten, tüchtig zu essen und sich zu freuen, scherzend und singend umherzuziehen, auf alle Art dem Gaumen Genüge zu tun und über alles, was vorfalle, zu lachen und sich lustig zu machen, sei das sicherste Heilmittel gegen dieses Übel. In diesem jammervollen Zustande der Stadt war das ehrwürdige Ansehen der göttlichen und der menschlichen Gesetze beinahe ganz in Verfall geraten. Die grässlichen Auftritte hatten Männern und Frauen eine solche Hartherzigkeit eingeflößt, dass ein Bruder den anderen, der Onkel den Neffen, die Schwester den Bruder und oft die Gattin den Gatten verließ; ja, was noch schrecklicher und beinahe unglaublich ist, Väter und Mütter besuchten und pflegten ihre Kinder nicht, als ob dieselben sie gar nichts angingen. Dadurch blieb den Erkrankten keine andere Hilfe übrig als etwa die Liebe ihrer Freunde – aber solche Freunde waren selten – oder die Habgier der Diener, die ihre Bedienung um übermäßig hohen Lohn verkauften. Von vielen, die in ihren Häusern starben, erfuhren die Nachbarn den Tod zuerst durch den Geruch ihrer in Verwesung übergegangenen Leichname. Alsdann ließ man Bahren kommen, und in Ermangelung derselben legte man viele auch auf bloße Bretter. Oft wurden auf einer Bahre zwei bis drei zugleich hinausgetragen. Diese wurden nicht durch Tränen oder Kerzen oder durch eine Leichenbegleitung geehrt; ja, so weit kam es, dass man sich um tote Menschen nicht mehr bekümmerte, als man sich um eine Ziege kümmern würde.

*Nach: Guggenbühl/Huber: Quellen zur Geschichte des Mittelalters. Zürich 1972, S. 315 f.*

## Fragen und Anregungen

1. Erläutere, warum die Geißlerzüge so großen Zulauf hatten. (M4, M7)
2. Lege dar, warum es in dieser Zeit zu Judenverfolgungen gekommen ist. (M5)
3. Fasse zusammen, in welchen Bereichen die Pest das menschliche Gemeinschaftsleben zerstörte. (M8)
4. Auch in späteren Jahrhunderten hatten die Menschen Angst vor der Pest und errichteten zu Beginn des 18. Jahrhunderts Pestsäulen (M3). Erkundige dich (Touristenführer), ob es in deiner Nähe eine Pestsäule gibt.
5. Beschreibe, wie in M2 die Bestattung der Toten dargestellt wird.

109

# 2. Die Fugger – ein neuartiges Unternehmertum

| Seit dem 12. Jh. | In den Städten Oberitaliens entwickelt sich der bargeldlose Zahlungsverkehr. |
|---|---|
| Um 1500 | Die Fugger werden zum führenden Handels- und Bankhaus in Europa. |

**M 1 Jakob Fugger, der Reiche** (1459–1525)
Die Zeichnung zeigt das Augsburger Kontor: in der Mitte das Hauptbuch, das vom Buchhalter Matthäus Schwarz geführt wird. Die Ablagefächer sind mit den Namen der Fugger'schen Filialen beschriftet (Antorff = Antwerpen; Craca = Krakau; Ofen = Budapest).

**Gewinnstreben gegen Zunftwesen**

Handel und Gewerbe hatten schon seit dem ausgehenden 12. Jahrhundert zugenommen. Vor allem die durch die Pest gestiegene Nachfrage nach Luxusgütern ab etwa 1350 verstärkte den Aufschwung. Gleichzeitig entwickelte sich eine neue Einstellung zur Wirtschaft, die bisher von den Zünften bestimmt wurde. Diese hatten sich weitgehend auf die Versorgung der Stadtbürger beschränkt und dabei jede Konkurrenz innerhalb der Stadt abgelehnt. Nun entstand ein Unternehmertum, das nach möglichst hohem Gewinn strebte und daher sein wirtschaftliches Denken vor allem nach dem Gelderwerb ausrichtete. Dazu mussten die neuen Unternehmer ihren Handel weit über die Grenzen ihres Landes hinaus ausdehnen und versuchen, die Konkurrenten auszuschalten. In Deutschland gelang dies vor allem der Familie Fugger in Augsburg.

**Der Aufstieg der Fugger**

Der erste Fugger, 1367 vom Lande zugewandert, wurde in Augsburg Mitglied der Weberzunft. Er verdiente sein Geld vor allem mit Textilherstellung. Seine Söhne gaben die eigene Herstellung auf und nutzten das Lohngefälle zwischen Stadt und Land: Sie lieferten als Verleger den billigeren, ländlichen Handwerkern Rohstoffe wie Wolle und Garn und nahmen ihnen die fertigen Waren wieder ab (Verlagssystem). Hunderte vorher selbstständiger Handwerker arbeiteten bald für die Fugger. Da die Waren hohen Gewinn erbrachten, handelte die Familie mit Tuchen, Leinen, Baumwollstoffen bis Venedig, Lissabon und Antwerpen. Die Lage Augsburgs begünstigte dies: Schon seit den Kreuzzügen führte die bedeutendste Fernhandelsstraße Europas von Venedig über Augsburg zu den Städten in Flandern.

**M 2 Die Schweizer Garde – die Soldaten des Papstes**
1505 stellte der Papst zu seinem Schutz und als Wachdienst im Vatikanischen Palast eine 6 000 Soldaten starke Truppe aus Schweizer Söldnern zusammen. Heute sind es noch 100 Mann. Die Uniform ist seit 500 Jahren dieselbe. Wer hat sie entworfen? Michelangelo, der Architekt der Kuppel des Petersdomes (vgl. S. 116). Wer hat sie bezahlt? Das Kaufmannsgeschlecht der Fugger in Augsburg. Welche Verbindungen zwischen dem Papst in Rom und einer Augsburger Familie bestand, erfährst du im folgenden Kapitel.

110

Das durch den Handel erworbene Kapital verliehen die Fugger gegen Zins als Kredite z. B. an den Papst, den deutschen Kaiser oder an verschuldete Fürsten und Grafen. Als Sicherheit für die großen Geldsummen erhielten sie vor allem die Rechte auf die Ausbeutung von Silber- und Kupferbergwerken.

Nach und nach erwarben die Fugger immer weitere Bergwerke und Verarbeitungsbetriebe, unterboten die Preise kleinerer Betriebe und schalteten damit ihre Konkurrenten aus. Als Kreditgeber des Kaisers nützten sie ihren politischen Einfluss und verschafften sich durch ein kaiserliches Privileg das alleinige Verkaufsrecht (Monopol) vor allem für Kupfer. Da mit dem Aufkommen der Artillerie die Nachfrage nach Kupfer für den Guss von bronzenen Geschützrohren stieg und die Fugger Angebot und Preis allein bestimmten, erzielte das Handelshaus hohe Gewinne.

**Kapital wird eingesetzt: Monopole und politische Macht**

Von oberitalienischen Städten wie Venedig, Genua oder Pisa lernten die Fugger die hoch entwickelte Organisation von Handelsunternehmen sowie Techniken des Zahlungsverkehrs und Kreditwesens. Diese wandten sie in ihren eigenen Unternehmen an. Ihre Geschäfte führten die Fugger von ihrem heimischen Büro, dem Kontor, aus. In den wichtigsten europäischen Hafen- und Handelszentren richteten sie Filialen ein.

**Kontor und Filialen**

Um über die weit verzweigte Organisation die Übersicht über ihren Waren- und Geldbestand zu behalten, führten sie nach italienischem Vorbild die doppelte Buchführung ein: Waren und Geld, die man selbst hatte (Haben), wurden den Zahlungen, die noch zu leisten waren, gegenübergestellt (Soll). Eine weitere Neuerung betraf den Geldverkehr: Er war mit hohem Risiko verbunden, da es keine Sicherheit vor Überfällen auf den Fernhandelsstraßen gab. Hier half den Kaufleuten der Wechsel, ein Gutschein, der an einem anderen Ort gegen Bargeld eingelöst werden konnte. Aus den „Wechselstuben" entstand später ein dichtes Netz von Banken.

**Buchführung und Wechsel**

**M 3** Besitz und Niederlassungen der Fugger um 1500

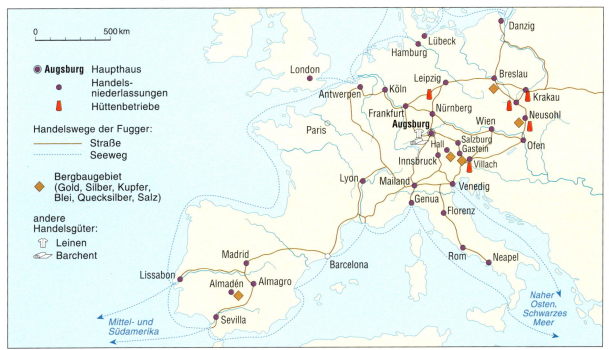

111

**M 4  Bergbau: Raubbau an der Natur oder Abbau einer Gottesgabe?**

**a)** *In seinem Buch über den Bergbau lässt der Arzt und Naturforscher Georg Agricola (1494–1555) zuerst Gegner des Bergbaus zu Wort kommen:*

Durch das Schürfen nach Erz werden die Felder verwüstet; deshalb ist einst in Italien durch ein Gesetz dafür gesorgt worden, dass niemand um der Erze willen die Erde aufgrabe. (...) Wälder und Haine werden umgehauen; denn man bedarf zahlloser Hölzer für die Gebäude und das Gezeug, um die Erze zu schmelzen. (Dadurch) aber werden die Vögel und andere Tiere ausgerottet, von denen sehr viele den Menschen als feine und angenehme Speise dienen. (...) Die Erze werden gewaschen (...), weil es die Bäche und Flüsse vergiftet, die Fische entweder aus ihnen vertrieben oder getötet. (...) So ist es vor aller Augen klar, dass bei dem Schürfen mehr Schaden entsteht, als in den Erzen, die durch den Bergbau gewonnen werden, Nutzen liegt.

**b)** *Georg Agricola antwortet darauf:*

Sie sehen nicht, dass sie Gott selbst schelten und eines Vergehens beschuldigen; denn sie sind ja der Meinung, er habe gewisse Dinge vergebens und ohne Grund geschaffen. Denn wenn die Metalle nicht wären, so würden die Menschen das abscheulichste und elendste Leben unter wilden Tieren führen; sie würden zu den Eicheln und dem Waldobst zurückkehren, würden Kräuter und Wurzeln herausziehen und essen, würden mit den Nägeln Höhlen graben. (...) Da solches der Vernunft des Menschen (...) gänzlich unwürdig ist, (müsse jedermann zugeben,) dass zur Nahrung und Kleidung die Metalle notwendig sind und dass sie dazu dienen, das menschliche Leben zu erhalten (...), ich meinerseits sehe keinen Grund ein, warum dem, was von Natur (...) gut ist, nicht ein Platz unter den Gütern gebühren soll.

Georg Agricola: De re metallica. Basel 1556; deutsche Übersetzung 5. Aufl. Düsseldorf 1978, S. 4 ff.

**M 5  Fördermaschine mit Kehrrad aus dem Buch über den Bergbau von Georg Agricola** (kolorierter Holzschnitt, 1556)

**M 6  Die Fuggerei in Augsburg**

Die 1519–1521 gebaute Fuggerei, eine Stiftung der Fugger für unbescholtene, verarmte Bürger, ist die älteste geschlossene deutsche Reihensiedlung. Sie ist eine Stadt für sich. Auch in unserer Zeit werden noch – wie früher – jeden Abend die Tore geschlossen.
In den 67 kleinen Häusern mit 147 Wohnungen leben alte und bedürftige katholische Bürger von Augsburg. Die Jahresmiete ist seit 1521 unverändert geblieben: 1 Gulden = 0,88 Euro. Die Bewohner haben die Pflicht, in der kleinen St. Markus-Kirche täglich für das Seelenheil des Stifters und seiner Familie zu beten.

**M 7 Jakob Fugger an Karl V. zu dessen Wohl 1519:**
Eure Kaiserliche Majestät wissen ohne Zweifel, wie ich und meine Vettern bisher dem Hause Österreich zu dessen Wohlfahrt in aller Untertänigkeit zu dienen geneigt gewesen bin. Es ist auch bekannt, dass Eure Kaiserliche Majestät die Römische Krone ohne meine Hilfe nicht hätte erlangen können (die Fugger hatten den Kurfürsten Bestechungsgelder bezahlt). So habe ich auch hierin auf meinen eigenen Nutzen nicht gesehen. Denn wenn ich hätte vom Hause Habsburg abstehen und Frankreich fördern wollen, so hätte ich viel Geld und Gut verlangt, wie mir solches angeboten worden ist. Welcher Nachteil aber hieraus Eurer Kaiserlichen Majestät und dem Hause Österreich erwachsen wäre, das haben Eure Majestät aus hohem Verstande wohl zu erwägen.

*Nach: Grundzüge der Geschichte B, Bd. 1. Frankfurt 1966, S. 313.*

**M 8 Kaiserlicher Schutz**
*1522/23 beschloss der Reichstag, Monopole zu verhindern und Handelsgesellschaften über 50 000 Gulden aufzulösen. Kaiser Karl V. schrieb dazu an seinen Verwalter 1523:*
Jakob Fugger (u. a.) (…) haben sich bei uns darüber beklagt, dass du sie vor Gericht geladen hast. Jakob Fugger und Andreas Grandner sollen einen Monopolhandel betreiben; die anderen sollen unrechtmäßige Einkaufs- und Verkaufspraktiken angewandt haben. Die genannten Kaufleute erheben Einspruch gegen die Vorladung. Sie haben uns untertänigst gebeten, das Vorgehen gegen sie zu verbieten.
Nun sind wir der Meinung, dass im heiligen Reich kein Monopolhandel betrieben werden soll und dass unziemliche, verbotene Einkaufs- und Verkaufspraktiken abgestellt werden sollen. Dennoch können wir zurzeit aus bestimmten Gründen nicht dulden, dass gegen die genannten Kaufleute in der geschilderten Weise vorgegangen und gegen sie ein Gerichtsverfahren eröffnet wird.
Deshalb befehlen wir dir, dass du gegen die genannten Kaufleute bis auf einen weiteren Befehl von uns nichts mehr unternimmst.

*Nach: Strieder, J.: Studien zur Geschichte kapitalistischer Organisationsformen. Monopole, Kartelle und Aktiengesellschaften im Mittelalter und zu Beginn der Neuzeit. München, Leipzig 1919, S. 370 f.*

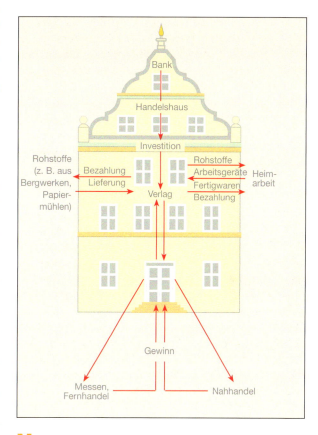

**M 9** Schema des Verlagssystems

## Fragen und Anregungen

1. Erläutere, warum gerade die weitreichenden Handelsbeziehungen den Fuggern so großen Kapitalgewinn brachten. (M1, M3)

2. Erkläre, weshalb Karl V. gegen den Monopolhandel war, diesen aber andererseits u. a. bei Jakob Fugger zuließ. (M8)

3. Für oder gegen den Bergbau zu sein lässt sich auch auf andere wirtschaftliche Entwicklungen übertragen. Welche Beispiele lassen sich anführen? Diskutiert das Pro und Contra. (M4)

4. Die Fugger besaßen zeitweilig das Monopol (alleiniges Verkaufsrecht) auf dem europäischen Kupfermarkt. Überlege dir an einem Beispiel aus unserer Gegenwart, welche Folgen ein Monopol für den Verkäufer einer Ware hat und welche für den Käufer.

5. Beschreibe die Arbeitsteilung zwischen Verleger und Handwerker und stelle die Vor- und Nachteile für jeden der beiden zusammen. (M9)

113

# 3. Der Mensch im Mittelpunkt – ein neues Denken entsteht

| | |
|---|---|
| Um 1400–1500 | Der Übergang vom Mittelalter zur Neuzeit kennzeichnet diesen Zeitraum. |
| 15./16. Jh. | Die Epoche der Renaissance und des Humanismus beginnt. |
| Um 1500 | Leonardo da Vinci (1452–1519) und Albrecht Dürer (1471–1528) gehen neue künstlerische Wege. |

**M 1** Proportionen des Menschen (Studie von Leonardo da Vinci)

**Im Mittelalter: kein Heil außerhalb der Kirche**

Im Mittelalter hatte jeder Mensch seinen festgefügten sozialen Platz. Er besaß bestimmte unverrückbare Rechte und war an festgelegte Tätigkeiten gebunden. Diese festgefügte Ordnung hielten die Menschen für gottgewollt und sahen in ihr einen Teil der göttlichen Schöpfung. Das Leben wurde als Durchgangsstation für das Jenseits angesehen. Die Kirche hielt dem Menschen seine Sünden vor Augen, von denen er nur durch Reue, Buße und gute Werke von der Kirche losgesprochen werden konnte. Es galt der Grundsatz: kein Heil außerhalb der Kirche.

**Im Mittelalter: Antike Schriften gelten als heidnisch**

In den Klöstern, den Zentren der Bildung jener Zeit, befassten sich die Mönche daher fast nur mit den Schriften der Bibel, den Kirchenvätern oder den Heiligenlegenden. Die Werke der Antike wurden zwar manchmal auch abgeschrieben, ihre Inhalte verabscheute man aber größtenteils als heidnisch. Geltung besaßen nur jene Schriften, die mit der kirchlichen Lehre übereinstimmten. Deshalb waren die meisten Werke der antiken Denker in Vergessenheit geraten und verstaubten ungelesen in Klosterbibliotheken.

**Neues Interesse an antiken Schriften**

Erst um die Mitte des 13. Jahrhunderts und vor allem als 1453 viele griechische Gelehrte nach der Eroberung Konstantinopels durch die Türken nach Europa flüchteten, änderte sich dies. Die Gelehrten brachten die Kenntnisse der griechischen Antike, ihrer Dichter, Philosophen wie z. B. Homer, Aristoteles und Platon sowie ihrer Naturwissenschaftler wie Euklid, Ptolemäus und Hippokrates mit. Der Geist der Antike wurde gleichsam neu geboren. Deshalb nennen wir diese Epoche Renaissance (frz. Wiedergeburt).

**Das Neue: Selbstbewusstsein**

Die Schriften der Griechen enthielten ein gegenüber dem mittelalterlichen Denken fremdes, neues Bild vom Menschen. Der Mensch stand im Mittelpunkt der Betrachtung. Die Gelehrten, die sich mit ihm beschäftigten, nannten sich daher Humanisten (lat.: humana = das Menschliche). Ihre Schriften handelten von der Würde und den Tugenden des Menschen, der sich nicht von der Kirche und ihren Geboten, sondern nur von seinen eigenen Erkenntnissen leiten lässt. Die Würde des Menschen ergab sich aus der Fähigkeit, seinen Geist zu entwickeln und auszubilden. Die Leser begeisterten sich für die Freiheit des Geistes und für die irdische Glückseligkeit.

114

**M 2 Michelangelo, Gott erschafft Adam**
(Sixtinische Kapelle, Vatikan, 1511–1512)
Teil eines Deckenfreskos, das die Erschaffung der
Welt und des Menschen und die Sintflut zeigt.

**M 3 Anatomische Studie**
(von Leonardo da Vinci)

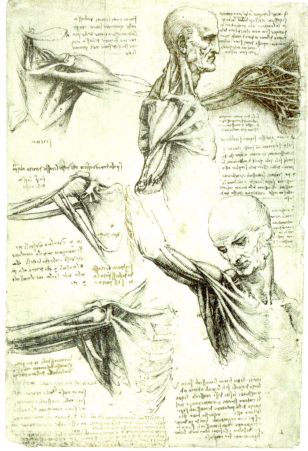

Man wollte sein Leben jetzt selbst aktiv bestimmen. „Sobald die Menschen wollen, können sie von sich aus alles", galt als neuer Glaubenssatz. Auch ein Mensch aus niederem Stand konnte durch Bildung und Gelehrsamkeit zu Ruhm und Ansehen kommen. Der „uomo universale", der umfassend Gebildete ohne gesellschaftliche Schranken, wurde zum Vorbild der neuen Zeit. Zwar verdrängten die neuen Lebensvorstellungen nicht die christlichen Glaubensinhalte, das religiös geprägte Mittelalter mit seinem Streben nach Askese und seiner Ausrichtung des Lebens auf das Jenseits galt jetzt aber als eine Zeit der Finsternis, als „Mittelalter" zwischen dem „Licht der Antike" und deren Wiederentdeckung.

**Der neue Geist geht von Italien aus**

Das lebhafte Interesse an den antiken Menschen und ihren Werken verbreitete sich zuerst in Italien, vor allem in Rom und Mailand, sowie in den durch Handel reich gewordenen neuen Zentren Florenz und Pisa. Politisch kämpften diese Städte untereinander um Macht, wirtschaftlich im Zeichen des Frühkapitalismus für ihren Eigennutz und Reichtum. In der Kunst stritten die Stadtfürsten um Ansehen und Ruhm. Dieser Wetteifer führte zu prunkvollen Bauten, die das heutige Gesicht vieler Städte Italiens prägen.

**In der Baukunst: Kuppel und Tonnengewölbe**

Im Mittelalter waren die antiken Bauten wenig geachtet worden und dienten oft Jahrtausende als Steinbruch. Die neue Zeit orientierte sich wieder an der antiken Kuppel und dem Tonnengewölbe (= Gewölbe mit meist halbkreisförmigem Querschnitt). In Florenz zog Filippo Brunelleschi (1377–1446) die Kuppel des Domes 89 Meter hoch. Er stellte dafür im Jahr 1420 erstmals in der Architekturgeschichte statische Berechnungen an. Noch in der Gotik hatte man beim Turm- und Hallenbau einfach experimentiert und damit auch riskiert, dass Gewölbe wieder einstürzten, was auch mehrfach geschah. In Rom schuf Michelangelo (1475–1564) mit der Riesenkuppel des Petersdomes das Wahrzeichen der Stadt.

**In der Malerei: die Porträtkunst**

Die neue Sicht des Menschen und seiner Bedeutung als Einzelpersönlichkeit (Individualität) drückten sich in der Malerei und der Plastik aus. Statuen zeigen wie in der Antike das Idealbild des vollkommenen Menschen. Das 16. Jahrhundert wurde aber auch zur Zeit der Wiedergeburt der antiken Porträtkunst. Könige und Fürsten, aber auch reiche Bürger ließen sich für die Nachwelt so verewigen, wie sie sich selbst sahen und wie sie gesehen werden wollten. Möglich wurde dies durch die Zentralperspektive. In Venedig wurde Tizian (um 1477/78–1576) zum bedeutendsten Porträtmaler seiner Zeit.

**M 4 Residenz in München**
Nach den Vorbildern des Palazzo Pitti und des Palazzo Ruccellai in Florenz ließ König Ludwig I. von 1826 bis 1835 in München den „Königsbau" der Residenz errichten.

**M 5 Kuppel Petersdom** (Zeichnung)

116

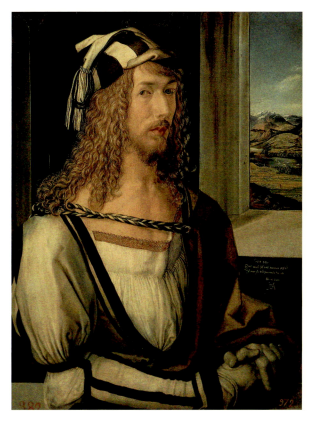

**M 6  Albrecht Dürer, Selbstbildnis des Künstlers**
Dürer war u. a. Zeichner, Maler, Grafiker, Kupferstecher und Festungsbaumeister. In seiner Arbeit sah er ein fast gottähnliches Tun, denn als Künstler konnte er einen Menschen „unsterblich" machen.

**M 7  Leonardo da Vinci, Mona Lisa**
Dieses Porträt einer jungen florentinischen Bürgerin hängt im Pariser Museum Louvre.

**M 8  Leonardo da Vinci: Das Studium der Natur und der Kunst**
Es ist notwendig, dass der Maler, um ein guter Darsteller der Gliedmaßen in den Stellungen und Gesten bei nackten Körpern zu sein, die Anatomie der Sehnen, Knochen, Muskeln und Fasern kenne, damit er bei den verschiedenen Bewegungen und Kraftanstrengungen wisse, welche Sehne und welcher Muskel der Ursprung der Bewegung sei, und also nur diesen Muskel deutlich und angeschwollen mache, und nicht alle am ganzen Körper, wie manche tun, die, um als großartige Zeichner zu erscheinen, ihre nackten Gestalten hölzern und ohne Anmut machen, sodass sie eher einem Sack voller Nüsse als einem menschlichen Äußeren gleichen, oder eher einem Bündel Rettiche als muskulösen nackten Körpern.

*Nach: Leonardo da Vinci: Philosophische Tagebücher. Hamburg 1958, S. 85 f.*

**M 9  Über Leonardo da Vinci**
*Der Maler und Baumeister Giorgio Vasari schrieb in seiner 1550 veröffentlichten Lebensbeschreibung:*
Trotz seiner Jugend war er der Erste, der Vorschläge machte, um den Arnofluss in einen Kanal von Florenz bis Pisa zu fassen. Ebenso fertigte er Zeichnungen zu Mühlen, Walkmühlen und anderen Maschinen an, die durch Wasser getrieben werden, und da er die Malerei zu seinem eigentlichen Beruf wählte, übte er sich viel im Zeichnen nach der Natur. (...) Täglich fertigte er Zeichnungen, um zu zeigen, wie man mit Leichtigkeit Berge abtragen und durchbohren könne, um von einer Ebene zur anderen zu gelangen, wie mit Hebebäumen, Haspeln und Schrauben große Lasten zu heben und zu ziehen seien, in welcher Weise man Seehäfen ausräumen und durch Pumpen Wasser aus den Tiefen heraufholen könne.

*Zit. nach: Schillmann, F. (Hg.): Künstler der Renaissance. Berlin 1948, S. 172 f.*

### Neuzeit

Der Übergang vom Mittelalter zur Neuzeit ist durch eine Vielfalt von Entwicklungen gekennzeichnet, die im Verlauf einiger Jahrzehnte (etwa 1450–1500) die meisten Lebensbereiche und das Denken vor allem der gebildeten europäischen Menschen grundlegend veränderten: Der Buchdruck führte zu einer ungeheuren Verbreitung des Schriftverkehrs, Gelderwerb und Gewinnstreben schufen neues wirtschaftliches Denken und Handeln, Humanismus und Renaissance gaben dem Menschen neues Selbstbewusstsein und neuen Lebenssinn. Revolutionäre Erfindungen schufen neue Lebensmöglichkeiten, unbekannte Erdteile wurden entdeckt und zum Teil erobert, neue Vorstellungen vom Aufbau des Weltalls entwickelt. Die Reformation veränderte die bis dahin vorherrschenden religiösen Vorstellungen grundlegend.

### Renaissance, Humanismus

Die Begriffe Humanismus und Renaissance sind als Epochenbegriffe für die Übergangszeit vom Mittelalter zur Neuzeit erst seit dem 19. Jahrhundert üblich. Dabei werden sie oft sogar gleichbedeutend gebraucht. Tatsächlich ist es unmöglich, sie klar voneinander abzugrenzen, da beide auf antikem Denken und Handeln beruhen.

Häufig wird der Begriff Humanismus für die philosophischen und literarischen Äußerungen dieser Epoche, der Begriff Renaissance mehr für die Kunst der Zeit verwendet. Beide Bewegungen entstanden in Italien, dem damals kulturell und wirtschaftlich am höchsten entwickelten Land Europas, und breiteten sich von dort im übrigen Europa aus.

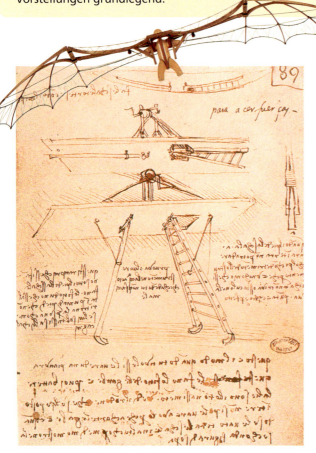

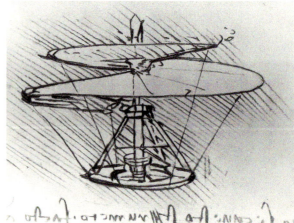

**M 10 Flugmaschinen-Entwürfe Leonardo da Vincis,** der sich intensiv mit dem Vogelflug beschäftigte.
Links: Flugzeug mit Leitern zum Landen.
Unten: Die Luftschraubenskizze Leonardos kann man als Vorläufer der heutigen Hubschrauber ansehen. Leonardo wusste über die Bedeutung des Luftwiderstandes Bescheid.
Oben links: Flugmodell (Rekonstruktion).

#### Fragen und Anregungen

1. Stelle zusammen, welche Eigenschaften und Fähigkeiten Leonardo da Vinci (M1, M3, M7, M8, M9, M10) zum idealen Menschen der Renaissance machen.

2. Vergleiche Leonardos Studien und Entwürfe mit modernen technischen Zeichnungen. (M10)

# 4. Fortschritt durch neue Erfindungen?

| Um 1450 | Johannes Gutenberg erfindet in Mainz den Buchdruck mit beweglichen Lettern. |
|---|---|
| Um 1500 | Nikolaus Kopernikus versucht, die Theorie des heliozentrischen Planetensystems durch Beobachtungen zu beweisen. |

**M 1** Tycho Brahe (1546–1601, dänischer Astronom) mit seinem Mauerquadrant (älteres Winkelmessinstrument zur Bestimmung der Höhe der Gestirne)

Die Veränderungen zu Beginn der Neuzeit waren vielfältig. Katastrophen erschütterten die alte gesellschaftliche Ordnung, unternehmerisches Gewinnstreben führte zu neuen Wirtschaftsformen, die Besinnung auf die Antike ließ ein neues Bild vom Menschen entstehen. Grundlegende Veränderungen des Lebens brachten auch eine Reihe von wichtigen Erfindungen. Im Mittelalter waren die meisten Menschen über die Ereignisse in der Welt weniger informiert als ein etwa 13- bis 14-jähriges Kind heute. Von Geistlichen, wenigen Adeligen und Bürgern abgesehen konnte niemand lesen und schreiben. Die handgeschriebenen Bücher waren Kostbarkeiten, die ungefähr den Gegenwert eines Bauernhofes hatten. Doch die Zahl der Menschen, die z. B. wie die weit gereisten Kaufleute lesen und schreiben konnten, nahm ständig zu.

In dieser Situation erfand Johannes Gutenberg (um 1397–1468) die Methode, viele bewegliche Buchstaben (Lettern) zu gießen. Diese konnten zu Wörtern zusammengesetzt werden. So entstanden Zeilen bzw. ganze Seiten, mit denen auf der Druckerpresse tausendfache Abzüge hergestellt wurden. Die einzelnen Lettern konnten später zu neuen Texten zusammengesetzt werden, was die Buchherstellung wesentlich verbilligte. Zunächst wurden wie im Mittelalter vor allem theologische Bücher für Geistliche und Gelehrte gedruckt. Bald aber fanden wissenschaftliche Werke über Medizin, Recht, Botanik, Pharmazie, Geschichte, Geographie oder Astronomie sowie auch Romane weite und schnelle Verbreitung, ebenso aktuelle Nachrichten.

**Der Buchdruck beschleunigt den Informationsaustausch**

Ganz Europa wandte in kurzer Zeit das neue Verfahren an: Man schätzt, dass bis zum Jahre 1500 in etwa 270 Druckorten und ungefähr 1 150 Druckereien nahezu 40 000 Titel in 10 Millionen Exemplaren gedruckt wurden. Der Verbreitung des Buchdrucks folgte bald aber auch dessen Verbot. Staat und Kirche befürchteten, dass sich nicht nur Informationen verbreiteten, die den Menschen nützten, sondern ihnen auch schadeten oder sich gar gegen Kaiser und Kirche richten würden. Seit 1521 wurde schließlich durch kaiserliches Edikt eine Vorzensur eingeführt, es durfte von nun an nur noch gedruckt werden, was Staat und Kirche genehmigten.

## M 2 Druck mit beweglichen Lettern

Die Herstellung der Buchstaben war sehr aufwändig. Für jeden einzelnen Buchstaben wird ein Prägestempel, genannt Patrize, spiegelverkehrt angefertigt. Die Patrize wird in weiches Metall eingeschlagen, die Matrize entsteht. Nun wird in einer verstellbaren Gussform die Matrize eingeklemmt und durch einen schmalen Gießkanal der Buchstabe mit einem der wichtigsten Erfindungen Gutenbergs, dem Gießgerät, mit flüssigem Blei ausgegossen. Nach dem Erkalten ist der Druckbuchstabe fertig. Der Buchstabe und auch die Form können immer wieder benützt werden.
Nach dem Guss werden die Buchstaben, die Lettern, in verschiedene Kästchen („Setzkästen") sortiert, um für das Zusammenfügen von Wörtern und Sätzen daraus entnommen werden zu können. Ist ein Rahmen Zeile für Zeile ausgefüllt, werden die Buchstaben mit Lederballen eingeschwärzt. Darauf wird das Druckpapier gelegt und alles unter die hölzerne Presse gebracht.
Nach dem Drucken durch das Drehen einer Schraubspindel wird das bedruckte Papier gestapelt, die Lettern gesäubert und in die Setzkästen zurückgebracht, um erneut verwendet werden zu können. Es können aber auch mehrere Seiten nacheinander mit der gleichen Druckform gedruckt werden, wenn die Druckerei den Auftrag hat, mehrere Bücher, Zeitungs- oder Flugblätter herzustellen. Das verbilligte die Herstellung hoher Druckauflagen zusätzlich.

**Feuerwaffen überwinden Burggräben und Stadtmauern**

Zu Veränderungen im Leben der Menschen führten sehr unterschiedliche Erfindungen: Der Buchdruck revolutionierte das Bildungswesen, das Aufkommen der Feuerwaffen veränderte nicht nur das Kriegswesen, sondern hatte auch weitreichende gesellschaftliche Auswirkungen. Die Kenntnis des Schießpulvers kam im 14. Jahrhundert von den Chinesen über die Araber nach Europa. Mit dem Schießpulver konnten Feuerwaffen geladen werden, als es gelang, Kanonenrohre zu gießen, die der Explosion standhielten. Stein- und Eisenkugeln wurden damit gegen den Feind geschleudert. Die neuen Kanonen überwanden Burggräben und Festungsmauern. Die alten Stadtmauern verloren ihre Schutzfunktion, die Städte aber auch ihre bisherige Enge. Die Siedlungen der Bürger drangen über die bisherigen Grenzen hinaus.

**Landsknechte verdrängen die Ritter**

Die militärisch beherrschende Schicht der Gesellschaft war seit Jahrhunderten das Rittertum gewesen. Mit der Entwicklung der Feuerwaffen verloren die Ritter ihre gehobene Stellung. Gegen die Kugeln aus Gewehren und Pistolen waren Schild und Panzerrüstung der Ritter nutzlos. Der ritterliche Nahkampf wurde durch den Fernkampf, der Einzelkampf durch den anonymen Massenkampf abgelöst. An die Stelle des gepanzerten Ritterheeres traten nun Landsknechthaufen, d. h. Fußsoldaten, die sich für den Krieg anwerben ließen. Sie erhielten dafür Sold (= Lohn), daher hießen sie auch Söldner. Für manche Landsknechtführer, wie z. B. Georg Frundsberg aus Mindelheim, wurde der Krieg zum Geschäft. Sie warben Söldner aus allen Ländern Europas an und vermieteten sich und ihr „Fähnlein" (ca. 400 Mann) an den meistbietenden Landesherrn, der einen Krieg führen wollte.

**M 3** Geschütze und Artilleriezubehör
Der um 1510 entstandene Holzstich zeigt Feldartillerie auf Rädern, einen Mörser (rechts) und ein so genanntes Orgelgeschütz. Die Feldartillerie schoss mit Kugeln verschiedener Kaliber gegen große Massenheere. Mit dem Mörser konnten Kugeln durch Steilfeuer in das Innere von Burgen befördert werden.

**Das Weltbild ändert sich grundlegend**

Der Beginn einer neuen Zeit zeigt sich auch darin, dass sich das Bild zumindest der meisten gelehrten Menschen von der Welt und der Erde völlig veränderte:
Jedes Kind weiß heute, was ein Globus ist, der die Kugelgestalt der Erde verdeutlicht. 1492 fertigte der Nürnberger Martin Behaim den ersten Erdglobus an. Er benützte dazu eine Weltkarte des Arztes Paolo Toscanelli aus Florenz, die dieser aufgrund von Berichten aus China und Indien entworfen hatte (vgl. S. 161). Amerika fehlt noch darauf: Die Fahrten der Wikinger um 1000 waren vergessen, die Entdeckung Kolumbus' noch nicht bekannt. Noch genauere Erdkarten und der bereits seit etwa 1200 in Europa nachweisbare Gebrauch des Kompasses trugen zu Beginn der Neuzeit wesentlich zu den kommenden Entdeckungsfahrten der Europäer bei. Jedem ist heute bewusst, dass die Erde nur ein Planet unter vielen ist, der sich um die Sonne dreht. Um 1500 behauptete dies Nikolaus Kopernikus und versuchte es durch Schriften antiker Philosophen und eigene Beobachtungen zu beweisen. Seine Ergebnisse standen im deutlichen Gegensatz zur Lehre der Kirche.

**M 4** Geozentrisches Weltbild (kol. Kupferstich, aus: Cellarius, Harmonia Macrocosmica, 1660)
Die Erde steht im Mittelpunkt. Das Weltbild geht auf Aristoteles zurück und wurde von Ptolemaios um 100 n. Chr. bestätigt.

**M 5** Heliozentrisches Weltbild (kol. Kupferstich, aus: Cellarius, Harmonia Macrocosmica, 1660)
Die Sonne steht im Mittelpunkt. Die Erde bewegt sich, wie die anderen Planeten auch, auf einer Kreisbahn um die Sonne.

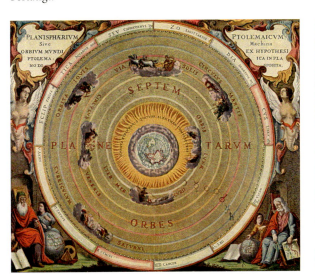

## M 6 Navigation und Kompass

Der Kompass dient zur Bestimmung des Standortes und zur Einhaltung des gewählten Kurses auf dem Land, in der Luft und auf See (Navigation).

Der Magnetkompass beruht auf der vom Erdmagnetismus ausgehenden Kraft, die eine Magnetnadel fast überall auf der Erde in Nord-Süd-Richtung einstellt. Mit einem Kompass ist z. B. auf einem Schiff die Ermittlung der Richtung des eigenen Kurses gegenüber der Nordrichtung möglich. Die magnetischen Pole fallen nicht genau mit dem geographischen Nord- und Südpol der Erde zusammen. Die Abweichung beträgt etwa 13 Grad. Eine Magnetnadel zeigt daher auch nicht in die Richtung des geographischen Nordpols, nach dem alle Karten ausgerichtet sind, sondern in die Richtung des nördlichen Magnetpols. Dennoch stellte der Magnetkompass, im Laufe der Zeit verbessert und verkleinert, über Jahrhunderte das wichtigste Navigationsgerät dar. Erst Anfang des 20. Jahrhunderts wurden Geräte entwickelt, die völlig unabhängig vom Magnetfeld der Erde die Nord-Süd-Richtung anzeigen.

### a) Jakobsstab
Mit diesem mittelalterlichen Messgerät ermittelten die Seefahrer den Winkel zwischen Erdoberfläche und Sonne bzw. Sternen, indem sie mit einem senkrechten Querstab die Gestirne, mit dem Längsstab den Horizont anpeilten. War dieser Winkel bestimmt, konnte an einer Skala des Längsstabes abgelesen werden, wie weit südlich oder nördlich des Äquators sich das Schiff befand.

### b) Astrolabium und Kompass
Mit dem Astrolabium (oben), einer arabischen Erfindung, bestimmten Seefahrer ihren Standort mithilfe der Sterne. Mit dem Kompass (unten) konnten sie auch bei stürmischer See die Fahrtrichtung festlegen.

### c) Windrose der portugiesischen Navigationsschule Heinrichs des Seefahrers (1394–1460)
Eine Windrose ist eine Scheibe, auf der die Himmelsrichtungen aufgezeichnet sind, besonders beim Kompass, dessen Windrose außerdem in Grade eingeteilt ist. Die 1928 bei Sagres an der Südküste Portugals ausgegrabene Windrose stellt einen ersten Übungskompass dar. Steine von verschiedener Größe gehen von einem Zentrum aus. Die großen Steine teilen den Kreis in Haupthimmelsrichtungen (z. B. N oder O), die kleineren in Nebenhimmelsrichtungen (z. B. NO, NNO).

## M 7 Die Bedeutung des Buchdrucks

*Das Benediktinerkloster Hirsau bildet seit der Kirchenreform von Cluny im 11./12. Jahrhundert ein Zentrum klösterlicher Geisteswissenschaften.*
*Der Abt des Klosters Hirsau schrieb über das Jahr 1450:*

In dieser Zeit wurde in Mainz jene wunderbare und früher unerhörte Kunst, Bücher mittels Buchstaben zusammenzusetzen und zu drucken, durch Johannes Gutenberg, einen Mainzer Bürger, erfunden und aus-
5 gedacht. Nachdem er beinahe sein ganzes Vermögen für die Erfindung dieser Kunst aufgewendet hatte, vollbrachte er endlich mit dem Rate und den Vorschüssen des Johann Fust die angefangene Sache. Demnach druckten sie zuerst das unter dem Namen „Catholi-
10 con" bezeichnete Wörterbuch, nachdem sie die Züge der Buchstaben nach der Ordnung auf hölzerne Tafeln gezeichnet hatten; allein mit denselben Formen konnten sie nichts anderes drucken, eben weil die Buchstaben nicht von den Tafeln ablösbar und beweglich, son-
15 dern eingeschnitten waren. Nach diesen Erfindungen folgten künstlerischere. Sie erfanden die Kunst, die Formen aller Buchstaben des lateinischen Alphabets zu gießen. Aus ihnen gossen sie hinwiederum eherne oder zinnerne, zu jeglichem Drucke geeignete Buch-
20 staben, solche hätte man früher mit den Händen geschnitzt.
Auf keine Erfindung der Geistesfrucht können wir Deutsche so stolz sein wie auf die des Buchdrucks, die uns zu neuen geistigen Trägern der Lehren des Chris-
25 tentums, aller göttlichen und irdischen Wissenschaft und dadurch zu Wohltaten der ganzen Menschheit erhoben hat. Welch ein anderes Leben regt sich jetzt in allen Klassen des Volkes, und wer wollte nicht dankbar der ersten Begründer und Förderer dieser Kunst ge-
30 denken.

*Aus den Annalen des Klosters zu Hirsau zum Jahre 1450; nach: Guggenbühl/Huber: Quellen zur Geschichte des Mittelalters. Zürich 1972.*

## M 8 Der erste Globus von Martin Behaim (1492)

Behaim, der selbst an Entdeckungsfahrten teilnahm, fertigte nach seiner Rückkehr nach Nürnberg den „Erdapfel" an.

## M 9 Erfindungen und Neuerungen an der Wende zur Neuzeit

*Nicht alle der folgenden Erfindungen sind Ersterfindungen. Vor den Europäern hatten die Chinesen bereits den Kompass, das Schießpulver und den Druck mit beweglichen Lettern gekannt.*

| | |
|---|---|
| Nach 1200 | Der Kompass wird entwickelt. |
| Vor 1300 | Die Räderuhr mit Gewichten wird in Europa erfunden. |
| Um 1300 | In Oberitalien werden erstmals Brillen verwendet. Das Schießpulver wird in Europa erfunden. |
| 1408 | In Genua wird die erste Bank für den bargeldlosen Zahlungsverkehr gegründet. |
| 1445 | Gutenberg erfindet den Buchdruck mit beweglichen Lettern. |
| Nach 1450 | Tabellen zur täglichen Stellung der Himmelskörper werden errechnet. |
| 1492 | Martin Behaim konstruiert einen Globus. |
| 1494 | Luca Pacioli veröffentlicht die erste Abhandlung über die doppelte Buchführung in Venedig. |
| Um 1500 | In Nürnberg wird der Schraubstock erfunden. |
| 1510 | Peter Henlein erfindet in Nürnberg die Taschenuhr („Nürnberger Ei"). |
| 1492–1559 | Adam Riese aus Sachsen schreibt Lehrbücher über das Rechnen mit arabischen Zahlen und Dezimalzahlen. |

*Zusammenstellung des Verf.*

### Fragen und Anregungen

1. Brachte der Buchdruck die vom Abt des Klosters Hirsau erhofften Vorteile? Beachte dabei die Preisentwicklung: Die von Gutenberg gedruckte Bibel kostete 42 Gulden (= Gegenwert von 14 Ochsen); 1522 kostete das „Neue Testament Deutsch" 1 ½ Gulden. (M7)

2. Stelle fest, welche positiven bzw. negativen Folgen deiner Meinung nach die in M9 zusammengestellten Erfindungen und Neuerungen für das Leben der Menschen bedeuten.

3. Etwa 300 Jahre nach dem Übergang vom Mittelalter zur Neuzeit formulierte ein Gelehrter: „Mehr als das Gold hat das Blei die Welt verändert. Und mehr als das Blei in der Flinte das Blei im Setzkasten." Stelle Argumente für und gegen diese Aussage zusammen und formuliere dazu deine eigene Meinung.

4. Die Überschrift dieses Kapitels enthält ein Fragezeichen. Diskutiert, ob dies zu Recht so formuliert ist.

# 5. Europäer entdecken die „Neue Welt"

| | |
|---|---|
| 1492 | Christoph Kolumbus entdeckt die amerikanische Ostküste. |
| 1494 | Im Vertrag von Tordesillas teilen Spanien und Portugal die „Neue Welt" unter sich auf. |
| 1497–1499 | Vasco da Gama findet einen östlichen Seeweg nach Indien. |
| 1519–1522 | Fernando Magellan umsegelt die Welt. |

**M 1** „Erfolgsmeldung"
„Eure Majestät, der Seeweg nach Indien ist gefunden."

**Europa sucht einen Weg nach Indien**

In der 2. Hälfte des 15. Jahrhunderts setzte bei mehreren Staaten Europas eine fieberhafte Suche nach einem Seeweg nach Indien ein. Welche Ereignisse waren dafür die Ursachen? Im Jahre 1453 hatten die Türken Konstantinopel erobert. Dadurch erlitt der blühende Handel der Europäer mit dem Orient eine empfindliche Störung. Denn die Türken forderten nun als Zwischenhändler für die begehrten Waren aus Asien (Gewürze, Seide, Edelsteine, Teppiche) hohe Beträge, die sie sich mit Gold bezahlen ließen. Die Portugiesen versuchten einen Seeweg nach Indien durch eine Umsegelung Afrikas. Die Spanier ließen sich für die Idee des Seefahrers Christoph Kolumbus aus Genua gewinnen, Indien über das offene Meer in westlicher Richtung zu erreichen.

**Neuerungen helfen den Seefahrern**

Wie manche andere glaubte auch Kolumbus, dass die Erde keine Scheibe, sondern eine Kugel sei. Seinen Glauben stützte er auf die Weltkarte Toscanellis. Da diese Amerika nicht enthielt, nahm er an, der Westweg nach Indien sei kürzer als die

**M 2 Blick ins Innere einer Karavelle**
1 Admiralskajüte, 2 Steuerruder, 3 Kompass, 4 Luke zum Schiffsladeraum, 5 Kanone, 6 Entwässerungspumpe, 7 Hebevorrichtung für Anker und Segel, 8 Pökelfleisch, 9 Schiffszwieback, 10 Fässer, 11 Ölvorrat, 12 Wasservorrat, 13 Schiffsladeraum, 14 Weinfässer, 15 Zwiebeln und Knoblauch, 16 Mehlsäcke, 17 Waffen- und Munitionskammer, 18 Abstellkammer für Segel, 19 Lagerraum für Taue

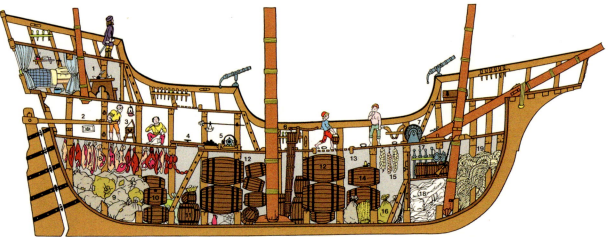

Route um Afrika. Mit Neuerungen wie z. B. dem Kompass und dem neuen Schiffstyp der hochseetüchtigen, besonders schnellen und wendigen Karavelle war er sich sicher, die Seefahrt über den unbekannten Ozean zu schaffen.

Am 3. August 1492 stach Kolumbus mit drei Schiffen und etwa 80 Mann Besatzung in See. Aufgrund der Berechnungen Toscanellis schätzte Kolumbus die Entfernung von Spanien nach Japan auf ungefähr 2 400 Seemeilen (etwa 4 400 km), in Wirklichkeit beträgt sie aber über 10 000 Seemeilen (d. h. weit mehr als 18 000 km). Wahrscheinlich ist es diesem Irrtum zu verdanken, dass die Reise überhaupt gewagt wurde. Kolumbus rechnete mit einer Fahrtdauer von etwa drei Wochen. Er trug unterwegs in sein Logbuch bewusst kürzere Entfernungen ein, als er selbst glaubte zurückgelegt zu haben, damit die Besatzung nicht in Furcht versetzt würde, wenn die Fahrt so weit von Europa wegging. Trotzdem gelang es ihm einige Male nur mit Mühe, Meutereien zu verhindern.

**Kolumbus wagt den Seeweg nach Westen**

Am 12. Oktober gab endlich eines der Schiffe durch Kanonenschuss das verabredete Zeichen: „Land in Sicht!" Kolumbus ging mit wenigen Begleitern auf einer kleinen Bahama-Insel an Land. Der Insel, die in der Sprache der Eingeborenen Guanahani hieß, gab er den Namen „El Salvador" („Der Erlöser"). Die Eingeborenen nannte er Indianer, weil er annahm, die kleine Insel sei Indien vorgelagert. Die Indianer wurden als Untertanen der spanischen Könige behandelt. Auf den Gedanken, dass die Insel den Eingeborenen gehörte, kam Kolumbus nicht. Von Anfang an vertraten die Europäer die Auffassung, dass das christliche Recht dem heidnischen übergeordnet sei und dass die „unzivilisierten Wilden" sich den „zivilisierten" Weißen unterordnen müssten.

**12. Oktober 1492: „Land in Sicht!"**

Auch andere Inseln in der Karibik wie Kuba und Haiti nahm Kolumbus auf dieselbe Weise in Besitz. Dann kehrte er am 15. März 1493 mit einem triumphalen Empfang nach Spanien zurück.

**M 3 Landung des Kolumbus auf Haiti** (kolorierter Kupferstich von Theodor de Bry, „Sammlung von Reisen in das westliche Indien", 1594)
Vergleiche diese Darstellung der Landung des Kolumbus mit seinen Aussagen im Bordbuch. Stelle Gemeinsamkeiten und Unterschiede zusammen. Welche äußeren Symbole der Besitznahme des entdeckten Landes drücken sich in Bild und Bordbuch aus?

**„Amerika" – der neue Kontinent**

Trotz dreier weiterer Reisen glaubte Kolumbus bis zu seinem Tode (1506), er habe den Westweg nach Indien gefunden. Erst die späteren Reisen anderer Entdecker und Forscher ließen allmählich den Gedanken aufkommen, es sei ein neuer Kontinent zwischen Europa und Asien entdeckt worden. In den Jahren von 1499 bis 1501 erkundete Amerigo Vespucci aus Florenz die Küste Südamerikas. Nach seinem Vornamen bezeichnete der deutsche Kartograph Martin Waldseemüller auf seiner Weltkarte Südamerika als „terra americana" (Land des Amerigo). Der neue Kontinent hatte seinen Namen.

**Vasco da Gama segelt nach Osten**

Inzwischen waren die Portugiesen in ihrem Streben, den östlichen Seeweg nach Indien zu finden, erfolgreich gewesen. Bartolomeo Diaz erreichte die Südspitze Afrikas, musste aber umkehren, weil die Besatzung meuterte. Erst 1498/99 gelang es Vasco da Gama, Afrika zu umsegeln und bis zur Südwestküste Indiens vorzudringen. Damit hatte er als erster Europäer den Seeweg nach Indien gefunden.

**Fernando Magellan umsegelt die Welt**

Mit fünf kanonenbestückten Schiffen und 270 Mann Besatzung brach 1519 der Portugiese Fernando Magellan nach Westen zu den Gewürzinseln in der Südsee, den Molukken, auf. Er entdeckte an der Südspitze Amerikas zwischen den Inseln Feuerlands eine Durchfahrt vom Atlantik zum Pazifischen Ozean, die nach ihm „Magellanstraße" benannt wurde. Damit musste das gefährliche Kap Horn nicht mehr umfahren werden. Magellan überquerte den Pazifik und gelangte zu den Philippinen, wo er im Kampf mit Eingeborenen getötet wurde. Sein Nachfolger führte die Weltumsegelung zu Ende, aber nur ein einziges Schiff erreichte die Heimat. Dennoch war der Wert der Gewürzladung dieses Schiffes höher als die Kosten des gesamten Unternehmens. Mit der Weltumsegelung Magellans war die Kugelgestalt der Erde endgültig bewiesen.

**M 4** Lebensweise der Indianer Südamerikas – um 1550 und heute

**a)** *Holzschnitt von 1557* Der Darstellung der Europäer ging es weniger um Wirklichkeitstreue. Sie wollten aus ihrer Sicht die Lebensweise der Indianer festhalten.

**b)** *Am Rande der Großstadt* – ohne Wasser, Kanalisation und Strom.

**c)** *São Paulo,* die größte Stadt in Südamerika.

126

## M 5 Aus dem Bordbuch des Kolumbus

*Christoph Kolumbus (1451–1506) ging 1484 – nach vergeblichen Bemühungen, am portugiesischen Hof eine Unterstützung seiner Pläne zu bekommen – nach Spanien. Aber erst 1492 gelang es ihm, mit der spanischen Königin Isabella von Kastilien einen Vertrag zu schließen. Von seiner dritten Entdeckungsreise (1498–1500) wurde er 1500 in Ketten von Haiti nach Spanien gebracht, da er bei Hofe in Ungnade gefallen war. Kolumbus konnte alle Verdächtigungen zurückweisen und trat 1502 seine vierte Reise an. Als kranker Mann traf er 1504 wieder in Spanien ein. 1506 starb er in Valladolid. Seit 1899 befindet sich sein Grab in Sevilla.*

*Die Urschrift der Aufzeichnungen der ersten Reise des Kolumbus ist verloren gegangen und nur in einer Abschrift des Bartolomeo de Las Casas (1474–1566) erhalten. Adressaten des Bordbuches waren der spanische König und die Königin:*

## M 6 Karavelle
Der Bau hochseetauglicher Schiffe ermöglichte den europäischen Seefahrern Entdeckungsfahrten in alle Weltmeere.

Freitag, den 12. Oktober 1492
Um zwei Uhr morgens kam das Land in Sicht. Dort erblickten wir sogleich nackte Eingeborene. Ich begab mich an Bord eines mit Waffen versehenen Bootes an Land. Dort entfaltete ich die königliche Flagge, während die beiden Schiffskapitäne zwei Fahnen mit einem grünen Kreuz im Felde schwangen. Unseren Blicken bot sich eine Landschaft dar, die mit grün leuchtenden Bäumen bepflanzt und reich an Gewässern und allerhand Früchten war. Ich rief all die anderen zu mir und sagte ihnen, durch ihre persönliche Gegenwart als Augenzeugen davon Kenntnis zu nehmen, dass ich im Namen des Königs und der Königin von der Insel Besitz ergreife.

Sofort sammelten sich an jener Stelle zahlreiche Eingeborene der Insel an. In der Erkenntnis, dass es sich um Leute handle, die man weit besser durch Liebe als mit dem Schwerte retten und zu unserem Heiligen Glauben bekehren könne, gedachte ich mir sie zu Freunden zu machen und schenkte also einigen unter ihnen rote Kappen und Halsketten aus Glas und noch andere Kleinigkeiten von geringem Werte, worüber sie sich ungemein erfreut zeigten. Sie wurden so gute Freunde, dass es eine helle Freude war. Sie erreichten schwimmend unsere Schiffe und brachten uns Papageien, Knäuel von Baumwollfäden, lange Wurfspieße und viele andere Dinge noch, die sie mit dem eintauschten, was wir ihnen gaben, wie Glasperlen und Glöckchen. Sie gaben und nahmen alles von Herzen gern – allein mir schien es, als litten sie Mangel von allen Dingen. Sie müssen gewiss treue und kluge Diener sein, da ich die Erfahrung machte, dass sie in Kürze alles, was ich sagte, zu wiederholen verstanden. Wenn es dem Allmächtigen gefällt, werde ich bei meiner Rückfahrt sechs dieser Männer mit mir nehmen, um sie Euren Hoheiten vorzuführen.

Samstag, den 13. Oktober
Ich betrachtete alles mit größter Aufmerksamkeit und trachtete herauszubekommen, ob in dieser Gegend Gold vorkomme. Mithilfe der Zeichensprache erfuhr ich, dass man gegen Süden fahren müsse, um zu einem König zu gelangen, der große goldene Gefäße und viele Goldstücke besaß. Also entschied ich mich, nach Südwesten vorzudringen, um nach Gold und Edelsteinen zu suchen.

Sonntag, den 14. Oktober
Sollten Eure Hoheiten den Befehl erteilen, alle Inselbewohner nach Kastilien zu schaffen oder aber sie auf ihrer eigenen Insel als Sklaven zu halten, so wäre dieser Befehl leicht durchzuführen, da man mit einigen fünfzig Mann alle anderen niederhalten und zu allem zwingen könnte.

Dienstag, den 6. November
Diese Leute kennen keine Arglist und sind wenig kriegerisch. Männer und Frauen gehen nackt umher, wie sie Gott geschaffen hat. Sie sind ehrfürchtig. Ihre Hautfarbe ist nicht sehr dunkel. Ich bin überzeugt, erlauchteste Fürsten, dass alle diese Leute gute Christen würden, sobald fromme und gläubige Männer ihre Sprache beherrschen werden. Deshalb hoffe ich zu Gott, dass Eure Hoheiten sich baldigst dazu verstehen werden, derartige Männer hierher zu senden, um so große Völker zu bekehren und dem Schoß der Kirche einverleiben zu können.

*Nach: Geschichte in Quellen, Band 3. München 1982, Nr. 14, S. 45 ff.*

127

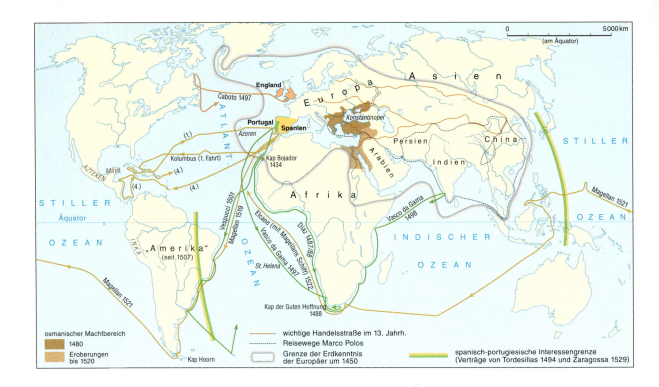

**M 7** Europäische Entdeckungsreisen im 15./16. Jahrhundert und die Teilung der Welt

Spanien und Portugal teilten sich die „Neue Welt". Gleich nachdem Kolumbus von seiner ersten Reise zurückgekehrt war, ließen sich die spanischen Herrscher vom Papst das Entdeckungsrecht in der „Neuen Welt" bestätigen. In zwei Verträgen wurden alle neu entdeckten Gebiete zwischen den großen Seemächten der Zeit, Spanien und Portugal, aufgeteilt. In der spanischen Stadt Tordesillas zog der Papst 1494 auf einer Erdkugel eine Linie von Pol zu Pol (westliche Trennungslinie). Alle westlich gelegenen Teile der nichtchristlichen Welt sollten Spanien, alle östlich gelegenen Portugal gehören. Als der Portugiese Fernando Magellan im Auftrag des spanischen Königs in westlicher Richtung seine Weltumseglung begann und die Molukken erreichte, genügte diese Aufteilung der Welt jedoch nicht mehr. Spanien und Portugal wollten nun auch eine östliche Trennungslinie: Im Vertrag von Zaragossa einigte man sich 1529 auf eine östliche Trennungslinie im Stillen Ozean. Die Welt war nun in zwei annähernd gleiche Hälften geteilt. Die Rolle des Papstes bei dieser Aufteilung ergab sich aus der noch mittelalterlichen Vorstellung, die Nichtchristen der Welt müssten durch die beiden christlichen Seemächte Spanien und Portugal missioniert werden.

### Fragen und Anregungen

1. Lege dar, was du der Karte M7 und dem Verfassertext über Ursachen und Ablauf der großen Entdeckungsreisen entnehmen kannst.

2. Stelle aus M5 alle Textstellen zusammen, in denen Kolumbus die Eingeborenen beurteilt.

3. Bei der bildlichen Darstellung der Landung des Kolumbus (M3) hast du Gemeinsamkeiten und Unterschiede mit Aussagen des Bordbuchs des Kolumbus erarbeitet. Stelle fest, inwiefern man die Darstellung von de Bry auch als Kritik an den Spaniern verstehen kann. Dazu folgende Information für dich: Theodor de Bry war Niederländer, sein Land stand zu seiner Zeit unter der militärischen Herrschaft der Spanier.

4. Versetze dich in die Situation der Eingeborenen und erzähle anhand des Bordbuchs aus ihrer Sicht die Landung der Spanier.

5. Beschreibe den Umfang der vor den Entdeckungsreisen den Europäern nicht bekannten Welt. (M7) Stelle fest, inwieweit sich Spanien und Portugal bei der Ausweitung ihrer Kolonialmächte an die beiden Verträge gehalten haben.

128

# 6. Europäer erobern und unterwerfen die „Neue Welt"

| 1519–1521 | Hernán Cortés erobert das Aztekenreich in Mexiko. |
| 1532/33 | Francisco Pizarro erobert das Inkareich in Südamerika. |

**M 1 Montezuma**
(zeitgenössisches Gemälde)

Die Aufteilung der Welt, die Eroberung ihres Anteils und Gerüchte über ein unermesslich reiches Land in Mittelamerika trieben die Spanier zu neuen Unternehmungen. Ihr Ziel war das Reich der Azteken. Dieses kriegerische Volk war im 13. Jahrhundert ins Hochland von Mexiko eingewandert. Die Azteken gründeten die Hauptstadt Tenochtitlan (heute: Mexico City) und unterwarfen die umliegenden Völker. Großartige Tempelpyramiden, viele Kunstwerke, wie z. B. Bilderhandschriften, Goldschmiedewerke oder Architektur, aber auch ein präziser Kalender zeugen von einem hohen kulturellen Entwicklungsstand.

**Die Azteken in Mexiko: Krieger, Künstler, Baumeister**

Von 1502 bis 1520 wurden die Azteken vom Priesterkönig Montezuma regiert. Sie verehrten zahlreiche Götter, einigen von ihnen brachten sie Menschenopfer dar. Nur einer der großen Götter war gegen die Menschenopfer, aber der war vor langer Zeit nach Osten über das Meer geflohen. Die Azteken glaubten, eines Tages würde er als strafender Herrscher wiederkehren. Weiße Boten sollten ihn ankündigen – dieser Glaube wurde den Azteken zum Verhängnis.

**Der Götterglaube der Azteken**

1519 wurde Montezuma gemeldet, weiße Männer seien an der Küste gelandet. Mit Windeseile verbreitete sich die Kunde: Die Götter kehren zurück. Die Kampf- und Widerstandskraft der Azteken gegen die Eindringlinge war von vornherein wie gelähmt. So konnte der Spanier Hernán Cortés ungehindert mit 11 Schiffen, 508 Soldaten, 16 Pferden und 11 Kanonen an der mexikanischen Küste landen. Seine Expedition sollte der Entdeckung und der Erforschung des Landes dienen sowie der Missionierung der Eingeborenen. Cortés suchte vor allem aber Gold.

**Die Götter kehren zurück**

**M 2 Spanier belagern eine aztekische Stadt, 1521**
(Illustration in einer Bilderhandschrift, 16. Jh.)

129

**M 3** Der große Tempelplatz in Tenochtitlan (Rekonstruktionszeichnung)
Links ist die Pyramide mit den Tempeln des Regengottes sowie des Sonnen- und Kriegsgottes zu erkennen. Davor befindet sich in der Bildmitte der runde Opferstein.

**Cortés erobert das Aztekenreich**

Die Spanier drangen ins Landesinnere Mexikos vor. Einige von den Azteken unterworfene Indianerstämme schlossen sich ihnen an. Montezuma anerkannte die spanische Oberhoheit über Mexiko. Cortés jedoch ließ den König der Azteken gefangen nehmen, denn er hatte im Königspalast einen Teil des sagenhaften Goldschatzes entdeckt. Als die Spanier schließlich Priester töten ließen, begann ein Aufstand der Azteken. 1521 griff Cortés die Hauptstadt der Azteken an, nach zweimonatigen Kämpfen ging Tenochtitlan in Flammen auf. Die Azteken waren durch Infektionskrankheiten, die die Spanier eingeschleppt hatten und an denen viele starben, geschwächt. Über 150 000 Krieger fielen dem Kampf zum Opfer. Das Reich der Azteken wurde ausgelöscht, die Kunstwerke vernichtet und die Bevölkerung versklavt. Als Zentrum des neuen Vizekönigreiches Neu-Spanien wurde die Hauptstadt Mexiko auf dem Boden von Tenochtitlan erbaut.

**Auf der Suche nach „Eldorado": Pizarro zerstört das Inkareich**

Auch andere Eroberer kamen in die „Neue Welt". Francisco Pizarro suchte das sagenhafte Goldland „Eldorado". Von Kolumbien und Ecuador aus drang er 1532 nach Peru vor, zerstörte das Reich der Inka und seine reichen Kulturschätze. Jahrzehnte hindurch wehrten sich die Inka, erst 1572 wurde der letzte Widerstand gebrochen.

**Südamerika wird spanische Kolonie**

Seit der Entdeckung Amerikas hatten Spanier begonnen, die eroberte „Neue Welt" zu besiedeln. Händler, Bauern und Abenteurer legten Niederlassungen (Kolonien) an, in denen sie ihre heimatlichen Lebensformen weitgehend beibehielten. Da die Spanier die „Neue Welt" nicht als Ausland, sondern als ein Land der spanischen Könige ansahen, verwalteten sie die neuen Länder auf ähnliche Weise wie ihr Mutterland. Von Anfang an nahm die spanische Regierung starken Einfluss auf die Kolonisierung.

130

Hauptziel der Herrschaft Spaniens war es, die Staatseinnahmen durch Gold- und Silbereinfuhren aus Amerika zu steigern und so der Wirtschaft des Mutterlandes zu nützen. Die spanischen Kolonisten gründeten Städte, legten große landwirtschaftliche Güter (Haciendas) und Monokulturen (Plantagen) an. Auf den riesigen Feldern wurden Zuckerrohr, Kaffee, Tabak, Bananen und Baumwolle angebaut. Nach wie vor waren die Spanier aber weiterhin auf der Suche nach Gold. Nachdem sie die Goldschätze aus den Tempeln und Palästen geplündert und nach Spanien gebracht hatten, suchten sie nach Gold- und Silberminen und errichteten Bergwerke.

**Städtegründungen, Plantagenwirtschaft, Bergwerke**

Ob auf den landwirtschaftlichen Gütern oder in den Bergwerken, die spanischen Kolonisten nahmen keine Rücksicht auf die Indios, wie die Spanier und Portugiesen die Indianer Südamerikas bezeichneten. Sie zu unterwerfen und ihre Arbeitskraft als Sklaven auszunutzen galt als selbstverständlich. Häufig kam es zu Misshandlungen, z. T. auch mit Todesfolgen. Zwar hatten die spanischen Könige verfügt, dass sich „niemand unterstehe, irgendeine Person von den Indios zu ergreifen und zum Sklaven zu machen, noch ihr irgendein Leid oder Schaden am Körper oder Eigentum zuzufügen". Tatsächlich aber fühlten sich viele Kolonisten als überlegene Herren der eroberten Länder und handelten nach dem Grundsatz: „Gott ist im Himmel, der König ist weit, hier befehle ich."

**Die Indios werden versklavt**

Noch verheerender als die Zwangsarbeit wirkten sich bei den Indios die aus Europa eingeschleppten Krankheiten aus. Da diese Krankheiten bisher unbekannt waren, besaßen die Eingeborenen keine Abwehrkräfte dagegen. Hunderttausende starben an Pocken, Typhus, Masern, Schwindsucht, Grippe oder auch einfachen Erkältungen. Nach Schätzungen ging in Mexiko die Bevölkerung von 25 Millionen (1519) auf 3 Millionen (1568), im spanischen Südamerika von 50 Millionen (1492) auf 5 Millionen (1570) zurück.

**Aus Europa kommen neue Krankheiten**

Die häufigste Kritik an der Behandlung der Indios kam von den Missionaren. Vielfach hatten Franziskaner-, Dominikaner- und Augustinermönche die Missionsarbeit übernommen. Neben der Christianisierung galt dabei als wichtiges Ziel die Erziehung zu regelmäßiger Arbeit. Die Spanier deuteten nämlich die Lebensweise der Indios, die vielfach als sammelnde und jagende Nomaden umherzogen, aber auch als Ackerbauern das Anbaugebiet häufig wechselten, als Faulheit.
Gegen die Behandlung der Indios und die Ausbeutung durch die Kolonisten übte vor allem Bartolomeo de Las Casas, der Bischof in Mexiko, scharfe Kritik. Er erreichte, dass die Versklavung der Indios verboten wurde. Das Verbot und vor allem der starke Rückgang der indianischen Bevölkerung führten dazu, dass immer mehr Afrikaner versklavt und nach Amerika transportiert wurden. In den folgenden 300 Jahren der spanischen Kolonialherrschaft wurden über 15 Millionen Menschen aus Afrika als Sklaven in Amerika verkauft.

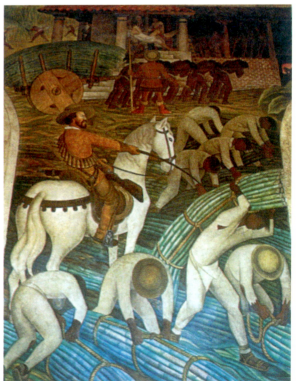

**M 4** Zuckerrohr-„Ernte"
(Wandbild von Diego Rivera, 1886–1957)

## M 5 Gold- und Silberausfuhr von Amerika nach Spanien (in Kilogramm)

| Periode | Gold | Silber |
|---|---|---|
| 1503–1510 | 4 963 | |
| 1511–1520 | 9 153 | |
| 1521–1530 | 4 889 | 148 |
| 1531–1540 | 14 466 | 86 193 |
| 1541–1550 | 24 957 | 177 573 |
| 1591–1600 | 19 451 | 2 707 626 |
| 1641–1650 | 1 549 | 1 056 430 |
| 1651–1660 | 469 | 443 256 |

Nach: Politische Weltkunde I/3. Das Werden einer neuen Zeit. Stuttgart 1984, S. 14.

## M 6 Gier nach Gold

*Aztekische Quellen berichten über die Spanier:*
Alles Gold rafften (die Spanier) zu einem Haufen. An die anderen Kostbarkeiten legten sie Feuer, und alles verbrannte. Das Gold schmolzen sie ein zu Barren, und von den wertvollen grünen Edelsteinen nahmen sie
5 nur die besten. Das ganze Schatzhaus durchwühlten die Spanier.

Nach: Rückkehr der Götter, hg. v. M. Leon-Portilla, R. Heuer. München 1965, S. 57 f.

## M 9 Cortés´ Soldaten: „Männer aus Eisen"

*Aztekische Gesandte berichten 1519 Montezuma über die Truppe Cortés':*
Erschrocken hörte Montezuma davon, wie die Kanone brüllt, wie ihr Donner trifft, dass man taub und ohnmächtig wird, und wenn der Schuss (aus dem Geschütz) fällt, wie eine Kugel aus seinem Bauch herauskommt. (…) Die Gesandten berichten: „Lauter Eisen ist 5 ihre Kriegstracht (…), aus Eisen besteht ihr Schwert, aus Eisen ihr Bogen, aus Eisen ihr Schild, aus Eisen ihre Lanze. Und ihre Hirsche tragen sie auf dem Rücken, darauf sind sie so hoch wie Dächer. Und überall ist ihr Körper eingehüllt. Nur ihre Gesichter sind nicht bedeckt. Ihre Haut ist weiß wie aus Kalk gemacht. Ihr Haar ist gelb, nur bei einigen schwarz. 10

Nach: Aus der Welt der Azteken. Die Chronik des Fray Bernardino de Sahagún. Frankfurt am Main 1990, S. 251 f.

## M 10 Aztekische Kindererziehung

(mexikanische Bilderhandschrift, um 1540)
Dargestellt sind jeweils Vater und Mutter, die ihre 12 und 13 Jahre alten Kinder strafen bzw. zur Arbeit anhalten. Durch eigene Zeichen werden die Essensrationen (Maisfladenbrote), das Alter der Kinder und die Nachtzeit angegeben.

M 7 Kunsthandwerk der Azteken (Anhänger jeweils 8 cm lang, 3 cm breit).

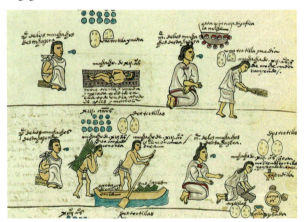

## M 8 Bevölkerungsentwicklung Lateinamerikas (z. T. geschätzt)

| Jahr | Weiße | Mischlinge | Indios | Schwarze |
|---|---|---|---|---|
| 1492 | | | 75 000 000 | |
| 1570 | 138 000 | 220 000 | 9 827 000 | 40 000 |
| 1650 | 729 000 | 670 000 | 9 175 000 | 835 000 |
| 1825 | 4 349 000 | 6 252 000 | 8 211 000 | 4 188 000 |
| 1988 | 167 794 000 | 198 881 000 | 36 970 000 | 34 608 000 |

Nach: Fischer Weltalmanach 91, Frankfurt am Main 1990.

132

## M 11 Die Götter der Azteken

*Ein spanischer Hauptmann beschreibt die Aztekentempel:*

Auf einem (Sockel) stand ein Gott der Hölle mit einem Bärengesicht und mit leuchtenden Augen. Um seinen Leib wand sich ein Kreis von Figuren, die wie Teufel aussahen. (…) Dem Ungeheuer waren an diesem Tage schon fünf Menschenherzen geopfert worden. In dem Raum war ein Gestank, schlimmer wie in einem schlecht gelüfteten Schlachthaus. (Cortés) sagte lächelnd zu Montezuma: „Ich kann nicht glauben, wie ein so großer und weiser Herrscher wie Ihr an diese Götzen glauben kann. (…) Erlaubt uns, an die Spitze dieses Tempels ein Kreuz und in den Raum neben euerem Kriegs- und Höllengott ein Muttergottesbild zu setzen." (…) Montezuma antwortete (…) nur mit schlecht verhaltenem Zorn: „Hätte ich gewusst, welche Schmähreden du hier halten würdest, ich hätte dir meine Götter keineswegs gezeigt! In unseren Augen sind es gute Götter. Sie schenken uns Leben und Gedeihen, Wasser und gute Ernte, und wenn du sie darum bittest, auch Siege. Deshalb (…) opfern wir ihnen.

*Nareiß, Georg A. (Hg.): Denkwürdigkeiten des Hauptmanns Bernal Diaz del Castillo. Stuttgart 1965, S. 261 ff.*

## M 12 Ausbeutung, Krankheit, Tod

*Um 1550 schrieb der zum Bischof geweihte Las Casas:*
Es ist zu berichten, wie der spanische Gouverneur in den Kolonien die Verfügung (der spanischen Könige) durchführte. Der Erziehung, Belehrung und Bekehrung der Indios wurde nicht mehr Mühe zugewendet, als wenn die Indios Klötze oder Steine, Katzen oder Hunde gewesen wären. Die zweite Vorschrift, dass jeder Häuptling eine bestimmte Anzahl von Leuten zu stellen habe, führte der Gouverneur so aus, dass er die zahlreiche Bevölkerung dieser Insel vernichtete. Er übergab nämlich jedem Spanier, der den Wunsch dazu äußerte, dem einen 50, dem anderen 100 Indios, anderen auch mehr, je nach Gunst, darunter Kinder und Greise, schwangere Frauen, ja selbst Könige dieser Völker. Die Spanier schleppten die verheirateten Männer 60 bis 400 km zum Goldgraben fort, und die Frauen blieben in den Häusern und Farmen zurück, um dort Feldarbeit zu verrichten. Dabei mussten sie die Erde im Schweiße ihres Angesichtes mit Pfählen, die im Feuer gehärtet waren, aufbrechen. So kam es, dass die Männer und ihre Frauen kaum mehr zusammenkamen und so elend und entkräftet waren, dass die Geburten fast aufhörten. Die neugeborenen Kinder konnten sich nicht entwickeln, weil ihre Mütter, von Anstrengungen und Hunger erschöpft, keine Nahrung für sie hatten. Einige Mütter erdrosselten vor Verzweiflung ihre Kinder.

*Nach: Geschichte in Quellen, Band 3. München 1982, Nr. 29, S. 68 ff.*

## M 13 Kolonie/Kolonialismus

Als Kolonie (lat. colonus „Feldbauer") werden allgemein die von Staaten erworbenen bzw. eroberten auswärtigen, meist überseeischen Besitzungen bezeichnet. Dabei werden verschiedene Typen von Kolonien unterschieden:

Siedlungskolonien dienten der Aufnahme von Auswanderern aus dem Mutterland, wobei entweder die Siedler die einheimische Bevölkerung fast ganz verdrängten (Nordamerika) oder zur herrschenden Schicht wurden (z. B. spanische und portugiesische Gebiete in Amerika). Eine Vermischung mit Einheimischen wurde meist abgelehnt.

Wirtschaftskolonien wurden erworben, um Reichtümer oder Rohstoffe in das Mutterland zu überführen (z. B. Gold aus Spanisch-Amerika).

Militärkolonien wurden aus strategischen Gründen angestrebt, z. B. Flottenstützpunkte (Gibraltar).

Strafkolonien dienten der Unterbringung von Sträflingen (z. B. Gebiete in Australien).

Als Kolonialismus wird eine auf Erwerb, Erhaltung und Ausbeutung von Kolonien gerichtete Politik bezeichnet.

*Zusammenstellung d. Verf.*

## Fragen und Anregungen

1. Erkläre, wie es möglich war, dass etwa 500 Spanier ca. 250 000 aztekische Krieger besiegen konnten?

2. Welche Motive leiteten die Spanier bei ihrem Zug nach Mexiko? (M5, M6)

3. Erörtere anhand des Textes und der Materialien (M3, M7), inwiefern die Azteken als kulturell hoch stehendes Volk bezeichnet werden können.

4. Erläutere, worin die Unterschiede in den religiösen Vorstellungen zwischen Europäern und Azteken bestehen. (M11)

5. Die Feierlichkeiten zur 500. Wiederkehr der Entdeckung Amerikas wurden 1992 vor allem auch von den mittel- und südamerikanischen Indianern kritisiert. Stelle Argumente für und gegen diese Kritik zusammen.

# 7. Die Kirche ist in einem schlimmen Zustand

**15. Jh.** In der Bevölkerung herrscht große Unzufriedenheit über die Verweltlichung der Kirche. Päpste und Konzilien sind unfähig, eine umfassende Kirchenreform durchzuführen.

**1415** Jan Hus wird auf dem Konstanzer Konzil zum Ketzer erklärt und hingerichtet.

**M 1** Das Schiff der Kirche geht unter (Holzschnitt, 1508)
Zu Beginn des 16. Jahrhunderts äußerten viele Menschen Kritik an der Kirche.

**Die christliche Religion bestimmt den Alltag**

Während Gelehrte, Forscher und Abenteurer Entdeckungen und Erfindungen machten, änderte sich für die meisten Menschen in Europa das tägliche Leben wenig. Nach wie vor war es für die Menschen des Mittelalters selbstverständlich, dass Glaube, Religion und Kirche ihr Leben bestimmten. Der Glaube an Gott, an die Erlösung im Jenseits und an ein Leben nach dem Tod bot Halt im Alltag und in schwierigen Lebenssituationen, wie z. B. beim Tod eines Angehörigen oder bei schweren Krankheiten. In Mitteleuropa war der Glaube seit dem frühen Mittelalter untrennbar mit der christlichen Religion verbunden. Juden und Muslime waren in der Minderheit.

Die christliche Kirche prägte das Leben der Menschen: den Rhythmus der Woche (mit dem Sonntag als Feiertag), des Jahres (mit den christlichen Festen Weihnachten, Ostern und Pfingsten) und des Lebens (mit den christlichen Sakramenten Taufe, Firmung, Priesterweihe, Abendmahl, Buße, Krankensalbung und Eheschließung). Die christliche Kirche prägte auch die gesellschaftliche Ordnung, Stand und Beruf, Ehe und Familie. So war es unvorstellbar, dass ein Paar, das in der Gesellschaft geachtet sein wollte, unverheiratet zusammenlebte. Im 15. Jahrhundert begannen die Menschen ihren Kindern die Vornamen christlicher Heiliger (z. B. Martin, Georg, Johannes) zu geben; germanische Vornamen (z. B. Arnhelm, Waltraud) verschwanden immer mehr. Europa war um 1500 christlich, ein Leben außerhalb des kirchlich vorgegebenen Rahmens war undenkbar.

**Die Frömmigkeit des Volkes steht im Widerspruch**

Viele Menschen versuchten durch Zeichen besonderer Frömmigkeit den alltäglichen Problemen wie Seuchen, Hungersnöten, Kriegen und Naturkatastrophen zu begegnen und das ewige Seelenheil zu erlangen. Manche, meist reichere Gläubige gründeten Stiftungen, in die sie ihr Vermögen zum Wohl von Ärmeren einfließen ließen. Oft stifteten sie Klöster oder Schulen und unterstützten sie finanziell. Andere begaben sich auf Wallfahrten, in der Hoffnung, dass Gott, Maria oder die Heiligen ihnen besondere Hilfe gewähren würden. Bedeutende Wallfahrtsorte waren Santiago de Compostela (in Spanien) oder auch Altötting (in Oberbayern). Viele Menschen taten Buße oder verehrten Reliquien. In allen Schichten des Volkes waren Formen von Aberglauben, wie Hexen- und Wunderglauben, weit verbreitet.

134

**Missstände in der Kirche**

Die Bevölkerung erwartete von den Geistlichen einen vorbildlichen Lebenswandel. Das war um 1500 nicht mehr selbstverständlich. Viele Bischöfe, Erzbischöfe und Kardinäle, ja sogar Päpste verhielten sich wie weltliche Herrscher: Sie betrieben Machtpolitik und feierten rauschende Feste, sie hatten Mätressen und uneheliche Kinder. Im Volk hieß es, Bischöfe würden selten anderswo als bei der Jagd sterben. Viele Äbte und Bischöfe hatten ihre Ämter gekauft, oft waren sie nicht zum Priester geweiht und so schlecht ausgebildet, dass sie nicht einmal die sonntägliche Messe lesen konnten. Manchmal wurden schon Kinder im Alter von fünf oder sechs Jahren zum Erzbischof ernannt, weil sie aus einer mächtigen Familie stammten.

**Kritik an der Kirche wird laut**

Die Missstände in der Kirche stießen bei einfachen Menschen und Gelehrten immer mehr auf Kritik. Vor allem die Humanisten griffen in ihren Schriften den Papst und die Kurie in Rom an und warfen ihnen einen zweifelhaften moralischen Lebenswandel vor. Kritik an der Kirche gab es schon vorher: Im 14. Jahrhundert wandte sich der englische Geistliche John Wycliff gegen den kirchlichen Machtapparat; er akzeptierte nur die Bibel als Quelle des Glaubens. Um die Wende zum 15. Jahrhundert prangerte Jan Hus, Prediger und Theologieprofessor an der Universität Prag, die Verweltlichung der Kirche an. Hus wurde vom Kaiser zum Konzil, das von 1414 bis 1418 in Konstanz tagte, eingeladen. Dort sollte er seine Lehren darlegen. Obwohl ihm freies Geleit zugesichert worden war, wurde Hus festgenommen, als Ketzer verurteilt und hingerichtet. Doch alle Einschüchterungsversuche halfen nichts: Der Ruf nach einer Reform der Kirche an „Haupt und Gliedern", also einer Erneuerung der gesamten Kirche, hielt an.

**M 2** „Gesetz und Gnade – Sündenfall und Erlösung"
(Altarbild von Lukas Cranach d. Ä. und Werkstatt, 1535, Ölgemälde auf Holz). Später wurde es in zwei Teile zersägt; 71,9 x 59,6 cm und 72,6 x 60,1 cm.
Die linke Seite zeigt Christus als Weltenrichter und Moses mit den 10 Geboten des Alten Testaments. Der sündige Mensch wird von Tod und Teufel in die Hölle getrieben. Rechts ist die Verkündigung, Kreuzigung, Auferstehung und Himmelfahrt Christi dargestellt. Der Mensch erkennt (unter Anleitung Johannes des Täufers), dass er durch die Gerechtigkeit Gottes beschenkt und „allein durch die Gnade Gottes" erlöst wird.

135

### M 3 Predigt von Savonarola

*In Florenz wirkte mit großem Erfolg der Bußprediger Savonarola. Auch er wurde als Ketzer verbrannt (1498):*

In diesem unseren Gotteshaus gibt es nur eine Sache, die uns viel Freude macht, dass es nämlich ganz ausgemalt und mit Flitter bedeckt ist. So hat unsere Kirche nach außen bei der festlichen Begehung der kirch-
5 lichen Feiern viele schöne Zeremonien mit schönen Gewändern, mit zahlreichen Behängen, mit Leuchtern aus Gold und Silber und so vielen schönen Kelchen, dass es eine wahre Pracht ist. Da siehst du jene großen Prälaten mit den schönen gold- und edelsteinge-
10 schmückten Kopfbedeckungen auf dem Haupt und mit silbernen Hirtenstäben. Du siehst sie mit jenen schönen Messgewändern und ihren Überwürfen aus Brokatstoff am Altar, mit so vielen schönen Zeremonien, so viel Orgeln und Sängern, dass dir der Atem
15 stockt.

So ist die heutige Kirche beschaffen. Die Menschen weiden sich an diesem Unsinn, freuen sich über diese Zeremonien.

*Nach: Fischer Weltgeschichte, Bd. 12. Frankfurt am Main 1967, S. 321 f.*

### M 5 Jan Hus auf dem Scheiterhaufen (Buchmalerei, 15. Jh.)

### M 4 Luther übernimmt das Feuer der Reformation von John Wycliff (ca. 1320–1384) und Jan Hus (ca. 1370–1415)

### M 6 Aus einer Predigt des Jan Hus

Unsere heutigen Bischöfe und Priester können leider kaum das Ende des Gottesdienstes abwarten und eilen aus der Kirche, die einen in die Wirtshäuser, die anderen hin und her, um sich auf eine der Priester unwürdige Weise zu unterhalten, ja sogar um zu tanzen. So 5 sind diejenigen, welche in der Nachfolge Christi die ersten sein sollten, die größten Feinde unseres Herrn Jesu Christi.

*Nach: Nigg, Walter: Das Buch der Ketzer. Zürich 1986, S. 332.*

### Fragen und Anregungen

1. Erkläre, wie sich die Menschen um 1500 Sündenfall und Erlösung vorstellten. (M2)
2. Wie wirkt das „Schiff der Kirche" (M1) auf dich? Welche Missstände klagten Kritiker der Kirche wie Hus oder Savonarola an? (M3, M6)
3. Savonarola und Hus wurden als Ketzer verbrannt. Welche Gründe kannst du dafür dem VT und den Quellen (M3, M6) entnehmen?
4. Beschreibe das Bild (M4) und überlege, was der Künstler damit ausdrücken wollte.

# 8. Die Reformation beginnt

| 1517 | Der Augustinermönch Martin Luther veröffentlicht in Wittenberg 95 Thesen gegen den Ablass. Dieses Jahr gilt als Beginn der Reformation. |
|---|---|
| 1518 | In Rom wird ein Ketzerprozess gegen Luther eingeleitet. Der päpstliche Gesandte Cajetan verhört Luther in Augsburg. |
| 1521 | Der vom Papst gebannte Luther wird vor den Reichstag in Worms geladen. Gegen ihn und seine Anhänger wird im „Wormser Edikt" die Reichsacht verkündet. |

**M 1** Ablasskiste

Ging ein Gläubiger zur Beichte, wurden ihm für seine Sünden Bußstrafen auferlegt. Durch Ablasszahlungen konnte er diese Bußleistungen abmildern. Um 1500 waren die Ablasszahlungen für die Kirche eine wichtige Einnahmequelle geworden, mit denen die Kirchenfürsten ihre Hofhaltung und ihre Bautätigkeit finanzierten. Ablassgelder wurden in Holzkisten wie dieser gesammelt, die durch mehrere Schlösser gesichert waren.

**Der Ablasshandel wird zu einem Ärgernis**

Herzog Albrecht von Brandenburg war 1513 Erzbischof von Magdeburg und Bischof von Halberstadt geworden, schon ein Jahr später wurde er zudem Erzbischof von Mainz. Das bedeutete eine Ämterhäufung, die kirchenrechtlich eigentlich verboten war. Der Papst erlaubte sie nur gegen Zahlung hoher Gebühren. Albrecht, der nicht über diese Summe verfügte, lieh sich diese beim Bankhaus der Fugger. Um das Geld zurückzahlen zu können, erlaubte er in seinen Ländern den Verkauf des Ablasses, den der Papst für den Neubau der Peterskirche in Rom ausgeschrieben hatte.
Daraufhin entwickelte sich ein regelrechter Ablasshandel: Es sollte sogar möglich sein, mit einem Ablass die Verstorbenen von den Qualen des Fegefeuers loszukaufen oder für eigene, zukünftige Sünden und Strafen Ablassbriefe zu erwerben. Der Ablasshandel war zu einem Geschäft geworden, an dem der Papst und die kirchlichen Stellen im Reich viel Geld verdienten.

**Luther kritisiert den Verkauf der Ablassbriefe**

Das war auch Martin Luther klar geworden, dem von den Gläubigen immer wieder gesagt wurde, sie bräuchten keine Buße tun, wenn sie nur genug Ablassbriefe kauften. In der Gegend um Wittenberg war der Dominikanermönch Johann Tetzel als Ablassprediger unterwegs, der die Briefe besonders marktschreierisch anpries. Ihm wird der Satz „Wenn das Geld im Kasten klingt, die Seele aus dem Fegefeuer springt" zugeschrieben.
Luther hatte ganz andere Vorstellungen von der Buße: Er hatte sich intensiv mit der Bibel beschäftigt und ging davon aus, dass sich der Mensch die ewige Seligkeit nicht durch gute Werke verdienen könne. Er interpretierte die Bibel vielmehr so: Die ewige Seligkeit ist ein Geschenk Gottes, das nur den Menschen zuteil wird, die gottesfürchtig leben.
Diese Ansicht vertrat Luther in seinen 95 Thesen, die er 1517 veröffentlichte, um ein theologisches Streitgespräch über die Ablasspraxis in Gang zu bringen. Die Wirkung war groß: Durch den Buchdruck schnell verbreitet, kannte innerhalb weniger Wochen – so berichtet ein Zeitgenosse – fast die ganze Christenheit Luthers Thesen. Das Jahr 1517 gilt deshalb als Beginn der Reformation.

137

**Luther gerät in Konflikt mit der Kirche**

Der Papst schenkte dem Streit um den Ablass zuerst wenig Beachtung. Doch schon 1518, als Luther immer mehr Anhänger gefunden hatte, eröffnete er den Ketzerprozess gegen ihn und lud ihn zu einem Verhör nach Rom. Jetzt griff Luthers Landesherr, Friedrich der Weise von Sachsen, ein. Er erreichte, dass Luther nicht in Rom, sondern auf dem Reichstag in Augsburg und damit auf deutschem Territorium durch den päpstlichen Gesandten Cajetan verhört wurde.

Da Luther in Augsburg seine Thesen nicht widerrufen hatte, wurde er schon im folgenden Jahr zu einem Gespräch mit dem Theologieprofessor Johann Eck nach Leipzig vorgeladen. Dabei ließ er sich dazu verleiten, nicht nur die päpstliche Autorität anzuzweifeln, sondern zu behaupten, dass auch Konzilien, also Versammlungen der Kirchenfürsten, irren könnten. Als Beispiel nannte er Jan Hus, der auf dem Konzil in Konstanz hingerichtet worden war, obwohl sich unter seinen Lehrsätzen auch solche befanden, die mit der Bibel in Einklang waren. Damit war klar, dass für Luther nur galt, was in der Bibel stand. Den Papst und die Konzilien lehnte er ab. Diese Äußerungen standen im Widerspruch zur offiziellen Lehrmeinung der Kirche, für die katholische Obrigkeit war Luther damit ein Ketzer.

Als der Papst ihm in einem Schreiben den Kirchenbann androhte, ließ Luther dieses Schreiben von seinen Studenten in Wittenberg öffentlich verbrennen. Zu Beginn des Jahres 1521 verhängte Papst Leo X. den Kirchenbann über Luther.

**Luther legt seine Ansichten schriftlich dar**

Um seinen Standpunkt zu verdeutlichen, wandte sich Luther mit drei in deutscher Sprache verfassten Schriften an die Bevölkerung: In der ersten, die den Titel „An den christlichen Adel deutscher Nation" trägt, rief er die Adeligen auf, selbst die Kirche zu reformieren, da vom Papst in Rom keine Hilfe zu erwarten sei. In der zweiten, „Von der babylonischen Gefangenschaft der Kirche", erklärte er nur zwei (Taufe und Abendmahl) von sieben Sakramenten für rechtmäßig, da nur sie durch die Bibel belegt seien. In der dritten Schrift „Von der Freiheit eines Christenmenschen" machte Luther deutlich, dass jeder Christ durch seine Sicherheit im Glauben „frei", also unabhängig handeln könne, dass sich diese Freiheit aber selbstverständlich im Dienst am Mitmenschen zeigen müsse.

## Martin Luther

| | |
|---|---|
| 1483 | Geboren am 10. November in Eisleben im Kurfürstentum Sachsen |
| 1501 | Studium der Philosophie, ab 1505 Studium der Rechtswissenschaften an der Universität Erfurt |
| 1505 | Eintritt ins Kloster der Augustinereremiten in Erfurt Priesterweihe |
| 1512 | Professor für Theologie |
| 1517 | Veröffentlichung der 95 Thesen |
| 1521 | Bann Luthers durch Papst Leo X. |
| 1521/1522 | Aufenthalt auf der Wartburg, Beginn der Bibelübersetzung, Neues Testament |
| 1525 | Heirat mit Katherina von Bora, sechs Kinder |
| 1546 | Tod Luthers |

**M 2** Martin Luther (Porträt)

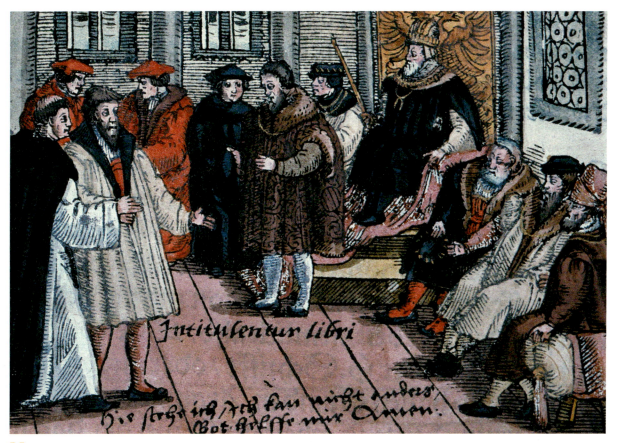

**M 3 Luther vor dem Reichstag in Worms**
Die lateinische Inschrift „Intitulentur libri" bedeutet: Es werden gerade die Bücher von Luther aufgezählt. Mit dem deutschen Satz auf dem Fußboden soll Luther seine Rede vor dem Kaiser und den Fürsten beendet haben.

**Luther widerruft nicht!**

Auf den Kirchenbann hätte eigentlich die Reichsacht, ausgesprochen durch den Kaiser, folgen müssen. Doch viele Reichsfürsten wollten nicht hinnehmen, dass der 21-jährige spanische Kaiser Karl V. über einen Deutschen die Acht verhängte, ohne diesen vorher angehört zu haben; dies hatte er ihnen schon bei seiner Wahl versprechen müssen. Jetzt erinnerten die Fürsten Karl an seine Zusage und erreichten, dass er Luther vor den Reichstag in Worms (1521) lud. Trotz der Warnungen seiner Freunde, die sich wohl an das Schicksal des Jan Hus erinnerten, reiste der Gebannte nach Worms. Er hoffte, an höchster Stelle seine Auffassungen erklären zu können. Aber statt einer Anhörung und einer Diskussion erwartete ihn ein Verhör. Auch in Worms war Martin Luther nicht bereit zum Widerruf, da er der Meinung war, dass seine Ansichten nicht durch die Heilige Schrift widerlegt worden seien. Nachdem er und die meisten Teilnehmer des Reichstages abgereist waren, erließ der Kaiser das „Wormser Edikt": Über Luther und seine Anhänger wurde die Acht verhängt, die Schriften Luthers wurden verboten.
Die Reichsacht war eine Form der weltlichen Strafe, die bei besonders schweren Verbrechen durch den König oder Kaiser ausgesprochen werden konnte. Der Geächtete wurde dadurch aus der Gemeinschaft ausgeschlossen. Er verlor seinen gesamten Besitz. Jeder durfte ihn straflos töten. Wer ihm half, musste die gleiche Strafe befürchten. Nach 1200 war die Reichsacht eine automatische Folge des Kirchenbanns. So entstand die Redewendung „jemand in Acht und Bann tun".

## M 4 Aus einer Ablasspredigt Tetzels (1517)

Du Priester, du Adeliger, du Kaufmann, du Frau, du Jungfrau, du Braut, du Jüngling, du Greis, tritt in deine Kirche. Du hast Scheu, das Kreuz mit einer Kerze zu besuchen, und scheust dich nicht, das Gasthaus zu besuchen?! Du scheust dich, zu den Beichtvätern zu gehen, und scheust dich nicht, zum Tanz zu gehen?! Überlege, dass du in das wütende Meer dieser Welt, große Ungewitter und Gefahren gestellt bist, und du weißt nicht, ob du im Stande bist, den Hafen des Heils zu erreichen. Wisse, dass ein jeder, der gebeichtet, bereut und Almosen in den Schrein getan hat, eine volle Vergebung aller seiner Sünden haben wird. Was steht ihr also müßig? Eilet alle zum Heil eurer Seele! Habt ihr nicht die Stimmen eurer Eltern und anderer Verstorbenen gehört, die rufen und sagen: „Erbarmt euch, erbarmt euch wenigstens meiner; denn wir leiden unter sehr harten Strafen und Foltern, von denen ihr uns durch ein geringes Almosen loskaufen könnt – und ihr wollt es nicht?!" Ihr könnt nun Beichtzettel haben, durch deren Kraft ihr im Leben und in der Sterbestunde so oft ihr wollt volle Vergebung der Strafen für eure Sünden habt. Zögert nicht! Wendet euch mir zu von ganzem Herzen!

*Nach: Junghans, Helmar (Hg.): Die Reformation in Augenzeugenberichten. Düsseldorf 1967, S. 43 ff.*

## M 5 Ein Zeitgenosse Luthers äußert sich über die Ablasspraxis (1517)

In demselben Jahr kamen etliche mit den eingelösten Ablassbriefen zu Doktor Martin nach Wittenberg und beichteten im Vertrauen auf ihre durch den Ablassbrief erworbene Gnade. Doch als sie sagten, dass sie weder von Ehebruch, Hurerei, Wucherei noch unrechtem Gut und dergleichen Sünde und Bosheit ablassen wollten, da wollte der Doktor sie nicht von ihrer Schuld lossprechen, weil keine rechte Buße noch Besserung angegeben wurde. Da beriefen sich die Beichtkinder auf ihre Papstbriefe und auf die Gnade und den Ablass des Tetzel. Daran wollte Martinus sich nicht kehren. Er berief sich auf den Spruch: Wenn ihr nicht Buße tut, werdet ihr alle auch so umkommen. (L 13,5) Und als er sie nicht lossprechen wollte, gingen sie wieder zu Tetzel und klagten ihm, wie dieser Augustinermönch auf ihre Briefe nichts geben wollte. Tetzel wurde über solche Nachricht sehr zornig und fluchte gräulich auf der Kanzel.

*Nach: Junghans, Helmar (Hg.): Die Reformation in Augenzeugenberichten. Düsseldorf 1967, S. 51.*

## M 6 Auszug aus Luthers 95 Thesen (31. Oktober 1517)

1. Da unser Herr und Meister Jesus Christus sagt: „Tut Buße" usw. (Matth. 4, 17), wollte er, dass das ganze Leben der Gläubigen Buße sein sollte.
11. Die Lehre, dass man kirchliche Bußstrafen in Strafen des Fegefeuers umwandeln könne, ist ein Unkraut, das augenscheinlich gesät wurde, als die Bischöfe schliefen. (…)
27. Man predigt Menschenlehre, wenn man sagt: Sobald das Geld im Kasten klingt, entflieht die Seele aus dem Fegefeuer. (…)
32. Wer glaubt, durch Ablassbriefe seines Heils sicher zu sein, wird auf ewig mit seinen Lehrmeistern verdammt werden. (…)
36. Jeder Christ, der wahrhaft Reue empfindet, hat einen Anspruch auf vollkommenen Erlass von Strafe und Schuld, auch ohne Ablassbrief. (…)
43. Man soll die Christen lehren, dass es besser sei, den Armen etwas zu schenken und den Bedürftigen zu leihen, als Ablässe zu kaufen. (…)
50. Man soll die Christen lehren: Wenn der Papst wüsste, wie die Ablassprediger das Geld erpressen, würde er die Peterskirche lieber zu Asche verbrennen, als sie mit Haut, Fleisch und Knochen seiner Schafe aufzubauen. (…)
62. Der wahre Schatz der Kirche ist das allerheiligste Evangelium der Herrlichkeit und Gnade Gottes. (…)

*Aland, Kurt (Hg.): Martin Luthers 95 Thesen. Hamburg 1965, S. 53 ff.*

## M 7 Diese Flugschrift aus dem Jahr 1520 klagt die Ablasspraxis an.

## M 8 Luther auf der Wartburg

Nach seiner Abreise aus Worms war Luther spurlos verschwunden. Es ging das Gerücht um, er sei während der Rückreise überfallen und ermordet worden. Das wäre nicht verwunderlich gewesen: Als Geächteter war Luther „vogelfrei" und durfte von jedermann ungestraft getötet werden. Doch gerade das wollte sein Landesherr Friedrich der Weise verhindern: Er ließ Luther entführen und zu seinem Schutz auf eine seiner Burgen, die Wartburg in Thüringen, bringen. Dort lebte Luther unter dem Decknamen „Junker Jörg". Um von niemandem als Mönch erkannt zu werden, ließ er sein Haar und seinen Bart wachsen. Luther blieb elf Monate auf der Wartburg. Er nützte die Zeit, um die Bibel ins Deutsche zu übersetzen, sodass sie von allen Gläubigen, nicht nur von Gelehrten, gelesen werden konnte. Denn Luther sah in der Heiligen Schrift die einzig unverfälschte Quelle des christlichen Glaubens.

*Der Verf.*

**M 9** Wartburg heute (Fotografie)

## M 10 Luther auf dem Reichstag in Worms

*Von Georg Spalatin, dem Hofprediger Friedrichs des Weisen und einem Freund Luthers, ist uns überliefert, was Luther antwortete, als er auf dem Wormser Reichstag aufgefordert wurde, seine Lehren zu widerrufen:*

Weil denn Ew. Kaiserl. Majestät, Kur- und Fürstliche Gnaden eine einfache, richtige Antwort begehren, so will ich die geben, die weder Hörner noch Zähne haben soll, nämlich: Es sei denn, dass ich mit Zeugnissen der Heiligen Schrift oder mit öffentlichen, klaren und hellen Gründen überwunden und überzeugt werde – denn ich glaube weder dem Papst noch den Konzilien alleine, weil es offenbar ist, dass sie oft geirrt und sich selbst widersprochen haben –, und da ich von den Sprüchen, die von mir herangezogen und angeführt sind, überzeugt bin, und da mein Gewissen in Gott gefangen ist, so kann und will ich nichts widerrufen, weil weder sicher noch geraten ist, etwas gegen das Gewissen zu tun. Gott helfe mir! Amen.

*Nach: Geschichte in Quellen, Band 3. München 1982, S. 125.*

## M 11 Kaiser Karl V. vor dem Reichstag in Worms

*Am Tag nach Luthers Verhör verlas der Kaiser vor den deutschen Fürsten eine persönliche Erklärung:*

Meine Vorfahren haben die heilige katholische Religion hinterlassen, damit ich in ihr lebe und sterbe. Deshalb bin ich entschlossen, alles zu halten, was meine Vorgänger und ich bis zum gegenwärtigen Augenblick gehalten haben. Denn es ist sicher, dass ein einzelner Bruder in seiner Meinung irrt, wenn diese gegen die ganze Christenheit, wie sie seit mehr als tausend Jahren und heute gelehrt wird, steht. Denn sonst hätte ja die ganze Christenheit heute und immer geirrt. Es reut mich, dass ich es so lange aufgeschoben habe, gegen diesen Luther und seine falsche Lehre vorzugehen. Ich bin entschlossen, ihn nicht weiter anzuhören, sondern ich will, dass er unverzüglich nach Hause geschickt werde. Das freie Geleit soll ihm, wie zugesagt, gehalten werden, aber er soll nicht predigen noch seine böse Lehre dem Volk vortragen.

*Nach: Geschichte in Quellen, Band 3. München 1982, S. 126.*

## Fragen und Anregungen

1. Unterscheide: Was predigt Tetzel, was lehrt Luther? Vergleiche M4 und M6 und halte die Unterschiede in einer Tabelle fest.

2. Wie stellen M5 und M7 die damals übliche Ablasspraxis dar?

3. Worauf berief sich Luther in der Glaubensfrage, worauf der Kaiser? (M3, M6, M10, M11)

# 9. Die Bauern kämpfen für ihre Rechte

| 1524 | Erste Unruhen der Bauern im südlichen Schwarzwald weiten sich zum deutschen Bauernkrieg aus. |
| 1525 | Der Bauernkrieg ist voll entbrannt. |
| 1526 | Die Bauern werden von fürstlichen Truppen geschlagen, ihre Anführer hingerichtet. |

**M 1** Fahnenträger mit einer Forderung (Holzschnitt, 16. Jh.)

**Die Lage der Bauern verschlechtert sich**

Zu Beginn des 16. Jahrhunderts lebten etwa neun Zehntel der Bevölkerung als Bauern oder Tagelöhner auf dem Land. Für sie schien jahrhundertelang die Zeit stillzustehen: Sie konnten kaum lesen oder schreiben, von wichtigen Ereignissen erfuhren sie nur vom Hörensagen. Zu Beginn des 16. Jahrhunderts wurde aber auch die Landbevölkerung von Unruhe erfasst: Viele Landesherren versuchten, auf Kosten ihrer Untertanen ihre Macht zu erweitern. Sie erhöhten die Steuern, während Adel, Klerus und Beamtenschaft von Steuern befreit waren. Sie forderten von den Bauern mehr Frondienste und schränkten die Nutzungsrechte der Bauern an Gemeineigentum wie Wald, Seen und Flüssen ein. Die Bauern fühlten sich dadurch mehr und mehr unterdrückt und in ihren alten Rechten beschnitten, besonders weil die Gerichte damals das lateinische Recht zur Grundlage der Rechtsprechung machten. Das den Bauern vertraute Gewohnheitsrecht verlor an Bedeutung.

**Die Bauern verbünden sich**

Bauernaufstände gab es zwischen dem 14. und 16. Jahrhundert in vielen europäischen Ländern. Fast immer fühlten sich die Bauern ungerecht behandelt und wollten dies nicht länger hinnehmen. Um gemeinsam stärker zu sein, verbündeten sie sich. Bündnisse von aufständischen Bauern hießen etwa „Bundschuh" oder „Armer Konrad". Im Bauernkrieg von 1525 kamen noch religiöse Gründe hinzu: Hatte nicht Luther in seiner Schrift „Von der Freiheit eines Christenmenschen" betont, dass die Bauern von weltlicher und geistlicher Gewalt unabhängig seien? Luthers Thesen sprachen auch andere „einfache Leute", Gesellen, Dienstleute, Vertreter der „unehrlichen Berufe" und Bergleute an.

**Der Bauernkrieg beginnt**

Im Sommer 1524 begann der Aufstand der Bauern im südlichen Schwarzwald. Er breitete sich rasch im Gebiet um Stühlingen aus. Auch in anderen Gegenden des Reiches, wie in Franken, Thüringen und in der Steiermark, kam es zu Aufständen. Anfangs versuchten die Bauern ihre Forderungen gewaltlos durchzusetzen. Der Memminger Kürschner Sebastian Lotzer fasste diese in den „12 Artikeln" zusammen. Doch als die Bauern merkten, dass die Fürsten sie nur hinhielten und nicht daran dachten, ihre Forderungen zu erfüllen, griffen sie zur Gewalt.

**Luther greift in den Bauernkrieg ein**

Anfangs zeigte Luther Verständnis für die Anliegen der Bauern. Er sah ihre materielle Notlage und die Ungerechtigkeiten, die ihnen von der geistlichen und weltlichen Obrigkeit zugefügt wurden. Luther mahnte deshalb beide Seiten zur Besonnenheit und forderte die Fürsten auf, auf der Basis der 12 Artikel mit den Bauernführern zu verhandeln. Doch schon wenige Monate später, als die Bauern Gewalt ausübten, ergriff er gegen sie Partei. Er warf ihnen vor, seine Lehre von der „Freiheit eines Christenmenschen" zu verfälschen und forderte die Obrigkeit auf, entschieden gegen die aufständischen Bauern vorzugehen.

142

Zu Beginn des Jahres 1526 war das Schicksal der Bauern entschieden. Die Fürsten, gestärkt durch Luthers Eingreifen, hatten die vergangenen Monate damit genützt, Landsknechte anzuwerben. Diese schickten sie nun unter der Führung von Georg Truchsess von Waldburg, genannt Bauernjörg, gegen die Bauernhaufen ins Feld. Das bedeutete das Ende des Bauernkrieges: Die Aufständischen waren den Berufskriegern in Ausrüstung und Kriegstaktik unterlegen, außerdem hatten die verschiedenen Bauernheere kaum Kontakt zueinander und konnten sich so nicht gegenseitig beistehen.

Im Herbst 1526 kam es zum letzten entscheidenden Gefecht gegen die Bauern. Ihre Anführer, darunter auch der Adelige Florian Geyer und der Theologe Thomas Münster, wurden getötet; insgesamt kostete der Aufstand etwa 100 000 Bauern das Leben.

**Die Bauern werden geschlagen**

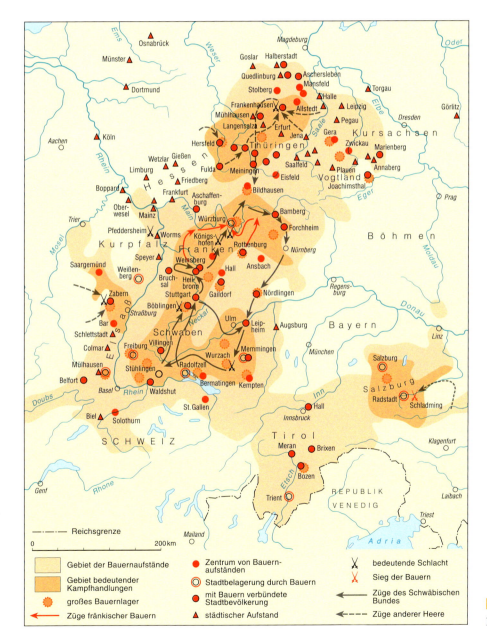

**M 2** Der Bauernkrieg 1524–1526

143

### M 3 Aus den „12 Artikeln" des Sebastian Lotzer (1525)

1. Die ganze Gemeinde soll ihren Pfarrer selbst wählen. 2. Den Kornzehnten wollen wir gern geben, wie es sich gehört. Darüber hinaus wollen wir aber nichts geben, denn das Vieh hat Gott abgabenfrei erschaffen. 3. Es ergibt sich aus dem Evangelium, dass wir frei sind. Also sind wir keine Leibeigenen mehr. Die Schrift verlangt aber auch, dass wir gegen jedermann demütig sind. Also wollen wir es auch gegen unsere erwählte und von Gott gesetzte Obrigkeit sein. 4. Wenn der Herr durch Urkunden seine Jagd- und Fischrechte beweisen kann, so wollen wir sie ihm nicht mit Gewalt nehmen. Wir dulden aber nicht, dass er uns das Wildbret und die Fische mutwillig wegfrisst. 5. Der Wald soll der Gemeinde gehören, wenn ihn der Herr nicht redlich gekauft hat. Ein jeglicher soll sich im Gemeindewald seinen Bedarf an Holz umsonst nehmen. 6. Man darf uns keine höheren Dienste auferlegen als unseren Eltern.

*Nach: Geschichte in Quellen, Band 3. München 1966, S. 144.*

### M 4 Luther: „Ermahnung zum Frieden" (1525)

Eigentlich verdanken wir den Aufruhr euch, ihr Fürsten. Als weltliche Herren tut ihr nichts anderes als zu schinden und zu schatzen und in Pracht und Hochmut zu leben, bis es der arme Mann nicht länger ertragen kann und mag. Das Schwert sitzt euch an der Kehle, und dennoch meint ihr, immer noch feste im Sattel zu sein. Solche Sicherheit und versteckte Vermessenheit wird euch den Hals brechen.

Was würde es helfen, wenn der Acker eines Bauern ebenso viele Gulden wie Halme und Körner trüge? Die Obrigkeit würde nur umso mehr davon nehmen. Sie würde ihre Pracht vergrößern und das Gut des Bauern verschleudern mit Kleidern, Fressen, Saufen, Bauen und dergleichen, als wäre es Spreu.

Ich kann euch nur raten, meine Herren, einigt euch mit den Bauern im Guten, damit nicht ein Funke ganz Deutschland entzündet.

*Nach: Geschichte in Quellen, Band 3. München 1966, S. 149 f.*

### M 5 Luther in seiner Schrift „Wider die räuberischen und mörderischen Rotten der Bauern"

Dreierlei greuliche Sünden laden diese Bauern auf sich: Erstens haben sie ihrer Obrigkeit in Treue geschworen, untertänig und gehorsam zu sein. Nun brechen sie diesen Gehorsam mutwillig und frevelhaft und widersetzen sich ihren Herren.

Zweitens stiften sie Aufruhr. Sie berauben und plündern Klöster und Schlösser. Dadurch machen sie sich zu Straßenräubern und Mördern. Sie verspielen damit ihr Leben an Leib und Seele. Denn einen aufrührerischen Menschen darf jeder umbringen. Das ist sogar eine gute Tat. Aufruhr ist nämlich kein einfacher Mord, sondern wie ein großes Feuer, das ein Land entzündet und verwüstet. (…) Darum soll die Aufrührer niederwerfen, würgen und stechen, wer immer es vermag. (…)

Drittens decken die Bauern solch schreckliche Sünde auch noch mit dem Evangelium. Sie nennen sich christliche Brüder und sind doch eigentlich die allergrößten Gotteslästerer und Schänder seines heiligen Namens.

Es ist daher nur recht und billig, dass die Obrigkeit gegen solche Bauern vorgeht. Sie soll sie strafen und schlagen.

*Nach: Geschichte in Quellen, Band 3. München 1966, S. 154 f.*

### M 6 Die Hinrichtung des Bauernführers Jakob Rohrbach (1525)

### Fragen und Anregungen

1. Wie wirkt der Fahnenträger (M1) auf dich? Betrachte seine Körperhaltung und seine Mimik. Was drückt er für die Bauern aus? Beziehe die Karte M2 in deine Überlegungen ein.

2. Welche Belastungen der Bauern werden aus M3 deutlich? Wie stehen die Bauern dazu? Kannst du ihre Argumente nachvollziehen?

3. Was unternehmen die Bauern, um ihre Lage zu verändern? Welches Ergebnis hat „ihr" Krieg?

4. Beschreibe Luthers Meinungswechsel zum Bauernaufstand (M4, M5). Wie ist dieser Meinungswechsel begründet? Beurteile Luthers Haltung.

# 10. Die Reformation breitet sich aus

| | |
|---|---|
| 1530 | Im „Augsburger Bekenntnis" legen die Anhänger Luthers ihren „evangelischen" Glauben fest. |
| 1540 | Ignatius von Loyola gründet den Jesuitenorden, der zum Vorkämpfer der Gegenreformation wird. |
| 1545–1563 | Das Konzil von Trient beschließt eine Reform der katholischen Kirche. |
| 1555 | In Augsburg wird ein Religionsfrieden geschlossen. Dieser Kompromiss wird von katholischen und evangelischen Ständen akzeptiert. |

**Die Reformation geht weiter**

Im Wormser Edikt war Luther für vogelfrei erklärt worden, trotzdem breitete sich die Reformation weiter aus. Kaiser Karl V., dem an der Einheit der Religion gelegen war, konnte sich kaum darum kümmern, er wurde an Kriegsschauplätzen in Italien, Frankreich und Ungarn festgehalten. Die deutschen Fürsten nützten diese Situation für sich. Auf dem Reichstag in Speyer 1526 setzten sie durch, dass „jeder es mit der lutherischen Sache so halte, wie er es vor Gott und dem Kaiser verantworten könne"; die Beschlüsse aus Worms waren damit eigentlich außer Kraft gesetzt: Schon drei Jahre später, auf dem Reichstag von 1529, setzte die katholische Mehrheit der deutschen Fürsten angesichts der Erstarkung der kaiserlichen Macht die Durchführung des Wormser Edikts durch. Die Lutheraner protestierten dagegen förmlich, weswegen sie den Namen „Protestanten" erhielten. 1530 legten sie dem Reichstag im „Augsburger Bekenntnis" die Grundzüge ihrer neuen Lehre vor; es kam jedoch nicht mehr zu einer Verständigung mit den Katholiken.

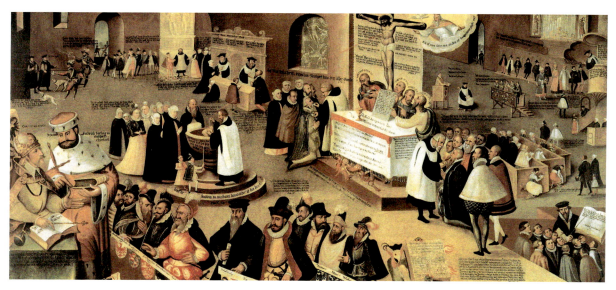

**M 1** **Übergabe des Augsburger Bekenntnisses an Karl V., 1530** (Konfessionsgemälde von Andreas Herneisen im Rathaus von Bad Windsheim, Franken, 1601) Dargestellt werden als Merkmale der evangelisch-lutherischen Konfession u. a. die Taufe und die Austeilung des Abendmahls in beiderlei Gestalt, Predigt des Evangeliums, Katechismusunterricht, Kirchengesang und Eheschließung.
Links oben: Anhänger Zwinglis werden aus der Kirche verjagt. Im Vordergrund der Teufel, der in einem aufgeschlagenen Buch die Namen der „Ketzer" nennt.

**Evangelische Landeskirchen entstehen**

Ursprünglich wünschte sich Luther viel Freiheit für die neuen reformatorischen Gemeinden: Sie sollten ihre Pfarrer selbst wählen und zu einer neuen, für sie passenden kirchlichen Ordnung finden. Der Bauernkrieg zeigte ihm aber, dass es viele Schwärmer gab, die die neue Lehre nach eigenem Gutdünken ausrichteten und nicht an der Bibel orientierten. Luther machte sich deshalb für eine straffe Organisation und eine verstärkte Kontrolle der neuen Gemeinden stark. Beides sollte in die Hände der Landesherren gelegt werden, die somit als „Notbischöfe" den Landeskirchen vorstanden. Viele Fürsten schlossen sich Luthers Lehre gern an: Über die straffe Kirchenverwaltung gewannen sie Einfluss auf die religiöse Einstellung der Untertanen, die Landeskirchen stärkten ihre Macht. Außerdem konnten sie beim Wechsel der Konfession den Kirchenbesitz einziehen. Dafür mussten sie die Pfarrer besolden sowie die Krankenhäuser und das Bildungswesen finanzieren.

**Die Reformation in Europa: Ulrich Zwingli**

Um 1500 gab es nicht nur in Deutschland Menschen, die mit der katholischen Kirche und ihrer Organisation unzufrieden waren. In der Schweiz kam die Kritik von Ulrich Zwingli (1484–1531). Auch er wollte – ähnlich wie Luther – alles abschaffen, was sich nicht durch die Bibel begründen ließ: Messen, Heiligenverehrungen und Prozessionen. In manchen theologischen Fragen stand er aber im Gegensatz zu Luthers Lehre, was sich auch in mehreren Religionsgesprächen nicht ausräumen ließ. Auch Luthers Orientierung an der weltlichen Obrigkeit akzeptierte Zwingli nicht.

**Jean Calvin**

Seit 1536 betrieb Jean Calvin (1509–1564) die Reformation in Genf. Er ging davon aus, dass das Schicksal jedes Menschen schon bei seiner Geburt festgelegt sei (Prädestination), dass sein Dasein auf Erden aber zeigen könne, ob er zu den „Auserwählten" gehört. Calvin setzte in Genf eine strenge Kirchenordnung durch: Tanz, Kartenspiel und Wirtshausbesuch waren verboten, strenge Gesetze sorgten für die Einhaltung der Verbote. Die Anhänger Zwinglis und Calvins nannte man „Reformierte" – im Gegensatz zu den Anhängern Luthers, die als Evangelische oder als Protestanten bekannt waren.

**M 2 Jean Calvin**
Geb. 1509 als Jean Cauvin in Noyon/Nordfrankreich
Studium der Theologie und Rechtswissenschaften
1535: Flucht aus dem katholischen Frankreich nach seinem öffentlichen Bekenntnis zu Luther
Mehrfacher Wohnortwechsel zur Vermeidung von Konflikten mit der Amtskirche
Ab 1541: Aufenthalt in Genf, Durchführung der Reformation
1564: Tod Calvins, auf eigenen Wunsch Beisetzung in einem anonymen Grab in Genf

**Kaiser Karl V. greift ein – und dankt ab**

Durch geschickte Heiratspolitik hatten die Habsburger ein Reich aufgebaut, das Gebiete in Europa, aber auch in Südamerika umfasste. Man sprach von einem Reich, „in dem die Sonne niemals untergeht". Kaiser Karl V. wollte dieses Weltreich durch den einheitlichen Glauben aller Untertanen zusammenhalten. Deshalb setzte er sich beim Papst für die Einberufung eines Konzils ein, das die Missstände in der katholischen Kirche beheben sollte. Die Bemühungen Karls scheiterten allerdings. Resigniert legte er 1556 die Herrschaft nieder und zog sich nach Spanien zurück.

Karls Bruder und Nachfolger im Reich, König Ferdinand, gelang die Verständigung mit den Fürsten: Im Augsburger Religionsfrieden (1555) wurde eine Regelung gefunden, die von Katholischen und Evangelischen akzeptiert wurde, sie besagte Folgendes:

**Der Augsburger Religionsfrieden – ein Kompromiss**

– Das evangelische und das katholische Bekenntnis sind gleichberechtigt.
– Die Fürsten legen die Konfession in ihrem Land fest, die Untertanen müssen diese Konfession annehmen, andernfalls dürfen sie auswandern (lat. „cuius regio, eius religio" = wessen Herrschaft, dessen Glaube).
– In Reichsstädten können beide Konfessionen gleichberechtigt nebeneinander bestehen.
– Wechselt ein geistlicher Fürst zum Protestantismus, bleibt sein Land katholisch, er selbst muss abdanken.

Schon 1545 wurde eine Kirchenversammlung nach Trient einberufen und tagte bis 1563. Ihr ursprünglicher Zweck war die Wiederherstellung der Glaubenseinheit in Europa. Deshalb waren nicht nur Katholiken, sondern auch Protestanten eingeladen. Da das Konzil aber vom Papst geleitet wurde, lehnten die Lutheraner ihre Teilnahme ab. Es zeigte sich bald, dass eine Rückkehr zur Glaubenseinheit nicht möglich war. Die hohen katholischen Würdenträger gingen deshalb daran, die Reform der Kirche voranzutreiben. Folgende Beschlüsse wurden gefasst:

**Die Erneuerung der Kirche beginnt**

– Als Quelle des Glaubens gelten allein die Bibel und die kirchliche Überlieferung.
– Die katholische Kirche entscheidet allein über die Auslegung der Heiligen Schrift.
– Die Aufgaben der kirchlichen Würdenträger müssen neu festgesetzt und die Ausbildung der Priester neu geregelt werden.

Eine wichtige Hilfe bei der Erneuerung der katholischen Kirche leistete die Gesellschaft Jesu, der so genannte Jesuitenorden. Von Ignatius von Loyola 1534 gegründet, verstand sich der Orden als Vorkämpfer der Gegenreformation, der durch unbedingten Gehorsam dem Papst gegenüber den Einfluss der Reformation zurückdrängen und die protestantischen „Ketzer" zum katholischen Glauben bekehren wollte. Besonderen Einfluss erlangten die Jesuiten als Beichtväter von Landesherren und durch ihre Tätigkeit in der Priesterausbildung. Mit prächtigen Kirchenbauten und Theateraufführungen beeinflussten die Jesuiten viele Menschen.

**Die Gegenreformation – das Anliegen der Jesuiten**

**M 3** Reformierter Taufgottesdienst in Lyon (Darstellung von 1564) Anstelle des Altars steht die Kanzel in der Mitte des Gotteshauses. Typisch für reformierte Gotteshäuser sind auch die Emporen, die zusätzlich Platz bieten. Die mit Polstern versehenen Bänke sind Adeligen vorbehalten. Die Männer ziehen den Hut nur, wenn aus der Bibel gelesen oder gebetet wird.

147

**M 4  Kaiser Karl V.**
Tizian malte den Kaiser als Sieger der Schlacht bei Mühlberg 1547 über die protestantischen Fürsten.

**M 6  Ignatius von Loyola vor Papst Paul III.**
(Gemälde, 1540)
Papst Paul III. bestätigt dem vor ihm knienden Igantius von Loyola den Orden der „Gesellschaft Jesu". In der Ordensregel heißt es: „Jeder einzelne ist verpflichtet, alles, was der jetzige römische Bischof und alle folgenden zu ihrer Zeit befehlen, ohne Weigerung und Entschuldigung auf der Stelle und nach besten Kräften auszuführen."

**M 5  Bekenntnis des Kaisers Karl V.**
Auch denke ich nicht nach Italien zu ziehen, die Städte und Herren zu unterdrücken, Staaten wegzunehmen oder mich zu bereichern, denn das wäre das Verhalten eines Tyrannen, nicht eines gnädigen Fürsten. (…) Um
5 die Wahrheit zu sagen, ist das Ziel meiner Fahrt nach Italien, den Papst zu einem allgemeinen Konzil zu zwingen in Italien oder Deutschland, gegen die Häresien (Ketzereien) und für die Reform der Kirche. Ich schwöre zu Gott und seinem Sohne, dass nichts in der
10 Welt mich so bedrückt wie die Häresie Luthers, und dass ich das Meinige dafür tun werde, dass die Historiker, die von der Entstehung dieser Ketzerei in meinen Tagen erzählen, auch hinzufügen, dass ich alles dagegen unternommen habe; ja ich würde in dieser Welt
15 geschmäht und im Jenseits verdammt werden, wenn ich nicht alles täte, die Kirche zu reformieren und die verfluchte Ketzerei zu vernichten.

*Nach: Geschichte in Quellen, Band 3. München 1976, S. 229.*

**M 7  Aus dem Leben des Ignatius von Loyola**

| | |
|---|---|
| Geb. 1491 | in Nordspanien, in seiner Jugend war er als Bediensteter Ferdinands V. von Kastilien tätig. |
| 1521 | Schwere Verwundung bei der Belagerung Pamplonas, während der Genesungszeit Lektüre religiöser Schriften, Entschluss, sein Leben in den Dienst der katholischen Kirche zu stellen. |
| 1523–24 | Wallfahrt nach Palästina, anschließend Studium der Theologie und Priesterweihe. |
| 1534 | Gründung der „Gesellschaft Jesu" (Jesuitenorden, von Papst Paul III. 1540 als Orden anerkannt), deren Mitglieder durch blindgläubigen Gehorsam gegenüber der Kirche den Verlockungen der Reformation widerstehen. |
| 1556 | Tod des Ignatius von Loyola. |

*Zusammenstellung des Verf.*

**M 8** Europäische Mächte und Glaubensspaltung (bis 1560)

### Fragen und Anregungen

1. Vergleiche die Biografie von Jean Calvin (M2) mit der von Ignatius von Loyola (M7).
2. Erläutere, was dir an der Darstellung der reformierten Kirche (M3) auffällt? Erkläre die Auffälligkeiten, lies dazu den VT.
3. Beschreibe die Haltung, die Kaiser Karl V. zur Reformation einnimmt (M5). Was sagt er selbst, was der VT dazu?
4. Was sagt die Karte über die Verbreitung der verschiedenen Glaubensrichtungen aus? Welche Informationen gibt die Karte über deinen Wohnort? (M8)

149

# 11. Dreißig Jahre Krieg verwüsten Europa

| | |
|---|---|
| 1618 | Prager Fenstersturz: Der Dreißigjährige Krieg beginnt. |
| 1618–1648 | Dreißigjähriger Krieg: Der Religionskrieg entwickelt sich zu einer Auseinandersetzung, bei der es um Macht und Einfluss in Europa geht. |
| 1648 | In Münster und Osnabrück wird der Westfälische Frieden geschlossen. Der Dreißigjährige Krieg ist damit beendet. |

**M 1** Bettelnder Kriegsinvalide nach dem Dreißigjährigen Krieg

**Katholische und evangelische Länder verbünden sich**

Seit dem Augsburger Religionsfrieden von 1555 waren Protestanten und Katholiken eigentlich gleichberechtigt, trotzdem stritten die Fürsten und der Kaiser in vielen einzelnen Punkten darüber, wie die Bestimmungen ausgelegt werden müssten. Die Katholiken befürchteten, dass sie bald eine kleine Minderheit darstellen würden, die Evangelischen spürten den Druck, der vom Kaiser und den Jesuiten ausging, die das Land wieder katholisch machen wollten. Für die Fürsten war die Frage katholisch oder evangelisch auch eine Machtfrage: Als Katholiken waren sie Kaiser Karl V. unterstellt, wenn sie das Bekenntnis wechselten, waren sie dem Haus Habsburg gegenüber unabhängiger. Um dem Druck der Gegenreformation vereint die Stirn bieten zu können, schlossen sich 1608 mehrere protestantische Fürsten und einige Städte zu einem Bündnis, der „Union", zusammen. Die katholische Seite antwortete ein Jahr später mit der Bildung eines Gegenbündnisses, der „Liga".

**Böhmische Adelige werden handgreiflich**

Besonders angespannt war die Lage in Böhmen: Die böhmischen Stände hatten bald das evangelische Bekenntnis angenommen. Sie wollten damit verdeutlichen, dass sie von Habsburg unabhängig sein wollten. Als der Habsburger Ferdinand II. 1618 König von Böhmen wurde, nahm er das Recht der freien Religionsausübung zurück, das die Böhmen von seinem Vorgänger 1609 erhalten hatten; er missachtete die Verträge, die sein Vorgänger abgeschlossen hatte, und zwang die ihm untergebenen Bauern, wieder den katholischen Glauben anzunehmen. Die Böhmen empfanden das als Ungeheuerlichkeit und protestierten: Einige Adelige drangen in

**M 2** Prager Fenstersturz (Kupferstich von Matthäus Merian, 1635) Abgesandte der aufgebrachten böhmischen Ständeversammlung warfen am 23. Mai 1618 drei kaiserliche Beamte aus einem Fenster der Prager Burg. Dieses Ereignis gilt als Auslöser des Dreißigjährigen Krieges.

150

den Hradschin, die Prager Burg, ein und warfen zwei kaiserliche Räte und einen Sekretär aus dem Fenster. Diese fielen vom zweiten Stock auf einen Misthaufen. Sie landeten sanft, der König aber war empört und beschloss, gegen die Aufrührer vorzugehen.

**Ein Religionskrieg**

Nach dieser Rebellion wählten sich die böhmischen Stände einen neuen König: den Calvinisten Friedrich V. von der Pfalz. Dieser residierte nur einen Winter lang in Prag, dann vertrieben ihn Truppen der katholischen Liga unter der Führung des Bayernherzogs Maximilian. Die Heere der evangelischen Union wurden dabei besiegt. Maximilian führte für seinen Verwandten, den Habsburger Ferdinand II., der inzwischen Kaiser geworden war, diesen Krieg. Er wollte damit dem katholischen Glauben dienen; als Belohnung erhielt er die Oberpfalz und die Kurwürde seines vom Kaiser geächteten pfälzischen Vetters Friedrich V. Aber auch für den Kaiser hatte sich dieser Feldzug gelohnt: Nach zahlreichen Todesurteilen, Vertreibungen und Enteignungen des mehrheitlich protestantischen böhmischen Adels konnte er über das zwangsweise zum Katholizismus zurückgekehrte Land ohne weiteren ständischen Widerstand regieren.

**Der Krieg überzieht ganz Europa**

Der Krieg hatte sich inzwischen schon über Böhmen hinaus ausgebreitet; auch andere Fürsten wurden in die Auseinandersetzungen hineingezogen. Besonders die evangelischen Fürsten im Norden Deutschlands fürchteten um ihre religiöse Unabhängigkeit. Das war der Anlass für den dänischen König Christian IV., die Führung des protestantischen Heeres zu übernehmen; England und die Niederlande unterstützten das Bündnis. Der Krieg war damit zu einem europäischen Krieg auf deutschem Boden geworden.

**Machtkrieg**

Als der katholischen Union unter Feldherr Tilly und Söldnerführer Wallenstein die Schlachtensiege nur so zuflogen, sah der Schwedenkönig Gustav Adolf die religiöse Sache ebenso wie seine Machtinteressen gefährdet und griff aufseiten der Lutheraner in den Krieg ein. Er wurde durch Geldzahlungen aus dem katholischen Frankreich unterstützt, das den Machtgewinn des Kaisers nicht dulden wollte. Nachdem Gustav Adolf 1632 in der Schlacht bei Lützen gefallen und Wallenstein 1634 ermordet worden war, machte sich infolge allgemeiner Erschöpfung Friedenswille breit. Der Kaiser schloss 1635 mit den protestantischen Reichsständen den Frieden von Prag. Da griff Frankreich unter König Ludwig XIII. und dem Leiter der französischen Politik, Kardinal Richelieu, offen in den Krieg ein. Man wollte weiter Einfluss auf die europäische Politik nehmen. Der Religionskrieg war damit endgültig zum Krieg um die Vormacht in Europa geworden.

### M 3 Wallenstein – eine Karriere

- 1583 wurde Albrecht von Wallenstein als Sohn evangelischer Adeliger in Nordböhmen geboren.
- 1621 bereicherte er sich, nachdem er inzwischen katholisch geworden war, an der Hinterlassenschaft böhmischer Protestanten.
- 1625 stellte er sich mit einem Heer von 30 000 Mann dem Kaiser zur Verfügung und wurde zum Herzog von Friedland erhoben.
- 1628 wurde er nach der Eroberung Norddeutschlands Herzog von Mecklenburg.
- 1632 drängte er mit einem Heer von 120 000 Mann die Schweden nach Norddeutschland zurück.
- 1634 wurde er auf kaiserlichen Befehl ermordet, nachdem er eigenmächtig mit den Schweden in Verhandlungen eingetreten war.

**„Der Krieg ernährt den Krieg"**

Die nächsten dreizehn Jahre durchzogen Heere aller beteiligten Mächte das Deutsche Reich. Die Feldherren betrieben den Krieg als Geschäft, die Soldaten erhielten oft keinen Sold, sondern mussten sich selbst versorgen. Dabei verkam die Moral: Plünderungen waren an der Tagesordnung, viele Zivilisten wurden getötet, Frauen und Mädchen vergewaltigt. Auch die Bauern litten unter den Verhältnissen: Ihre Höfe wurden oft mehrmals im Jahr von durchziehenden Soldatenhaufen ausgeraubt. Viele Felder konnten nicht mehr bestellt werden, da Arbeitskräfte fehlten. Hunger, Mangelerscheinungen und Seuchen waren die Folgen. Die Bevölkerungszahl des Deutschen Reiches sank von 16 Millionen auf etwa 10 Millionen.

**Endlich Friede!**

Im Laufe der Jahre setzte sich bei allen Kriegsgegnern die Einsicht durch, dass der Krieg nicht mehr zu gewinnen war. Ab 1643 nahmen Vertreter der beteiligten Staaten Friedensverhandlungen auf. Diese wurden an zwei Orten geführt: im katholischen Münster mit Frankreich und im protestantischen Osnabrück mit Schweden. Die Beratungen waren schwierig. 1648 gab es schließlich ein Ergebnis. Dieser „Westfälische Friede", so genannt nach der Lage der Verhandlungsorte, brachte folgende Bestimmungen:

Frankreich bekam Elsass-Lothringen und die Stadt Breisach und dehnte sich somit bis an den Rhein aus. Schweden erhielt einige Gebiete in Norddeutschland; der schwedische König wurde damit Reichsfürst mit Sitz und Stimme im Reichstag. Die Vereinigten Niederlande und die Schweiz schieden aus dem Reich aus. Der Kaiser blieb Oberhaupt des Reiches. Seine Macht wurde aber beschränkt. Die Reichsstände wurden weitgehend selbstständig. Sie durften künftig Verträge untereinander und mit ausländischen Staaten abschließen, wenn sie nicht gegen Kaiser und Reich gerichtet waren. Bayern konnte die im Krieg erworbene Oberpfalz behalten. Die verschiedenen Konfessionen sollten fortan gleichberechtigt sein. Die Untertanen sollten ihr Bekenntnis frei wählen – unabhängig vom Bekenntnis ihres Landesherrn.

Friedensboten zu Pferd verkündeten die Ergebnisse im gesamten Reich, in den Städten läuteten Friedensglocken, die Bevölkerung feierte Friedensfeste. Die Ergebnisse von Münster und Osnabrück begründeten eine neue politische Ordnung für das Reich, die über eineinhalb Jahrhunderte bestehen blieb.

**M 4 Endlich Friede** (Flugblatt)
Nach dem feierlichen Friedensschwur der Verhandlungsführer ging die Nachricht durch Postreiter hinaus in alle Welt. Vielerorts wurden Friedensfeste gefeiert. Kurfürst Maximilian ordnete solche in ganz Bayern an. Die Protestanten Augsburgs wählten den 8. August zur jährlichen Feier eines Friedensfestes, das durch einen Landtagsbeschluss von 1949 zum staatlichen Feiertag im Stadtgebiet Augsburg erhoben wurde.

## M 5 Der Große Krieg in Mitteleuropa

Gründung der evangelischen Union (1607).
Gründung der katholischen Liga (1608).
Kaiser Rudolf gewährt den böhmischen Ständen das Recht der freien Religionsausübung (1609).

**1610**

### Der böhmisch-pfälzische Krieg (1618–1623)
Prager Fenstersturz (1618): Beginn des Krieges. Kaiserkrönung Ferdinands II. (1619), Wahl Friedrichs V. von der Pfalz zum Gegenkönig in Böhmen (1619). Schlacht am Weißen Berg (1620): Die kaiserliche Armee unter Graf Tilly besiegt das Heer der protestantischen Union. Friedrich V. wird aus Böhmen vertrieben („Winterkönig"). Erzwungene Katholisierung Böhmens unter Kaiser Ferdinand II.

**1620**

### Der dänische Krieg (1625–1629)
Der dänische König Christian IV. tritt auf der Seite der Union in den Krieg ein (1625). Das protestantische Heer wird durch die Truppen Tillys und Wallensteins besiegt (1626). Wallenstein wird so mächtig, dass die Reichsfürsten beim Kaiser seine Entlassung fordern (1630).

### Der schwedische Krieg (1630–1635)

**1630**

Der Schwedenkönig Gustav Adolf greift auf der Seite der Protestanten in den Krieg ein (1630). Die Schweden besiegen die Truppen Tillys (1631). Die Truppen Gustav Adolfs dringen bis München vor, der Kaiser beruft Wallenstein erneut als Feldherrn (1632). Gustav Adolf fällt in der Schlacht bei Lützen (1632). Wallenstein wird abgesetzt und ermordet (1634). Friede von Prag zwischen Kaiser Ferdinand II. und den protestantischen Ständen (1635).

**1640**

### Der schwedisch-französische Krieg (1635–1648)
Der französische König greift gegen Kaiser Ferdinand II. in den Krieg ein (1635). Französische und schwedische Heere durchziehen Deutschland im Kampf gegen die Liga und den habsburgischen Kaiser. Die Friedensverhandlungen in Münster und Osnabrück beginnen (1644). Der „Westfälische Friede" wird unterzeichnet (1648).

## M 6 Schwedens Begründung für seinen Kriegseintritt
*König Gustav Adolf schreibt 1629 an seinen Reichsrat:*
Die Absicht der Katholischen ist allgemein kundig und offenbar. Seit langem wollen sie nichts anderes als den Untergang der rechtgläubigen Evangelischen. Schon haben die Päpstler an der Ostsee Fuß gefasst, sich auf ihr stark gemacht, strengen alles an, eine Ostseeflotte zu errichten, um mit ihr den schwedischen Handel und Trafik (Verkehr) zu turbieren (stören) und, hinüber nach Schweden kommend, hier Fuß zu fassen.

Jessen, H. (Hg.): Der Dreißigjährige Krieg in Augenzeugenberichten. München 1980, S. 229.

## M 7 Frankreichs Interesse an einem Krieg in Deutschland
*Kardinal Richelieu schreibt 1633 in einem Gutachten:*
In der gegenwärtigen Lage muss das erste Ziel des Königs sein, durch Geld zu versuchen, den Krieg in Deutschland und Holland fortzusetzen, ohne dass der König genötigt wäre, offen daran teilzunehmen. Aber wenn es klar zu erkennen wäre, dass die Kriegsmüdigkeit einen Friedensschluss befürchten oder voraussehen ließe, dann wäre zu überlegen, ob der König besser daran täte, im Bündnis mit den deutschen und holländischen Protestanten sich offen gegen das Haus Habsburg zu erklären, unter folgenden Bedingungen: Die Religion soll den Protestanten an allen Orten erhalten bleiben, wo sie vor dem Krieg herrschte. Sie sollen (als Gegenleistung) alles in die Hände des Königs legen, was sie diesseits des Rheins besetzt halten, nämlich Mainz die ganze Pfalz.

Jessen, H. (Hg.): Der Dreißigjährige Krieg in Augenzeugenberichten. München 1980, S. 335.

### Westfälischer Friede
Bezeichnung für die Friedensverträge, die 1648 in Münster und Osnabrück abgeschlossen wurden. In Münster verhandelte der deutsche Kaiser mit Frankreich und den katholischen Reichsständen, in Osnabrück verhandelte er mit den Schweden und den protestantischen Reichsständen. Wichtige Ergebnisse waren die Gleichberechtigung der Konfessionen, das Recht der Untertanen, ihr Bekenntnis frei zu wählen, das Recht der Landesfürsten, über Bündnisse weitgehend selbstständig zu entscheiden, und die Beschränkung der Macht des Kaisers durch den Reichstag. Bei den territorialen Entscheidungen musste Deutschland Gebietsverluste hinnehmen, die Niederlande und die Schweiz schieden aus dem Reich aus.

**M 8  Andreas Gryphius beschreibt 1636 die Gräuel des Krieges**

Thränen des Vaterlandes

Wir sind doch nunmehr gantz / ja mehr denn gantz verheeret!
Der frechen Völcker Schaar / die rasende Posaun
Das vom Blutt fette Schwerdt / die donnernde Carthaun /
5   Hat aller Schweiß / und Fleiß / und Vorrath auffgezehret.

Die Türme stehn in Glutt / die Kirch ist umgekehret.
Das Rathauß ligt im Grauß / die Starcken sind zerhaun /
Die Jungfern sind geschänd't / und wo wir hin nur schaun
Ist Feuer / Pest / und Tod / der Hertz und Geist durchfähret.

10  Hir durch die Schantz und Stadt / rinnt allzeit frisches Blutt /
Dreymal sind schon sechs Jahr / als unser Ströme Flutt /
Von Leichen fast verstopfft / sich langsam fort gedrungen.

Doch schweig ich noch von dem / was ärger als der Tod /
Was grimmer denn die Pest / und Glutt und Hungersnoth /
15  Das auch der Seelen Schatz / so vilen abgezwungen.

Aus: Machè, Ulrich; Meid, Volker (Hg.): Gedichte des Barock. Stuttgart 1980, S. 116.

**M 9  Die Söldnerarmeen des Dreißigjährigen Krieges** bestanden oft aus mehreren 10 000 Mann, Katholiken wie Protestanten, Bauernsöhne aus Deutschland, aber auch aus Kroatien, Polen, Schottland und vielen anderen Ländern. Als Reiter, Musketiere und Pikeniere erhofften sie sich ein sorgenfreieres Leben als das der Zivilbevölkerung, die den Gewalttaten der Söldner ausgeliefert waren. Darum zogen ausgemusterte Soldaten durchs Land und mordeten die Landbevölkerung, um an deren letzte Habseligkeiten zu kommen.

**M 10  Im Soldatenlager** lebten oft auch Frauen und Kinder.
(Ölgemälde, 36,8 cm x 50 cm, von Sebastian M. Bourdon, 1643)

154

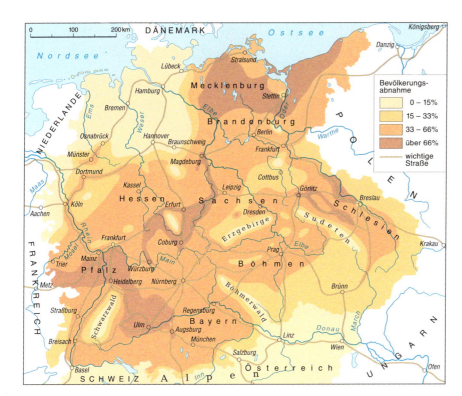

**M 11 Bevölkerungsverluste** in Deutschland während des Dreißigjährigen Krieges (1618–1648). Zu dieser Zeit grassierte auch die Pest in Teilen des Reiches.

**M 12 Die Bauern nehmen Rache** (Radierung von Jacques Callot, 1633)
Wo sie in der Überzahl waren, nahmen die Bauern blutige Rache an den Soldaten. Gewalt erzeugte Gegengewalt.

### Fragen und Anregungen

1. Beschreibe mithilfe des Verfassertextes und M2, M3–M7 und M11 die Ausweitung des Krieges und erkläre sie.

2. Warum gilt Wallenstein zu Recht als Feldherr ganz neuer Art? (M3)

3. Kriege sind immer grausam. Welche Brutalitäten des Dreißigjährigen Kriegs fallen dir auf (M8–M12)? Welche Erklärungen gibt es für das Verhalten der Menschen?

4. Beschreibe das Leben im Soldatenlager (M10). Versuche dich in das Leben der Frau hineinzuversetzen. Wie schaut ihr Tagesablauf aus? Worüber könnte die dargestellte Personengruppe sprechen?

## Vertiefung

# 12. Maria Sibylla Merian: Eine ungewöhnliche Frau macht eine ungewöhnliche Reise

**M 1** Surinam, Südamerika

Im Juni 1699 besteigt eine, für damalige Verhältnisse, alte Dame mit ihrer Tochter ein Segelschiff im Hafen von Amsterdam, um in die südamerikanische Kolonie Surinam zu reisen. Es sind dies die 52-jährige Maria Sibylla Merian und ihre Tochter Dorothea Maria. Die beiden Frauen wollen nicht etwa ihre Männer begleiten, sondern sie reisen allein und zu dem einzigen Zweck, die Insekten und Pflanzenwelt des tropischen Landes zu erforschen und zu zeichnen. Als sie zwei Jahre später, im September 1701, zurückkehren, hat Maria Sibylla Merian hunderte von Zeichnungen, Aquarellen und Aufzeichnungen über Pflanzen, Insekten, aber auch andere Tiere und Menschen in ihrem Gepäck. Noch weitere zwei Jahre später, 1705, wird sie eine der ersten naturwissenschaftlichen Beobachtungen der Tropenwelt und ein in seiner Genauigkeit und künstlerischer Schönheit einmaliges Werk veröffentlicht haben: die weltberühmten „Metamorphosis Insectorum Surinamensium" (Verwandlung der Insekten Surinams).
Damit fällt diese Frau in jeder Hinsicht völlig aus dem Rahmen ihrer Zeit und erregt auch heute noch Ver- und Bewunderung. Wer war sie?

**M 2** Maria Sibylla Merian (Porträt)

**Tochter des bekannten Kupferstechers Merian**

Sie wurde 1647 in Frankfurt am Main als jüngste Tochter des bis heute berühmten Kupferstechers und Verlegers Matthäus Merian geboren. Ihr Vater war durch seine genauen Stadtpläne und kunstvollen Kupferstiche bedeutender Städte schon zu Lebzeiten berühmt.
Sibylla Merian entdeckte bereits frühzeitig ihr Interesse für die Entwicklung von Insekten. Wohl mit der Neugier eines Kindes hatte sie die Verpuppung von Seidenraupen beobachtet und die Entstehung von Schmetterlingen bestaunt. Daraus entwickelten sich genaue Untersuchungen, bei denen sie Insekten sammelte, pflegte und in allen Stadien der Entwicklung beobachtete. Dazu zeichnete und malte sie ihre Forschungsobjekte und auch die Pflanzen aus dem Lebensraum der Insekten.
Das Talent als Erbe des Vaters, die frühzeitige Berührung mit Büchern und Zeichenkunst wurden nach dem Tod des Vaters von ihrem Stiefvater, dem Maler Morell, entwickelt, der Sibylla in Malerei und allen Techniken des Zeichnens ausbildete.

**Frauen als Außenseiter in Kunst und Forschung**

Damit hatte das ehrgeizige Mädchen eine bessere Grundlage als viele ihrer Zeitgenossinnen. Denn Frauen und Mädchen erhielten nur so viel Bildung, auch in künstlerischer Hinsicht, dass sie gebildete Ehefrauen sein konnten. Eine eigene Karriere als Künstlerin oder gar als Naturwissenschaftlerin war für eine Frau im 17. Jahrhundert nicht möglich. Zwar gab es viele Frauen, die sich mit Naturwissenschaften beschäftigten; in der Zeit nach dem Dreißigjährigen Krieg regte sich überall das Leben und die Wissenschaft blühte, das Zeitalter der Aufklärung begann. Frauen durften jedoch keine Universität besuchen, keine öffentliche Laufbahn ergreifen. Wissenschaftliches Interesse war nur als Zeitvertreib, nicht als Beruf oder akademische Karriere für eine Frau möglich.

**M 3** Pflanzen- und Insektenstudie

156

## Ein eigenwilliger Lebensweg

Im Mai 1665 heiratete Sibylla Merian Johann Andreas Graff, einen Schüler ihres Stiefvaters. Es scheint, als sei dieser Mann ihr weder an Kraft und Willen noch an Lebenstüchtigkeit gewachsen gewesen. Aber dadurch behinderte er auch nicht ihr Interesse an botanischen und anderen Studien. Sie lebte mit ihrem Mann von 1670 bis 1681 in Nürnberg, wo sie zwei Töchter zur Welt brachte. Vor allem aber richtete sie dort eine Kunstschule für Mädchen ein, die so genannte Jungfern-Company. So schloss sie Kontakte zu einflussreichen Familien und verdiente Geld durch die Erstellung von Stickvorlagen mit Blumenmotiven. Sie verstand es also, ihre Interessen mit den Vorstellungen von einer typisch weiblichen Beschäftigung zu vereinen und dadurch Konflikte zu vermeiden.

1685 verließ sie Nürnberg mit ihren Töchtern und zog mit ihnen und ihrer Mutter nach Holland zu einer religiösen Vereinigung, den Labadisten. Diese Sekte hatte strenge Vorstellungen von einem besitzlosen und urchristlichen Leben, vertrat aber die Gleichberechtigung von Mann und Frau. Dadurch konnte Maria Sibylla in diesen Jahren ihre Gedanken festigen. Sie trennte sich endgültig von ihrem Mann, ordnete ihre bisherigen Werke und zog mit ihren Töchtern nach der Auflösung der Labadisten 1691 nach Amsterdam.

Amsterdam war ein brodelndes Zentrum von Handel und Kultur. Aus den weltweiten Kolonien brachten die Kaufleute vor allem Geld und viele exotische Gegenstände zurück. Hier traf Sibylla Merian Leute, die ihre Interessen verstanden und unterstützten. Die Familie Sommelsdijk, die Sibylla Merian durch ihre Zeit bei den Labadisten kannte, besaß Plantagen in Surinam in Südamerika. Der Leiter der Botanischen Sammlung Amsterdams zeigte ihr die Sammlung tropischer Tiere und Pflanzen. So reifte ihr Entschluss, selbst in dieses tropische Land zu reisen und vor Ort ihre Studien zu betreiben. Ohne finanzielle Unterstützung, wie männliche Forschungsreisende, setzte sie ihre Idee um und lebte fast zwei Jahre in Surinam. Dort beobachtete sie nicht nur die Natur, sondern zeigte auch Mitgefühl für die unzähligen Sklaven, was sie bei den europäischen Siedlern unbeliebt machte.

Die Ausstellung ihrer Bilder und Berichte nach ihrer Rückkehr erregten großes Aufsehen. Trotzdem war ihr Buch kein finanzieller Erfolg. Aber sie hatte sowohl als Frau, als auch als Forscherin Pionierarbeit geleistet. Am 17. Januar 1717 starb Maria Sibylla Merian.

**M 4 Titelblatt eines Hauptwerkes von Merian** Metamorphosis Insectorum Surinamensium, Amsterdam 1705.

**M 5 Granatbaum mit blauem Tagfalter** (aus dem Insektenbuch Abb. IX.)

157

## Vertiefung

# 13. Die wunderbare Reise des Marco Polo

**M 1 Marco Polo** (Holzschnitt, 1477) auf dem Titelblatt der ersten deutschen Ausgabe seiner Reisebeschreibung, der so genannten Gutenberg-Ausgabe.

Bis heute ist der Name Marco Polo ein bekannter, weil er vor allem im Tourismus als Werbebegriff für weite Reisen und Reiseführer verwendet wird. Warum gerade dieser Name?

Marco Polo wurde 1254 als Sohn des Kaufmanns Nicoloa Polo in Venedig geboren. Mit seinem Vater und seinem Onkel Maffeo unternahm er als 17-Jähriger eine Reise nach China an den Hof Kublai Khans. Als die Polos 24 Jahre später nach Venedig zurückkehrten, erregten Marcos Erzählungen von dieser unglaublich weiten und langen Reise Neugierde und Begeisterung. Er berichtete von den ungeheuren Entfernungen, von Landschaften wie Wüsten, Gebirgen und lieblichen Tälern, von fremdartigen Menschen, die völlig anders aussahen und lebten als die Europäer, und von Tieren, die in Europa unbekannt waren. Er beschrieb das glanzvolle Leben am Hof Kublai Khans und zeigte auch Perlen und Edelsteine, die er sich als Vertrauter des Kaisers verdient hatte. Er schilderte von Kriegen und Abenteuern, wie er im Auftrag Kublai Khans dessen riesiges Reich bereist hatte.

Marco Polos Erzählungen faszinierten die Zuhörer und regten ihre Fantasie an, er wurde schnell ein berühmter Mann. Aber gleichzeitig klangen seine Erzählungen in den Ohren vieler Leute so wunderbar, dass sie sie nicht glauben konnten. Sie gaben Marco Polo den Spitznamen „Messer Milione", was soviel heißt wie „Herr Million". Damit wollten sie verspotten, dass Marco Polo den Reichtum des von ihm sehr verehrten Kublai Khans glühend schilderte und dabei ihrer Meinung nach übertrieb. Dieser Name übertrug sich auch auf das Buch, in dem Marco Polos Reiseberichte veröffentlich wurden: „Il Milione". Trotzdem blieb Marco Polo ein angesehener Bürger Venedigs. Als Schiffskommandant nahm er am Krieg gegen Genua teil und geriet nach der Niederlage der Venezianischen Flotte für ein Jahr in Gefangenschaft in Genua. 1299 kehrte er nach Venedig zurück, heiratete und starb als erfolgreicher Kaufmann 1324.

**Ein Abenteuermärchen?**

Bis heute ist umstritten, was an den Geschichten Marco Polos wahr ist. Es ist sogar unsicher, ob das Buch, das noch zu seinen Lebzeiten ein großer Erfolg wurde, überhaupt von ihm selbst stammt. Am weitesten verbreitet ist die Darstellung, dass er es während seiner Gefangenschaft in Genua einem Mitgefangenen diktierte. Dieser Mann hieß Rustichello und war als Dichter von Abenteuergeschichten bekannt. So ist nicht klar, was Rustichello an Ausschmückungen hinzugefügt und was Marco Polo erzählt hat. Sicher ist nur, dass die Polos viele Jahre im Reich Kublai Khans verbrachten. Dessen ungeachtet ist das Buch seit 700 Jahren berühmt und in vielen Fassungen und Sprachen erschienen. Für den Erfolg ist also weniger wichtig, welche Tatsachen es enthält, als dass es überhaupt von der Fremde erzählt, durch seine abenteuerlichen Beschreibungen Neugierde erweckt und davon zeugt, dass es ferne Länder und Kulturen gibt, die man erforschen kann. In diesem Sinne haben Marco Polos Berichte andere Entdecker, auch Kolumbus, beeinflusst.

**M 2 Kublai Khan** (anonyme Zeichnung, 13. Jh.)
Kublai Khan war der Enkel von Dschingis Khan, dessen Eroberungen er fortsetzte. 1260 wurde er erster Mongolenkaiser von China. Seine Hauptresidenz hatte er in Beejing.

158

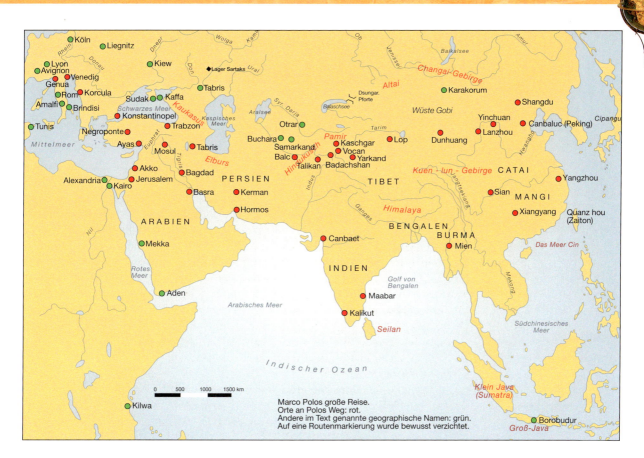

### M 3 Marco Polos große Reise
Die Karte zeigt keine Reiseroute Marco Polos, da diese nicht gesichert ist. Die Orte, die er in seinem Buch erwähnt, sind rot eingezeichnet.

### M 4 Yangzhou heute
Die Stadt Yangzhou, in der Nähe von Shanghai, war eine kaiserliche Provinzstadt, die Marco Polo offenbar drei Jahre als Gouverneur für Kublai Khan verwaltete. Er schwärmte von den Brücken und künstlichen Inseln im See. Diese Schönheit ist auch heute noch sichtbar. Dieses Bild stammt von einem Fotografenteam, das auf den Spuren Marco Polos in Asien reiste.

### M 5 Eingeborene von Angaman im Indischen Ozean
Die Illustrationen in einer der berühmtesten Ausgaben von „Il Milione" zeigen, dass sich die Europäer die Menschen in Asien als Sagenwesen vorstellten.
Kannst du erklären, warum? Bedenke dabei, dass, anders als heute, die Menschen früherer Jahrhunderte auf ihre eigenen Reiseerlebnisse oder die Berichte von Reisenden angewiesen waren.

159

## Vertiefung

# 14. Karte, Globus und Druck verbinden Kontinente – ein neues Weltbild entsteht

**Historische Karten: kunstvolle Fantasieprodukte**

Jeder Mensch, der sich auf Reisen oder Wanderungen begibt, kennt den Wert von Karten, um sich orientieren zu können. Ob Stadtplan, Wanderkarte oder Autoatlas, unsere heutigen Karten sind alle so genau, so voller Informationen, dass sie uns eine zuverlässige Hilfe sind. Das war nicht immer so: Bei Karten, die in den vergangenen Jahrhunderten angefertigt wurden, legten die allermeisten Kartographen (Kartenzeichner) bis ins späte Mittelalter hinein wenig Wert auf eine genaue Darstellung von Entfernungen, Größenverhältnissen oder Himmelsrichtungen. Sie ließen ihrer Fantasie oft freien Lauf. Aufgenommen wurden vor allem Orte, die für sie von großer Bedeutung waren. Das war meist – so z. B. bei den Griechen – ihr eigenes Land oder ihre Hauptstadt. Dem Zeichner der „Radkarte" aus dem 13. Jahrhundert (M1), einem englischen Mönch, ging es daher nicht darum, eine Landkarte darzustellen, sondern den Christen Jesus als Weltenherrscher und Jerusalem als den Mittelpunkt der Welt zu zeigen.

**M 1** Karte aus einem englischen Gebetsbuch (Ø 10 cm, 13. Jh.) Sie stellt das Wirken Jesu Christi in der Welt in den Mittelpunkt.

Labels: Kaukasus, See Genezareth, Konstantinopel, Rom, Alpen, Chistus (als Weltenherrscher), Paradies, Rotes Meer, Nil, afrikanische Völker, Jerusalem

160

Asien nimmt als wichtigster Kontinent der christlichen Heilsgeschichte (z. B. sind Bethlehem, Galiläa eingezeichnet) den ganzen Osten ein (hier die obere Hälfte der Karte), Afrika (rechts unten) und Europa (links unten) teilen sich den Westen, die untere Hälfte der Karte.

**Darstellung der Realität**

Eine Wende in der Art, Karten anzufertigen, brachten die ersten Entdeckungsfahrten der Europäer im 15. Jahrhundert. Auf früheren Reisen hatten Forscher zwar auch Karten benützt, diese entsprachen aber nicht annähernd der Wirklichkeit. Gestützt auf das Wissen antiker Gelehrter waren die meisten Entdecker zwar überzeugt, dass die Erde eine Kugel ist. Wie groß allerdings die Erde ist und wie Land und Wasser darauf verteilt sind, wussten sie nicht. Es wird angenommen, dass dies auch bei Kolumbus zu seiner Fehlberechnung beitrug. Auch er hatte auf die christliche Überlieferung vertraut, bei der Schöpfung habe Gott 6/7 der Erde als Landmasse geschaffen. Nach dieser Vorstellung blieb kaum Platz für große Meere.
Nun aber brachten die Entdecker Land- und Seekarten nach Hause, auf denen sie Länder, Meeresströmungen und Windverhältnisse eingetragen hatten. Die Größe der Kontinente, ihr Küstenverlauf, die Vielzahl von Inseln wurden ebenso beschrieben wie geographische Besonderheiten oder Klima, Vegetation, Tierwelt und menschliche Besiedlung.

**Karten vermitteln das Bild von der Erde**

Seit dem beginnenden 16. Jahrhundert zeichneten Kartographen die von Kolumbus und seinen Nachfolgern entdeckten Länder zwischen Europa und Asien in neuen Weltkarten ein. So wurde auch Toscanellis Weltkarte (M2) um den Kontinent Amerika ergänzt. Karten dieser Zeit zeigen aber auch, dass viele Gebiete zunächst ohne Namen blieben oder als „terra incognita" (unbekanntes Land) bezeichnet wurden. Darüber hinaus lässt sich mithilfe solcher Karten darstellen, wie wenig konkret, wie geradezu fantasievoll auch damals die Vorstellungen von den in den verschiedenen Ländern lebenden Menschen noch waren.
Im Laufe der Zeit jedoch nahm die Genauigkeit immer mehr zu, und die Karten ermöglichten es, die letzten Winkel der Erde zu erforschen.

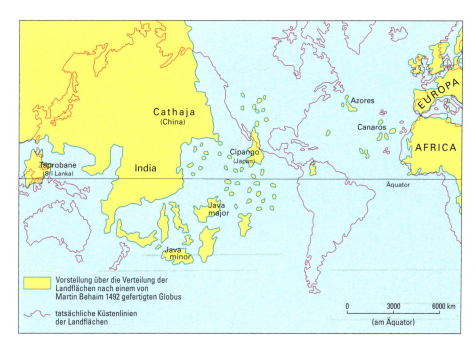

**M 2 Weltkarte Toscanellis** (um 1470) Die Rekonstruktion der Weltkarte (Original in der Nationalbibliothek Florenz) zeigt, wie sich Kolumbus wahrscheinlich die Größe des Atlantiks und die Wegstrecke bis Indien vorgestellt hat.

161

# Vertiefung

**M 3 Das Weltbild des Ptolemäus**
Mit der Erde im Mittelpunkt und den Planeten- und Sternensphären um sie herum.

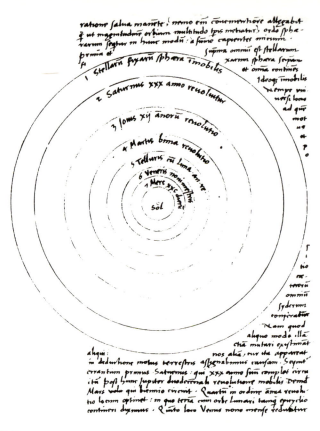

**M 4 Das Weltbild des Kopernikus**
Um die Sonne (Sol) kreisen die Planeten Merkur (7), Venus (6), Erde (5), Mars (4), Jupiter (3) und Saturn (2), ganz außen ist der Fixsternhimmel (1).

**M 5 Zeitungsblatt über die Entdeckung Brasiliens** (16. Jh.)
Die Bilder wurden in Holz geschnitten oder in Kupferplatten eingeritzt und dann gedruckt. Die ersten Zeitungen oder Flugblätter über die Entdeckungen erregten überall großes Interesse und konnten in großen Mengen billig verkauft werden. So berichtete z. B. Kolumbus 1493 in einem Brief von seiner Landung „in der Nähe des Flusses Ganges". Der Brief wurde gedruckt und war bald als Flugblatt in ganz Europa verbreitet.

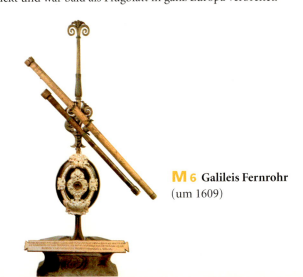

**M 6 Galileis Fernrohr** (um 1609)

Einen entscheidenden Beitrag zur Verbreitung geographischer Karten über alle Kontinente hinweg leisteten die neuen Druckverfahren. Gutenbergs Buchdruck hatte den Anstoß gegeben, nun wurden aber auch Bilder mit neuen Verfahren gedruckt. Sie verbreiteten das Wissen um die Existenz und das Aussehen neuer Länder in Windeseile. Amerigo Vespucci z. B. verfasste einen spannenden Bericht über seine Reisen in die „Neue Welt" – und ließ ihn im Jahre 1503 drucken. Das Werk wurde ein Riesenerfolg, in mehrere Sprachen übersetzt und in eine Sammlung von Reiseberichten aufgenommen. Nicht zuletzt deshalb setzte sich Martin Waldseemüllers Vorschlag durch, den von Kolumbus entdeckten Kontinent nach ihm „America" zu nennen. Gedruckte Abhandlungen darüber verbreiteten diesen Namen in alle Welt – und mit ihm ein neues Bild von der Erde, seinen Ländern und seinen Völkern.

**Karten werden gedruckt und weltweit verbreitet**

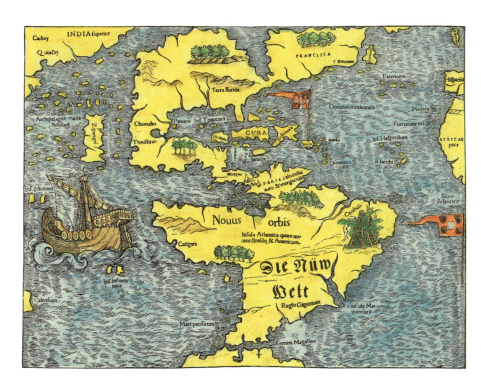

**M 7** Die „Neue Welt" von Sebastian Münster (Holzschnitt, 1540)

### Fragen und Anregungen

**1** Zeige auf, dass es dem Zeichner der „Radkarte" (M1) weniger um eine geographische Darstellung als um einen Ausdruck seiner christlichen Weltsicht ging.

**2** Die „Radkarte" enthält neben christlichen Symbolen auch Angaben über Himmelsrichtungen und Hauptwindrichtungen oder über damals bekannte Fabelwesen, z. B. afrikanische „Wundervölker". Suche diese Angaben auf der Karte.

**3** Vergleiche die Karten von Toscanelli (M2) und Münster (M7) sowie einer Karte Amerikas in deinem Schulatlas und stelle Gemeinsamkeiten und Unterschiede fest.

**4** Fasse zusammen, was die verschiedenen Karten dieses Kapitels über die geographischen Kenntnisse und die Vorstellung von der Welt in der jeweiligen Zeit aussagen.

**5** Lies die Überschrift dieses Kapitels noch einmal und erläutere, inwiefern Karte, Globus und Druck die Kontinente verbinden und dadurch ein neues Weltbild entsteht.

**6** Vergleiche M3 und M4 mit den Bildern auf Seite 121 (M4, M5) und stelle Gemeinsamkeiten und Unterschiede fest.

163

## FRANKREICH UND ENGLAND SETZEN NEUE MASSSTÄBE

Die Geschichte Europas nach dem Dreißigjährigen Krieg wird weitgehend durch Frankreich geprägt. Ludwig XIV., der französische „Sonnenkönig", plant und lebt eine uneingeschränkte Form königlicher Herrschaft, den Absolutismus. Der Sonnenkönig und sein Schloss in Versailles werden zum Vorbild für die großen und kleinen Fürsten Europas. In Bayern bezeugen dies vor allem das Nymphenburger Schloss in München, das Schloss Schleißheim bei München und die Residenz der Würzburger Fürstbischöfe.

Ludwig XIV., „Sonnenkönig"
(Herrscherporträt des Hofmalers Hyacinthe Rigaud, 1701)

Residenz der Würzburger Fürstbischö[fe]
(Stich aus dem Jahr 1760)

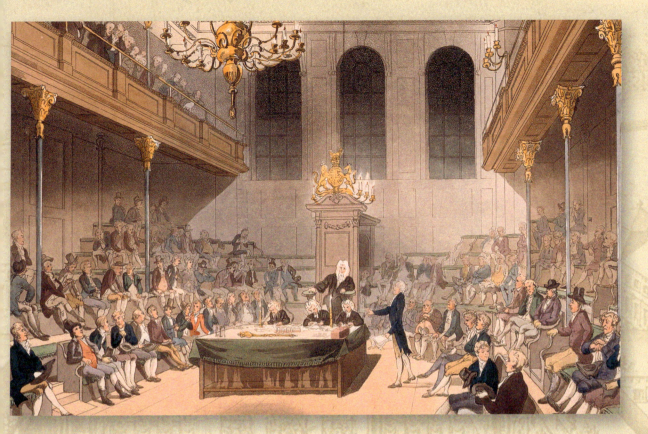

**Das englische Unterhaus nach 1700** (farbige Aquatinta, 1808)
In der Mitte der „Speaker" (Vorsitzender), links die Regierung und die sie unterstützenden Abgeordneten, rechts die Abgeordneten der Opposition.

Neben Frankreich gewinnt England einen wachsenden Einfluss in Europa. England geht in der Ausübung der Herrschaft einen eigenen Weg. Hier herrscht der König nicht uneingeschränkt, sondern teilt die Macht im Staat mit dem Parlament. Dieses Parlament besteht aus zwei Teilen; einer gewählten Versammlung der Vertreter der Städte und Grafschaften, dem „Unterhaus", und einer Versammlung Adeliger, dem „Oberhaus". Englands eigener Weg spiegelt sich auch in seinen Schlössern, wo die Ordnung der Parkanlage nicht vom Willen des Fürsten bestimmt wird, sondern weitgehend der Natur überlassen wird.

# 1. Ludwig XIV. – ein Gott auf Frankreichs Thron?

**1661–1715** Nach dem Tod seines ersten Ministers, des Kardinals Mazarin, regiert Ludwig XIV. (geb. 1638) bis zu seinem Tod als absoluter Monarch.

**1682** Nach einer zwanzigjährigen Bauzeit übersiedelt Ludwig XIV. mit dem gesamten Hof von Paris in das Schloss von Versailles.

**M 1 Das Symbol des Königs**
Diese 1664 geprägte Münze zeigt die Sonne über der Weltkugel. Die lateinische Inschrift bedeutet: „Für alle gleich", d. h. wie die Sonne die ganze Erde beleuchtet, so leuchtet die Hoheit des Königs über allen Menschen des Königreiches. Dem König gegenüber ist jeder, ob Adeliger, Bürger oder Bauer, ein Untertan.

**Ludwig will Alleinherrscher sein**

Im Namen des minderjährigen Königs Ludwig XIV. regierten seine Mutter und vor allem der erste Minister, Kardinal Mazarin. Anfang März 1661 starb Mazarin. Den königlichen Hof in Paris beschäftigte nur eine Frage: Wer würde nun erster Minister werden? Für jeden, der es wagte, ihn danach zu fragen, und der wissen wollte, an wen man sich nun zu wenden habe, hatte Ludwig XIV. die gleiche, kurze Antwort: „Von jetzt an nur an mich". Ludwig XIV. wollte allein regieren, ohne die Macht mit irgendeinem anderen zu teilen – er wollte ein absoluter Herrscher sein.

**Der Sonnenkönig**

Doch Ludwig XIV. wollte als König auch bewundert und verehrt werden. Er machte die Sonne zu seinem Wahrzeichen. Und noch im Jahr 1661 begannen 23 km von Paris entfernt, mitten in einem Sumpfgebiet mit einem kleinen Jagdschloss, die gewaltigen Bauarbeiten für das Schloss von Versailles. 42 Jahre lang wurde auf dieser Großbaustelle gearbeitet.

Seit 1682 lebte Ludwig XIV. mit den Angehörigen der königlichen Familie, mit den vornehmsten Adeligen und mit vielen Bediensteten – insgesamt etwa 10 000 Personen – in der riesigen Anlage (vgl. S. 179). Das Schloss umfasste damals 1 300 Räume; seine längste Seite misst einen halben Kilometer und hat 375 Fenster. Die prächtigen Deckengemälde in den zentralen Räumen und in dem berühmten Spiegelsaal feiern Ludwig XIV. als siegreichen Kriegshelden und stellen ihn immer wieder in der Gestalt eines antiken Gottes dar. „Die ganze Zeit folgten Bälle, Ballette, Schauspiele, Gesang und Instrumentalmusik aller Art und andere Vergnügungen aufeinander", klagte Colbert, der Finanzminister. Der König selbst trat im Kostüm der Sonne als Tänzer auf.

In dem großen Park hinter dem Schloss lagen 1 400 Springbrunnen und künstliche Seen; das nötige Wasser wurde über komplizierte Leitungen und Pumpstationen bis von der Seine herbeigeholt. Über 1 000 Gärtner kümmerten sich um die Blumen, Hecken und Bäume und schnitten sie in symmetrischen Formen zurecht.

Denn „es dominierte in ihm die Sucht, die Natur sich untertänig zu machen", schrieb ein Zeitgenosse über Ludwig XIV. Das Schloss von Versailles und sein Park wurden zum viel bewunderten Mittelpunkt Frankreichs.

**M 2 Darstellung Ludwigs XIV. als Tänzer**

**M 3 Der Park von Versailles** (Ansicht der Parkseite vom Parterre d'Eau, Kupferstich, um 1670)
Der Spaziergang gehörte zum Tagesprogramm Ludwigs XIV. Dann zeigte der König jenen Höflingen und Gästen, die ihn begleiten durften, stolz die Schönheiten des Parks.

Der Glanz von Versailles zog viele Adelige an. Das war genau die Absicht Ludwigs XIV. Durch Geldgeschenke und andere Vorteile ermunterte er die Adeligen, sich im Schloss oder in dessen Umgebung niederzulassen. Und Versailles durften sie nur mit der Genehmigung des Königs verlassen. Auf diese Weise hinderte er sie daran, selbst über ihre Besitzungen in den Provinzen zu regieren. Zu fast jeder Stunde des Tages war der Sonnenkönig von Herzögen, Grafen und anderen Adeligen umgeben: Sie schauten ihm beim Aufstehen oder Schlafengehen zu, sie reichten ihm die Kleider, sie brachten ihm seine Perücke. Das Recht, solche Tätigkeiten für den König auszuüben, mussten die Adeligen oft kaufen. Sie taten es, weil sie nur durch häufige Anwesenheit in der Nähe des Königs hoffen konnten, eines Tages von ihm ein zugleich ehrenvolles und einträgliches Amt zu erhalten. So wurden die früher stolzen Herren aus den Provinzen zu Dienern des Königs, zu Höflingen.

**Adelige werden zu Höflingen**

Ludwig XIV. machte fähige Männer aus dem Stand der Bürger zu seinen Ministern. In den 32 Provinzen regierten nun anstelle der Adeligen Beamte des Königs, ebenso in den wichtigen Städten. An der Spitze einer Provinz stand der Intendant. Er hatte dafür zu sorgen, dass die Gesetze des Königs ausgeführt wurden, er überwachte die königlichen Richter, er setzte die für den König bestimmten Steuern fest und ließ sie eintreiben. Wenn Ludwig XIV. einen Beamten für unfähig hielt oder wenn er meinte, ein Beamter sei zu mächtig geworden, dann setzte er ihn ab.

**Beamte ersetzen die Adeligen**

Ludwig XIV. sah sich selbst als der Stellvertreter Gottes für das Königreich Frankreich. Sein Grundsatz war: „Ein König, ein Glaube." Alle Untertanen sollten denselben katholischen Glauben haben wie der König. In einigen Gebieten Frankreichs gab es noch viele Anhänger einer protestantischen Glaubensrichtung, die Hugenotten. Ein Vertrag, das „Edikt von Nantes", sicherte ihnen seit 1598 die freie Ausübung ihres Glaubens zu. Aber im Jahr 1695 widerrief Ludwig XIV. diesen Vertrag. Die Hugenotten mussten ihrem Glauben abschwören, ihre Kirchen wurden zerstört, ihre Prediger mussten Frankreich verlassen oder wurden getötet. Unter großer Lebensgefahr gelang etwa 200 000 Hugenotten die Flucht. Sie fanden vor allem in der Schweiz, in Holland, in England und in Brandenburg eine neue Heimat.

**Ein einziger Glaube**

**Soldaten für den König**

Ludwig XIV. wollte seinen Staat zum mächtigsten Staat in Europa machen. Dazu brauchte er ein schlagkräftiges Heer. Bisher bestand das französische Heer aus einzelnen Armeen von Landsknechten, die von ihren Offizieren angeworben und auch bezahlt wurden. Diese Söldner dienten deshalb vor allem ihren Offizieren. Nun wurden die Soldaten aus der Staatskasse bezahlt, sie bekamen Uniformen und eine einheitliche Ausrüstung. Auch in Friedenszeiten blieben die Soldaten im Dienst des Königs. Als „stehendes Heer" waren sie in Kasernen untergebracht und mussten immer wieder an Manövern teilnehmen. Sie wurden auch als Arbeiter eingesetzt, z. B. beim Bau des Schlosses von Versailles oder zur Durchsetzung der königlichen Gesetze und Befehle in den Provinzen, z. B. bei der Verfolgung der Hugenotten.

**Geld für den König**

Für Versailles, für die Verwaltung des Königreiches, für das stehende Heer und für seine Kriegszüge benötigte Ludwig XIV. beträchtliche Geldmittel. Als Einnahmen standen dem Staat vor allem die Steuern der Bürger und Bauern zur Verfügung. Eine Erhöhung der Steuereinnahmen schien kaum möglich, denn um Wirtschaft und Handel in Frankreich stand es schlecht. Im Inneren behinderten der Zustand der Straßen und die vielen Zollstellen an den Flüssen, zwischen den Städten und zwischen den Provinzen den Handel. Und den Seehandel beherrschten die Holländer. Ihre Schiffe transportierten Rohstoffe und einfache Waren aus Frankreich ins Ausland und brachten verfeinerte Waren (Fertigwaren) zurück. Diese Fertigwaren verkauften sie mit Gewinn oder tauschten sie wieder gegen Rohstoffe und einfache Waren ein.

Ludwig XIV. machte den bürgerlichen Jean-Baptiste Colbert zum „Generalkontrolleur der Finanzen". Colbert gilt als der Erfinder des „Merkantilismus". Durch eine Reihe von Maßnahmen belebte er die französische Wirtschaft, erhöhte die Steuerkraft und damit die Einnahmen des Staates:

– An den Grenzen wurden Schutzzölle erhoben, d. h. Gebühren für die Einfuhr ausländischer Fertigwaren und die Ausfuhr einheimischer Rohstoffe. Dadurch wurden die ausländischen Fertigwaren teurer, und es gab mehr Rohstoffe für die Produktion in französischen Werkstätten und Betrieben.
– Staatliche und private Manufakturen wurden errichtet, alte Manufakturen wurden neu organisiert. Sie stellten bald preiswerte Waren von guter Qualität her, aber auch Luxuswaren mit hohem Gewinn wie Möbel, Gläser und Spiegel, Wandteppiche und Porzellan.
– Der Ausbau der Straßen und Wasserwege sowie der Abbau der Zollstellen innerhalb Frankreichs brachten den Handel neu in Gang.
– Colbert sorgte auch für den Bau vieler Handelsschiffe und einer starken Kriegsflotte. Französische Schiffe transportierten nun die in Frankreich hergestellten Waren.
– Ein weiteres Ziel Colberts war die Beschaffung billiger Rohstoffe. Deshalb unterstützte er die Gründung französischer Kolonien. So reichte zum Beispiel die Kolonie „Neufrankreich" bald vom Sankt-Lorenz-Strom im heutigen Kanada bis zum Mississippi in den heutigen USA.

**M 4 Colbert** (Skulptur in der Nationalversammlung in Paris)

## Absolutismus

Mit diesem Wort bezeichnet man jene Herrschaftsform, die in Europa im 17. und 18. Jahrhundert vorherrschte. Der Fürst ist oberster Gesetzgeber und oberster Richter. Er ist „legibus solutus", d. h. unabhängig von den menschlichen Gesetzen.

## Stehendes Heer

Darunter versteht man ein Heer, das nicht erst für einen bestimmten Kriegszug aufgestellt wird, sondern ständig zur Verfügung steht. Dies erfordert eine entsprechende Unterbringung, Verpflegung und Bezahlung der Soldaten.

**M 5  Eine „Manufaktur" für Spielkarten in Paris** (1680)
Die Bezeichnung geht zurück auf lat. „manufacere", mit der Hand machen. Sieben verschiedene Arbeitsgänge sind dargestellt: schneiden, trocknen, färben, zeichnen, drucken, sortieren, glätten. Für jeden Arbeitsgang sind andere Arbeiter zuständig. Es handelt sich um eine „arbeitsteilige Produktion". Jeder verrichtet immer die gleiche Tätigkeit. Ordne die genannten Arbeitsgänge entsprechend zu.

**M 6 Ludwig XIV. in Versailles**
a) *Der Italiener Primo Visconti, der zehn Jahre lang (1673–1683) am Hof des französischen Königs lebte, schildert den Tagesablauf:*
In seiner Lebensführung ist er sehr geregelt; er erhebt sich stets um acht Uhr morgens, bleibt im Rat von zehn bis zehneinhalb Uhr, wonach er dann zur Messe geht, dies immer in Gesellschaft seiner Familie, mit der Königin. Um ein Uhr nachmittags, nachdem er die Messe gehört hat, besucht er bis zwei Uhr die Favoritinnen, wonach er diniert, dies stets öffentlich und in Gesellschaft der Königin. Im weiteren Tagesverlauf geht er zur Jagd oder zur Promenade; meistens hält er jedoch noch Rat. Von Beginn der Dämmerung bis zehn Uhr abends unterhält er sich mit den Damen oder spielt oder geht zur Komödie oder zum Ball. Um elf Uhr, nach dem Souper, begibt er sich abermals in die Gemächer der Favoritinnen. Er schläft stets im Schlafgemach der Königin.
*Nach: Der Hof Ludwigs XIV. in Augenzeugenberichten. Düsseldorf 1964, S. 148.*

b) *Der kritische Schriftsteller Jean de La Bruyère beschreibt die tägliche Messe in der Schlosskapelle:*
Die Großen der Nation versammeln sich jeden Tag zu festgesetzter Stunde in einem Tempel, den sie Kirche nennen; im Hintergrund dieses Tempels befindet sich ein Altar, der ihrem Gott geweiht ist und an dem ein Priester die Mysterien (Geheimnisse) feiert, die sie heilig, geweiht und furchtbar nennen; die Großen bilden einen Kreis am Fuße dieses Altars und stehen aufrecht, mit dem Rücken zum Priester und den heiligen Mysterien gewandt und die Gesichter zu ihrem König erhoben, den man auf einer Tribüne kniend sieht und dem sie ganz ihren Geist und ihr Herz zuzuwenden scheinen.
*Nach: Der Hof Ludwigs XIV. in Augenzeugenberichten. Düsseldorf 1964, S. 146.*

**M 7 Ludwig XIV. als Herrscher**
a) *J. B. Bossuet, Bischof und Berater Ludwigs XIV., über den Absolutismus des Sonnenkönigs:*
Die Fürsten handeln als Gottes Diener und Statthalter auf Erden. Durch sie übt Gott seine Herrschaft aus. Deshalb ist der königliche Thron nicht der Thron eines Menschen, sondern Gottes selber. Die königliche Gewalt ist absolut. Der König braucht niemandem Rechenschaft abzulegen über das, was er befiehlt. Aus alledem ergibt sich, dass die Person der Könige geheiligt ist. Kommt ihre Gewalt von oben, so dürfen sie doch nicht glauben, sie seien Herren über sie. Gott wird Rechenschaft von ihnen fordern. Niemand kann daran zweifeln, dass der ganze Staat in der Person des Fürsten verkörpert ist. Man muss den Dienst, den man dem Fürsten schuldet, und den, den man dem Staat schuldig ist, als untrennbare Dinge ansehen.
*Nach: Geschichte in Quellen, Bd. 3. München 1976, S. 451.*

b) *Der Herzog von Saint-Simon (1675–1755), seit 1691 am Hofe Ludwigs, schreibt in seinen Erinnerungen über den König:*
In allem liebte er Glanz, Verschwendung, Fülle. Es war wohlberechnet, dass die Sucht, ihm hierin nachzueifern, in jeder Weise begünstigte. Wer alles draufgehen ließ für Küche, Kleidung, Wagen, Haushalt und Spiel, der gewann sein Wohlwollen. Indem er so den Luxus gewissermaßen zur Ehrensache und für manche zur Notwendigkeit machte, richtete er nacheinander alle zugrunde, bis sie schließlich einzig und allein von seiner Gnade abhingen.
*Nach: Geschichte in Quellen, Bd. 3. München 1976, S. 432.*

**M 8 Colberts Grundsätze und Vorschläge**

*Aus einer Denkschrift, die Colbert im Jahr 1664 an den König richtete:*

Ich glaube, man wird darin einig sein, dass es allein der Reichtum an Geld ist, der die Unterschiede an Macht zwischen den Staaten begründet. Es ist sicher, dass jährlich aus Frankreich einheimische Erzeugnisse von
5 sehr großem Wert für den Verbrauch im Ausland hinausgehen. Das sind die Goldminen unseres Königreiches, um deren Erhaltung wir uns sorgfältig bemühen müssen. Je mehr wir die Handelsgewinne, die die Holländer uns mit ihren Schiffen abnehmen, je mehr wir
10 auch den Verbrauch der von den Holländern eingeführten Waren verringern können, desto mehr vergrößern wir die Menge des hereinströmenden Bargeldes und vermehren wir die Macht des Staates. Durch die Manufakturen wird sicherlich eine Million zurzeit ar-
15 beitsloser Menschen ihren Lebensunterhalt gewinnen. Eine ebenso beträchtliche Anzahl wird in der Schifffahrt und in den Seehäfen Verdienst finden, und die fast unbegrenzte Vermehrung der Schiffe wird Größe und Macht des Staates vermehren. Als Mittel, diese
20 Ziele zu erreichen, schlage ich vor: Die Kaufleute sollten in allen Angelegenheiten ihres Handels unterstützt werden. Es sollte jährlich eine große Summe für die Wiederherstellung der Manufakturen und die Förderung des Handels ausgeworfen werden. In der glei-
25 chen Weise für die Schifffahrt: Zahlungen an alle, die neue Schiffe kaufen oder bauen oder große Handelsreisen unternehmen. Die Landstraßen sollten ausgebessert, die Zollstationen an den Flüssen aufgehoben werden. Man bemühe sich unablässig, die Flüsse im In-
30 neren Frankreichs schiffbar zu machen.

*Nach: Geschichte in Quellen, Bd. 3. München 1976, S. 448.*

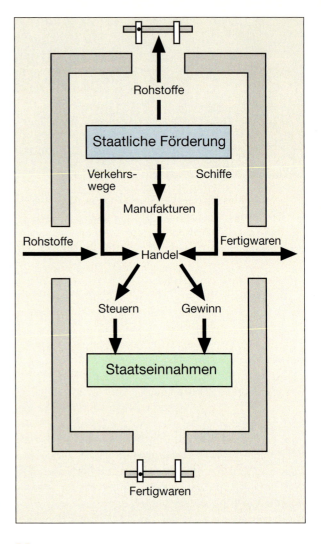

**M 9** Maßnahmen und Ziele des „Colbertismus"

### Merkantilismus

Diese Form einer vom Staat gelenkten Wirtschaft nannte man zunächst „Colbertismus", dann „Merkantilismus". Die Bezeichnung kommt von dem lateinischen Wort für einen Handelstreibenden (mercans), denn das wichtigste Ziel des Merkantilismus war der Gewinn durch Handel. Colberts Bemühen, Frankreichs Macht durch eine blühende Wirtschaft zu stärken, blieb auf die Dauer erfolglos. Ludwig XIV. verbrauchte mehr Geld, als Colbert beschaffen konnte.

### Fragen und Anregungen

1. In welcher Weise versuchte Ludwig XIV. seine absolute Herrschaft durchzusetzen?

2. Fasse Grundsätze und Maßnahmen des „Colbertismus" zusammen und erläutere das Schaubild. (M4, M8, M9)

3. Erläutere, warum die Manufakturen preiswerte Waren von guter Qualität herstellen konnten. (M5)

# Textquellen befragen

Unser Beispiel ist ein Brief. Am 13. Juni 1673 sandte Colbert (Abb. links; vgl. S. 168) den folgenden Brief an Frontenac (rechts unten), den Gouverneur der neuen Kolonie und Provinz Neu-Frankreich in Kanada:

*Die Versammlung und die Einteilung in drei Ordnungen oder Stände, die Sie für alle Bewohner des Landes eingeführt haben, um diese den Treueid ablegen zu lassen, konnte für jenen Augenblick eine gute Wirkung erzielen, aber es ist angebracht, dass Sie – da Sie immer in der Regierung und bei der Leitung dieses Landes den hier üblichen Formen folgen müssen und da die Könige es seit langem als nützlich für ihr Amt angesehen haben, die Generalstände ihres Königreiches nicht zu versammeln, um vielleicht nach und nach diese alte Form zu zerstören – darauf achten, dass Sie den Bewohnern des erwähnten Landes diese Form auch nur sehr selten und besser gesagt niemals geben dürfen. Und nach einiger Zeit, wenn die Kolonie noch stärker sein wird, als sie es jetzt ist, muss sogar nach und nach der Syndikus, der Klagen im Namen aller Bewohner vorbringt, verschwinden, denn es ist gut, dass jeder für sich spricht und keiner für alle.*

Nach: Lacoursière, Jacques: Histoire populaire du Québec. Bd. 1, 1995, S. 151.

## Methodische Arbeitsschritte:

Hier sind einige Fragen, die du an einen Brief als Textquelle stellen kannst:
1. Wer sind der Absender und der Empfänger des Briefes? Welche Stellung bzw. Bedeutung haben sie?
2. Erfahre ich etwas über den Anlass des Briefes?
3. Geht der Absender auf diesen Anlass näher ein? Wenn ja, in welcher Weise?
4. Bringt der Absender Bitten vor oder erteilt er Ratschläge oder Befehle? Wenn ja, welche? Begründet er sie? Wie?
5. Spiegelt der Brief die Zeit wider, in der er verfasst wurde?

Fasse nun deine Antworten schriftlich in einem kurzen Text zusammen, mit dem du diese Textquelle erklärst.

Zum besseren Verständnis des Textes:

**Generalstände**
In Frankreich die Versammlung der Vertreter des Adels, der Geistlichkeit und des Dritten Standes mit dem Recht der Steuerbewilligung.

**Syndikus**
Amt, dessen Inhaber vor allem juristische Aufgaben in einer Gemeinde wahrnimmt.

# 2. Von der französischen Vorherrschaft zum europäischen Gleichgewicht

| | |
|---|---|
| 1667–1697 | Frankreich erweitert vor allem im Norden und Osten seine Grenzen. |
| Ab 1701 | Im spanischen Erbfolgekrieg kämpfen Frankreich und Österreich um die spanische Krone. |
| 1713 | Im Friedensvertrag von Utrecht wird der Grundsatz des Gleichgewichts der Mächte auf dem europäischen Kontinent formuliert. |

**M 1 Ludwig XIV. siegt über die Feinde Frankreichs**
(Darstellung an einem Kamin im Schloss von Versailles)
Ludwig XIV. träumte vom Ruhm durch militärische Siege. Sie sollten beweisen, dass sein Anspruch, „der größte König der Welt" zu sein, berechtigt war. Bis 1693 führte er selbst immer wieder seine Armeen an. Am Ende seines Lebens aber bekannte er: „Ich habe den Krieg zu sehr geliebt."

**Frankreich strebt nach Hegemonie**

Ludwig XIV. wollte für sich und sein Königreich die Vorherrschaft (Hegemonie) in Europa. Frankreich schien dafür gut gerüstet. Mit etwa 23 Millionen Einwohnern war es bei weitem der bevölkerungsreichste Staat Europas. Das französische Heer war das größte und stärkste Europas. Der Bedrohung durch die Habsburger, die im Süden (Spanien), im Norden (spanische Niederlande) und im Westen (Österreich) herrschten und Frankreich zu umklammern schienen, hatte sich durch die Heirat Ludwigs XIV. mit der Tochter des spanischen Königs etwas gemildert.

Die Habsburger stellten weiterhin den Kaiser, aber dessen Soldaten kämpften im Osten gegen das Osmanische Reich der Türken, die 1683 sogar Wien bedrohten. Die Staaten des Reiches waren durch den Dreißigjährigen Krieg geschwächt. Die Situation war günstig für die Pläne des französischen Königs. Unter dem Vorwand, das Erbe seiner spanischen Gemahlin zu sichern, griff Ludwig XIV. zunächst die spanischen Niederlande an, dann die Republik der Niederlande. Diese Kriegszüge brachten Frankreich Gewinne an den Grenzen im Norden (Flandern) und im Osten (Burgund, Elsass). 1681 besetzte Ludwig XIV. sogar die Freie Reichsstadt Straßburg, wenige Jahre später – wieder dienten ihm angebliche Erbansprüche, diesmal seiner deutschen Schwägerin Liselotte von der Pfalz, als Vorwand – besetzten und verwüsteten französische Soldaten die Pfalz. Entlang der Grenzen ließ Lud-

**M 2 Die Eroberungen Ludwigs XIV.**

172

wig XIV. durch seinen Festungsbaumeister Vauban 200 Festungen ausbauen und 33 neue Festungen errichten, zum Beispiel Neuf-Brisach (Neubreisach) im Elsass. Diese Festungen erfüllten zwei Aufgaben: Einerseits schützten sie Frankreich gegenüber eindringenden Armeen, andererseits banden sie durch die schwierige Belagerung feindliche Streitkräfte, während die Soldaten Ludwigs XIV. irgendwo anders kämpften.

**Das große spanische Erbe**

Durch seine Angriffskriege und militärischen Vorbereitungen wollte Ludwig XIV. auch seine Position für den erwarteten Erbfall in Spanien stärken. Der spanische König, ein Habsburger, war krank, er hatte keine Nachkommen. Aufgrund der Verwandschaftsverhältnisse konnten sich drei Herrscherfamilien Hoffnungen auf den spanischen Thron machen: die französischen Bourbonen, die österreichischen Habsburger und in geringerem Maße die bayerischen Wittelsbacher. Der spanische Thron, das bedeutete einen unermesslichen Machtzuwachs für den Erben: Spanien, die spanischen Niederlande, Mailand, Neapel, Sardinien, Sizilien und die Kolonien in Mittel- und Südamerika. England und die Vereinigten Niederlande (Holland) versuchten, den drohenden Machtzuwachs für einen der möglichen Erben zu verhindern. Sie betrieben eine Aufteilung des spanischen Erbes auf alle Erbberechtigten. Der spanische König allerdings wollte eine Aufteilung nicht und bestimmte 1698 den sechsjährigen Sohn des bayerischen Kurfürsten Max Emanuel zum alleinigen Erben. Doch dieser starb schon ein Jahr später.

**Kampf um das große spanische Erbe**

Im November 1700 starb auch der spanische König. Kurz vorher hatte er in einem neuen Testament Philipp, einen Enkel Ludwigs XIV., zum Alleinerben erklärt. Ludwig XIV. erkannte dieses Testament natürlich an. Die Habsburger lehnten es ab, da sie dadurch nach fast 200-jähriger Herrschaft in Spanien praktisch enterbt wurden. England und Holland waren nur dann bereit, den neuen spanischen König Philipp V. zu akzeptieren, wenn er auf alle Ansprüche auf den französischen Thron verzichtete. Und so kam es zum Krieg: Auf der einen Seite Frankreich, dem sich die von den Wittelsbachern regierten Kurfürstentümer Bayern und Köln anschlossen, auf der anderen Seite eine „Große Allianz" aus Österreich, England, Holland, Portugal und Savoyen. Zu einer ersten entscheidenden und blutigen Schlacht kam es im Jahre 1704 bei Höchstädt an der Donau (Nähe Dillingen). Die Truppen der Großen Allianz unter dem englischen Herzog von Malborough und dem österreichischen Heerführer Prinz Eugen von Savoyen besiegten das französisch-bayerische Heer, das der französische Marschall Tallard und Kurfürst Max Emanuel befehligten. Die Kämpfe dauerten noch fast zehn Jahre an, wobei Frankreich immer mehr in die Defensive geriet. Eine Wende kündigte sich an, als der österreichische Erbberechtigte Karl 1711 auch die Nachfolge seines Bruders als Kaiser antrat. England befürchtete nun eine Wiederherstellung des Weltreiches Karls V. Die Große Allianz zerbrach. In Geheimverhandlungen suchte England nun einen Ausgleich mit Frankreich auf der Grundlage seiner Aufteilungspläne für das spanische Erbe. Schließlich kam es 1713 in Utrecht zum Friedensvertrag zwischen England/Holland und Frankreich, durch den vor allem ein gemeinsames Königtum Frankreich-Spanien verhindert wurde. Ein Jahr später folgte der Friedensvertrag zwischen Frankreich und Österreich. Der eigentliche Sieger in diesem langwierigen Krieg war England: Es hatte die Hegemonie Frankreichs wie auch Österreichs auf dem europäischen Kontinent verhindert und für ein annäherndes Gleichgewicht der Mächte gesorgt.

**M 3** Die Festung Neuf-Brisach im Elsass

**M 4** Europa zur Zeit des Spanischen Erbfolgekrieges

Legend:
- Frankreich und Verbündete im Reich
- Die „Große Allianz" gegen Frankreich

Das umstrittene spanische Erbe
- 1714 an den Bourbonen Philipp V.
- 1714 an Österreich (Sizilien an Savoyen, Gibraltar, Menorca an Großbritannien)
- Eroberungen Frankreichs 1648 – 1697
- X Kriegsschauplätze

0 — 500

## Hegemoniestreben

Das Wort „Hegemonie" ist griechischen Ursprungs und bedeutete „Oberbefehl". Hegemoniestreben meint heute den Versuch eines Staates, die Vorherrschaft oder das Übergewicht gegenüber den anderen Staaten in einem bestimmten Gebiet zu gewinnen.

## Gleichgewichtspolitik

Es ist der Grundsatz der englischen Außenpolitik seit dem 18. Jahrhundert. Die „balance of power" strebt eine gleichmäßige Verteilung der Macht auf mehrere Festlandstaaten Europas an. England übernahm dabei die Rolle eines Schiedsrichters.

## M 5 Europäisches Gleichgewicht

*Aus dem Friedensvertrag von Utrecht zwischen Frankreich und England am Ende des Spanischen Erbfolgekrieges 1713:*

Zur Herstellung eines Gleichgewichtes zwischen den Mächten und um zu verhindern, dass dieses erstrebte Gleichgewicht durch Vereinigung mehrerer Mächte zu einer einzigen Macht zugunsten einer einzigen Macht und zum Nachteil der anderen Mächte gestört wird, ist 5 auf Antrag und durch Zureden von England vereinbart worden, dass zur Verhinderung einer Vereinigung dieses Königreiches (Spanien) mit demjenigen von Frankreich auf das Erbrecht (des spanischen Königs) in Frankreich Verzicht geleistet werde. 10

*Guggenbühl/Huber: Quellen zur Geschichte der Neueren Zeit. Zürich 1956, S. 222.*

## Fragen und Anregungen

**1** Welche Ziele verfolgten die Eroberungen Ludwigs XIV. vor dem Spanischen Erbfolgekrieg? (VT, M2)

**2** Erkläre, inwiefern die Bestimmungen des Utrechter Friedensvertrages die englische Gleichgewichtspolitik widerspiegeln. (VT, M4, M5)

**3** Erläutere die Bedeutung der Erwerbungen Englands am Mittelmeer und in Nordamerika. (M4, Atlas)

# 3. Der Blaue Kurfürst: Bayern im Zeitalter des Absolutismus

| | |
|---|---|
| 1679–1726 | Kurfürst Max Emanuel versucht, durch Beteiligung an europäischen Kriegen eine Königskrone zu erwerben und nach dem Beispiel Ludwigs XIV. zu regieren. |
| 1720–1744 | Balthasar Neumann erbaut für die Fürstbischöfe von Würzburg die Würzburger Residenz. |

**M 1** Kurfürst Max Emanuel
Er wollte der Sonnenkönig Bayerns sein.

**Eine Königskrone für Bayern?**

Kurfürst Max Emanuel war ein Zeitgenosse Ludwigs XIV. Von 1679 bis 1726 herrschte er absolutistisch über Bayern. Zwei Ziele bestimmten sein Handeln: Er wollte Ruhm für sich und eine Königskrone für die Wittelsbacher erlangen. Als 18-Jähriger übernahm Max Emanuel die Regierung. Er sorgte sofort für den Ausbau des bayerischen Heeres. Viele Jahre kämpfte er dann an der Seite des Kaisers gegen die Türken, die 1683 Wien bedrohten. Fünf Jahre später eroberte er an der Spitze seiner Soldaten die Stadt Belgrad, die seit mehr als 150 Jahren in der Hand der Türken war. Sein Mut und seine Erfolge auf dem Schlachtfeld machten ihn überall bekannt. Aufgrund seiner Kleidung wurde Max Emanuel nun der „Blaue Kurfürst" genannt.
Der Kaiser gab dem bayerischen Kurfürsten seine Tochter zur Frau. Für die Nachkommen aus dieser Ehe bestand Aussicht auf eine Königskrone. Denn die Kurfürstin war die nächste Verwandte des kinderlosen spanischen Königs. Zunächst wurde Max Emanuel Statthalter in den spanischen Niederlanden. 1698 wurde sein kleiner Sohn zum künftigen König Spaniens bestimmt. Doch er starb schon drei Monate später.

**Bayern wird zum Opfer fürstlichen Ehrgeizes**

Als es nach dem Tod des spanischen Königs zum Krieg um das Erbe kam, schloss Max Emanuel ein Bündnis mit Ludwig XIV. Im Falle eines Sieges gegen Österreich und England sollte er dafür die spanischen Niederlande als eigenes Königreich erhalten. Doch schon in der ersten großen Schlacht, bei Höchstädt an der Donau, wurde der Kurfürst besiegt. Er musste Bayern aufgeben, das nun zehn Jahre lang von österreichischen Soldaten besetzt war.
Truppenaushebungen und Tributzahlungen für die weitere Kriegsführung Österreichs lasteten auf dem Volk. Dagegen erhoben sich Bauern in Ober- und Niederbayern. Die Aufständischen wurden bei Sendling vor den Toren Münchens und bei Aidenbach (nahe Vilshofen) von den österreichischen Soldaten niedergemetzelt. Der Kurfürst, der sich in die spanischen Niederlande zurückgezogen hatte, wurde auch dort vertrieben und lebte dann im Exil in Frankreich. Doch auch hier gab er

175

**M 2 Schloss Nymphenburg zur Zeit Max Emanuels**
(Bernardo Belotto, genannt Canaletto, 1761)
Die jahrelangen Kriege gegen die Türken und dann der Krieg um das spanische Erbe hatten die Staatskasse Bayerns geleert. Trotzdem unternahm Max Emanuel noch große Bauarbeiten. So wurde das Schloss Nymphenburg vor den Toren der Hauptstadt München ausgebaut. Und im Norden Münchens wollte der Kurfürst das bayerische Versailles errichten: das Schloss Schleißheim, das jedoch nie vollendet wurde.

seine ehrgeizigen Pläne nicht auf. Er strebte nun nach einem Königtum im habsburgischen Neapel oder in Mailand, wofür er Bayern an Österreich abtreten wollte. Die Großmächte aber hatten ein anderes Interesse: Das sich entwickelnde Gleichgewicht der Mächte in Europa ließ eine Vergrößerung Österreichs nach Westen nicht zu. 1715 kehrte der Kurfürst nach München und Bayern zurück.

**Bayerischer Merkantilismus**

Für seine ehrgeizigen Pläne brauchte Max Emanuel Geld. Der Aufbau von Manufakturen sollte die meist leeren Staatskassen auffüllen. Doch es fehlte an Kapital zur nötigen Anfangsförderung, sodass die meisten dieser Unternehmen wieder geschlossen werden mussten. Gegründet wurden u. a. eine Textilmanufaktur in der Au bei München, eine Eisendrahtmanufaktur in Rosenheim und die bis heute bestehenden Wandteppich- und die etwas später gegründeten Porzellanmanufakturen in Nymphenburg.

**Residenzen und Klöster in Franken und Schwaben**

Auch in den militärisch völlig unbedeutenden geistlichen und weltlichen Kleinstaaten des Reiches strebten die Herrscher danach, sich bleibenden Ruhm zu erwerben. Prächtige Residenzen, Klöster und Kirchen entstanden. Besonders in den geistlichen Territorien Frankens und den Klosterherrschaften Schwabens konnten sich abseits der großen Politik alle Kräfte auf die Kunst konzentrieren. Bischöfe und Äbte wetteiferten als Bauherren wie die Könige auf den Schlachtfeldern. Man setzte alles ein, was Architektur, Malerei und Bildhauerei boten, und stellte es in den Dienst der Verehrung Gottes und der Erhöhung der eigenen Stellung. Vor allem die Familie der Grafen von Schönborn, die in Franken über mehrere Generationen die Bischofsstühle besetzte, tat sich hier hervor.

## M 3 Der Kurfürst und seine Untertanen

*Beim Aufstand der Bauern gegen die österreichische Besetzung wurden allein in Sendling 1100 Bauern niedergemacht. Max Emanuel schrieb an seine Frau:*
Um das Volk niederzuhalten, dringen Truppen von allen Seiten in Bayern ein, das Land ist verloren, dieser Schlag setzt dem Unglück die Krone auf. Dennoch kann ich Ihnen aufrichtig erklären, dass ich niemals
5 von der Erhebung etwas wusste, noch in irgendeiner Verbindung damit stand, ich kenne nicht einmal die Häupter des Aufstandes und wer das Ganze in Szene gesetzt. Ich habe diesen Handel immer als einen unsicheren betrachtet; jedenfalls durfte er nicht um diese
10 Zeit angefangen werden.

*Nach: Bayer, Erich: Quellen zur deutschen Geschichte. Frankfurt am Main 1961, S. 63.*

## M 4, M 5 Der Bischof und seine Residenz

Bischof Friedrich Karl von Schönborn ließ die Würzburger Residenz vollenden. Den Abschluss des größten Gemäldes der Welt (600 m$^2$) an der Decke des Treppenhauses, ein Werk des Italieners Tiepolo, erlebte er nicht mehr.

### Fragen und Anregungen

① Beurteile das Verhältnis Max Emanuels zu seinen Untertanen. (VT, M3)

② Beschreibe das Leben auf Schloss Nymphenburg (M2). Welche Vergnügungen sind dargestellt? Beschreibe die Kleidung der dargestellten Personen und die Parkanlage.

# Bauwerke zum Sprechen bringen

Du hast schon erfahren, dass Bauwerke – Kirchen, Schlösser, ja einfache Wohnhäuser – nicht willkürlich errichtet werden. Planung und Ausführung erfolgen unter bestimmten Voraussetzungen: Anpassung an örtliche Gegebenheiten wie Gelände und benachbarte Bauwerke, technische Möglichkeiten, verfügbare Geldmittel und Bestimmung des Bauwerks, seine Funktion. Und deshalb können Bauwerke zu uns sprechen. Durch eine genauere Betrachtung können wir Rückschlüsse auf das Denken des Bauherrn ziehen.

Wir tun dies nun, indem wir zwei königliche Residenzen vergleichen. In beiden Fällen konnte der Bauherr – ein König – die technischen Möglichkeiten der Zeit voll einsetzen. Er verfügte über das nötige Geld, und auch die örtlichen Gegebenheiten waren eher günstig, da beide Residenzen im freien Gelände, außerhalb der nahen Hauptstadt, errichtet wurden. Damit tritt die Funktion dieser Bauwerke als königliche Residenzen in den Vordergrund. Wir fragen: Was erzählen uns diese beiden Bauwerke über das Denken der Bauherren als Könige?

**M 1 Eine königliche Residenz in Spanien**
Von 1563 bis 1584 ließ der spanische König Philipp II. in der Nähe von Madrid eine neue Residenz errichten: den Escorial.

**Methodische Arbeitsschritte:**
1. Zeichne einen einfachen Grundriss der Anlage.
2. Welche Einzelteile erscheinen dir charakteristisch für die Anlage?
3. Was dachte der königliche Bauherr Philipp II. von seiner Stellung als König?

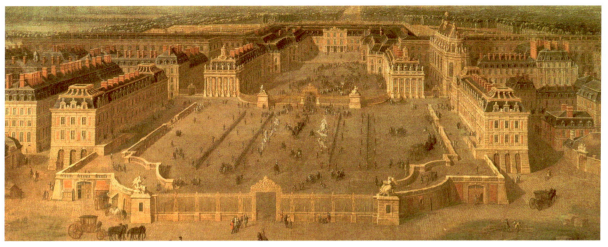

**M 2 Eine königliche Residenz in Frankreich**
Von 1661 an ließ der französische König Ludwig XIV. in der Nähe von Paris eine neue Residenz errichten: das Schloss von Versailles.

**M 3 Grundriss Versailles**

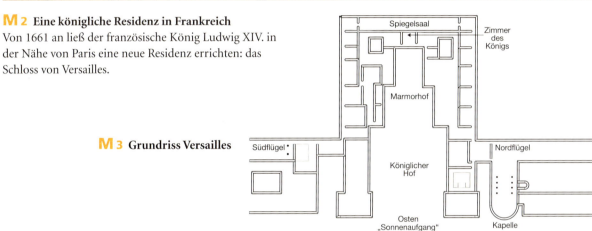

## Methodische Arbeitsschritte:

1. Vergleiche den Grundriss des Schlosses von Versailles mit dem Grundriss des Escorial. Welche Unterschiede stellst du fest?
2. Was sagt uns die Anlage von Versailles über das Denken Ludwigs XIV. von seiner Stellung als König?
3. Nimm nun ein Blatt Papier und schreibe eine Zusammenfassung mit der Überschrift: „Zwei königliche Residenzen". Verwende dabei die kurzen Texte und die Fragen zu den Abbildungen sowie deine Antworten darauf. Einen Lösungsvorschlag (nur zur Kontrolle) findest du unten in dem Kasten.
4. Nun bist du gut vorbereitet für einen kurzen Vortrag zu dem Thema „Wenn Bauwerke zu uns sprechen".

### Zwei königliche Residenzen:

Der von dem spanischen König Philipp II. nach 1560 erbaute Escorial hat ein geschlossenes Viereck als Grundriss. Im Zentrum der Anlage steht eine große Kirche. An jeder der vier Ecken steht ein Turm. Im Denken Philipps II. von seiner Stellung als König nahm Gott bzw. der Glaube den wichtigsten Platz ein. Er sah sich als König immer im Dienste Gottes und als Verteidiger des Glaubens.

100 Jahre später erbaute der französische König Ludwig XIV. das Schloss von Versailles. Der Grundriss zeigt ein offenes Viereck. In der Mitte befindet sich keine Kirche, sondern das Zimmer des Königs. Im Denken Ludwigs XIV. nahm also der König selbst den wichtigsten Platz ein. Er trat an die Stelle Gottes. Er ist der Mittelpunkt, das Zentrum der Anlage.

# 4. Im Glanz des Barock

**M 1 Musizierende Engel in einer Kirche**
Festlich frohe Musik in prächtigen Schlössern und Kirchen – der Barock ist Ausdruck der Lebensfreude nach einer leidvollen Zeit.

**Schlösser spiegeln die fürstliche Macht**

Nach dem Dreißigjährigen Krieg gab es im deutschen Reich ungefähr 360 selbstständige Länder und Ländchen. Deren Herrscher wetteiferten oft mit dem bewunderten Glanz des Sonnenkönigs. So entstanden überall in Deutschland beeindruckende Schlossanlagen. Die Schlösser wurden in einem neuen Stil, dem Baustil des Barock, errichtet. Die Bezeichnung kommt von dem portugiesischen Wort „barocco", dem Namen für eine unregelmäßige, ovale Perle. Ovale und runde Formen wurden nun häufig verwendet, z. B. bei der Gestaltung der Fenster und bei den reichen Verzierungen an Wänden und Decken. Diese kunstvollen Verzierungen aus gipsartigem Material nannte man Stuck. Leuchtende Farben bei den Wand- und Deckengemälden, Goldverzierungen, weite und hohe Räume sind weitere Kennzeichen des barocken Baustils. Die Umgebung des Schlosses wurde zu einem künstlichen Park umgestaltet, in dem wir die barocken Formen wiederfinden. Die Blumen wurden zu Figuren und Bildern angeordnet, die Büsche und Bäume regelmäßig geschnitten, um eine bestimmte Form zu behalten. Springbrunnen stießen ihren Wasserstrahl in die Luft, Kanäle durchzogen den weiten Park, das nötige Wasser wurde oft von weit herangeführt. Der künstliche Park sollte sichtbar machen, dass sich auch die Natur dem Willen des Fürsten beugen muss.

**Kirchen für ein gläubiges Volk**

Die Zeit des Barock war in Deutschland auch die Zeit des Wiederaufbaus und der Lebensfreude nach den schrecklichen Erlebnissen des Dreißigjährigen Krieges. In den katholischen Ländern ergriff ein neuer Glaubenseifer das Volk. Überall in Bayern wurden neue Kirchen erbaut oder die alten im Stil des Barock erneuert. Klosterkirchen wie Ottobeuren bei Memmingen und Weltenburg bei Kelheim; Wallfahrtskirchen wie Vierzehnheiligen in Oberfranken, Waldsassen in

**M 2 Dorfkirche von Eresing bei Landsberg**

**M 3 Kloster Ottobeuren**

180

**M 4 Ein Blick ins Innere einer barocken Kirche**
Farbenfrohes, strahlendes Deckengemälde in der Kirche von Dießen am Ammersee

der Oberpfalz, Inchenhofen in Schwaben und die Wieskirche in Oberbayern; schließlich unzählige Dorfkirchen, die man meist schon von weitem an der Zwiebelform ihrer Turmspitze erkennt. Die Frömmigkeit der Bevölkerung bezeugen auch viele Prozessionen und Wallfahrten. An manchen Orten wurden in Erinnerung an das Leiden Christi Passionsspiele aufgeführt, die sich als immer wiederkehrender Brauch bis heute erhalten haben.

Die Fürsten nahmen nicht nur Baumeister in ihre Dienste, sie hatten auch ihre eigenen Musiker und Schauspieler. Die Musiker komponierten Stücke für den Fürsten und spielten bei festlichen Anlässen oder zur Unterhaltung des Fürsten und seiner Gäste. Im prunkvollen Schloss- bzw. Residenztheater oder im Park fanden Theateraufführungen statt. Der König von Preußen, Friedrich II., war ein guter Flötenspieler; er komponierte auch und schrieb Theaterstücke. Andere Fürsten beschäftigten sich mit der Sammlung kostbarer alter Handschriften oder der neuesten Bücher. Jeder Herrscher zeigte sich gerne als Förderer von Kunst und Wissenschaft. So wurden an vielen Orten in Deutschland die fürstlichen Residenzen zu Mittelpunkten des kulturellen Lebens. Seither gilt die kulturelle Vielfalt – die Pflege von Musik, Theater, Malerei und Literatur an vielen Orten, wo früher Residenzen waren – als typisch für Deutschland.

**Fürstenhöfe werden zu Mittelpunkten der Kultur**

Die Umgangsformen und die Art der Kleidung am fürstlichen Hof galten den Adeligen auf dem Lande und den reichen Bürgern der Städte als vorbildlich. So prägten die Fürsten auch den „guten Geschmack": Man ahmte ihre höflichen Begrüßungen nach und ihre vornehme Redeweise mit vielen französischen Ausdrücken, man tanzte wie sie beispielsweise das Menuett. Die Frauen bemühten sich um kunstvolle Frisuren und trugen weite Kleider. Die Männer zeigten sich in Kniehosen, langen Jacken und mit Perücken.

**Vorbild für Adel und Bürgertum**

### M 5  Barocke Kunst auf dem Land

Wenige Kilometer östlich von Donauwörth liegt am Donauhang das kleine Schloss Leitheim. In einem der Räume sind auf einem Deckengemälde die vier Lebensalter dargestellt: Kindheit, Jugend, Elternschaft, Alter.
In den Alpenländern schnitzten Handwerker und Bauern ausdrucksvolle Figuren und Formen in das Holz, so dieser „Fratzenstuhl" aus Tirol.

Sie bemalten die Außenwände ihrer Häuser („Lüftelmalerei"). Sie bemalten aber auch Betten, Schränke, Truhen und viele andere Gegenstände des täglichen Gebrauchs wie diese Spanschachtel aus dem Berchtesgadener Land.

**Aufschwung des Handwerks**

Durch die rege Bautätigkeit blühte in Städten und Dörfern das Handwerk auf. Besonders bekannt wurde das Dorf Wessobrunn bei Weilheim, aus dem hunderte von Stukkateuren – sie fertigten den Stuck zur Ausschmückung der Innenwände und der Decken in Schlössern und Kirchen, aber auch Wohnhäusern – in die Länder Europas zogen. Von der Vielfalt und Kunstfertigkeit der handwerklichen Arbeiten aus der Barockzeit kann man sich noch heute in vielen Heimatmuseen überzeugen.

**Der Preis des Glanzes**

Viele Fürsten waren ständig in Geldnot. Deshalb wurden den Untertanen immer neue Steuern abgepresst. Dies traf die Bauern besonders hart. In manchen Gegenden bedrohten die immer wieder geforderten Steuern, Abgaben und Dienste die bäuerlichen Lebensgrundlagen. Ein zeitgenössischer Beobachter schrieb über die Bauern in Frankreich, man könne „auf dem Lande gewisse scheue Lebewesen erblicken, eins mit der Erde, die sie mit unermüdlicher Hartnäckigkeit durchwühlen und umgraben, und wenn sie sich aufrichten, so zeigen sie ein menschliches Antlitz. Nachts ziehen sie sich in ihre Schlupfwinkel zurück, wo sie ihr Leben von schwarzem Brot, Wasser und Wurzeln fristen." In seiner Geldnot war sogar mancher Fürst dazu bereit, die jungen Männer unter seinen Untertanen als Soldaten an andere Fürsten zu verkaufen.

## M 6  Soldaten für Brillanten

*Im Jahr 1783 schrieb Friedrich Schiller das Drama „Kabale und Liebe". In einer Szene dieses Stücks bringt ein alter Kammerdiener (K) des Herzogs von Hessen der Lady (L) – sie ist die Geliebte des Fürsten – ein Schmuckkästchen:*

K: Seine Durchlaucht der Herzog empfehlen Sich Mylady zu Gnaden und schicken Ihnen diese Brillanten zur Hochzeit. Sie kommen soeben erst aus Venedig.

L: (hat das Kästchen geöffnet und fährt erschrocken zurück): Mensch! Was bezahlt dein Herzog für diese Steine?

K: (mit finsterem Gesicht): Sie kosten keinen Heller.

L: Was? Bist du rasend? Nichts? Nichts kosten ihn diese unermesslich kostbaren Steine?

K: Gestern sind siebentausend Landeskinder nach Amerika fort – die zahlen alles.

L: (legt den Schmuck plötzlich weg, nach einer Pause zum Kammerdiener): Mann, was ist dir? Ich glaube, du weinst?

K: (wischt sich die Augen, mit schrecklicher Stimme, an allen Gliedern zitternd): Edelsteine wie diese da – ich hab auch ein paar Söhne drunter.

L: (wendet sich bebend ab, seine Hand fassend): Doch keinen Gezwungenen?

K: (lacht fürchterlich): O Gott – nein – lauter Freiwillige. Es traten wohl etliche vorlaute Burschen vor die Front heraus und fragten den Obersten, wie teuer der Fürst das Joch (ein Gespann von meist 2 Zugtieren) Mensch verkaufe? – Aber unser gnädigster Landesherr ließ alle Regimenter auf dem Paradeplatz aufmarschieren und die Maulaffen niederschießen. Wir hörten die Büchsen knallen, sahen ihr Gehirn auf das Pflaster spritzen, und die ganze Armee schrie: Juchhe nach Amerika!

L: (fällt mit Entsetzen auf das Sofa): Gott! Gott! – Und ich hörte nichts! Und ich merkte nichts!

Nach: Schillers Werke, Bd. 1. Frankfurt am Main 1966, S. 260 f.

## M 7  Soldat im Quartier (nach 1700)

Die Bauern wurden auch gezwungen, zur Verpflegung und Unterbringung der Soldaten des Fürsten beizutragen.

### LITERATURTIPPS

**Die visuelle Geschichte der Kunst. Gerstenbergs Visuelle Enzyklopädie. Hildesheim: Gerstenberg 2003.**

**Friedrich Schiller: Kabale und Liebe. Ein bürgerliches Trauerspiel in fünf Aufzügen. Ausgew. u. eingel. v. Annegrit Brunkhorst-Hasenclever. Stuttgart, Leipzig: Klett 2003.**

## Fragen und Anregungen

1. Stelle die Kennzeichen des Barock als Baustil zusammen. (VT, M1–M4)

2. Der Barock war nicht nur ein Baustil, sondern auch ein Lebensstil. Erkläre diese Feststellung. (VT, M1, M5)

3. Die jungen Männer, die der Herzog von Hessen als Soldaten verkaufte, zogen nach Amerika (M6). Informiere dich, warum sie in Amerika kämpfen sollten und an wen sie wohl verkauft wurden.

4. Beschreibe die Situation in M7. Verfasst in Partnerarbeit einen Dialog und spielt ihn zusammen nach.

183

# 5. England geht einen eigenen Weg

| | |
|---|---|
| **1642–1648** | Ein Bürgerkrieg tobt zwischen den Anhängern des Parlaments und jenen des Königs. England wird eine Republik. |
| **1649–1660** | In der Zeit der Republik kommt es zur Alleinherrschaft Oliver Cromwells. |
| **1688/89** | Das Parlament ruft Wilhelm von Oranien nach England. König Jakob II. muss fliehen („Glorious Revolution"). Durch einen Beschluss des Parlaments wird Wilhelm König von England. |

**M 1 Elisabeth II., Königin Großbritanniens seit 1952**
Dass England heute noch eine Monarchie ist, geht auch darauf zurück, dass im Zeitalter des Absolutismus England einen anderen, einen eigenen Weg ging.

**Parlament und König**

Im Gegensatz zu Frankreich, wo sich die Macht im Staat immer mehr auf den König allein konzentrierte (Absolutismus), gab es in England seit 1295 ein Parlament. In der Auseinandersetzung mit den Königen hatte es sich vor allem die Mitwirkung bei der Steuererhebung erkämpft. Das englische Parlament gliederte sich in zwei Kammern: das Oberhaus und das Unterhaus. Die Mitglieder des Oberhauses aus dem Hochadel und der Kirche wurden vom König ernannt. Im Unterhaus saßen die Vertreter des niederen Adels und des reichen Bürgertums; sie wurden in den einzelnen Grafschaften Englands von ihresgleichen gewählt. König Karl I. (1625–1649), der auch über Irland und Schottland herrschte, rief zu Beginn seiner Herrschaft noch mehrmals das Parlament zusammen. Doch das Parlament bewilligte seine Steuerforderungen nicht. Karl I. berief es deshalb nicht mehr ein. Von 1629 bis 1640 regierte er mit seinen Ratgebern allein.

**Bürgerkrieg und Hinrichtung des Königs**

In England gab es eine Staatskirche, die anglikanische Kirche, die äußerlich der katholischen Kirche, inhaltlich aber dem evangelischen Glauben nahe stand. Ihr Oberhaupt war der König. Gegen die anglikanische Kirche und damit gegen den König stellten sich die Puritaner, deren Name besagt, dass sie beanspruchten, die reine Lehre des Evangeliums zu vertreten. Neben der anglikanischen Kirche und den Puritanern gab es Katholiken, vor allem in Irland und Schottland. Als nun Karl I. anglikanische Bischöfe in Schottland einsetzen wollte, erhoben sich puritanische und katholische Adelige. Zur Bekämpfung dieses Aufstands brauchte der König die Unterstützung des Parlaments. Dieses forderte dafür die alten Rechte zurück. Karl I. musste notgedrungen einwilligen. Doch das Einverständnis zwischen König und Parlament dauerte nicht lange. Die katholischen Iren wagten ebenfalls einen Aufstand. Karl I. stellte ein neues Heer auf. Die Abgeordneten befürchteten, dass der König diese Soldaten auch gegen das Parlament einsetzen werde. Deshalb rüsteten sie ebenfalls Truppen aus. Und tatsächlich drang der König mit Bewaffneten in das Unterhaus ein, um die Wortführer zu verhaften. Es kam zum Kampf, der bald das ganze Land erfasste. In diesem Bürgerkrieg waren schließlich die Parlamentstruppen unter ihrem Anführer Oliver Cromwell siegreich. Karl I. wurde gefangen genommen und nach einem Prozess hingerichtet.

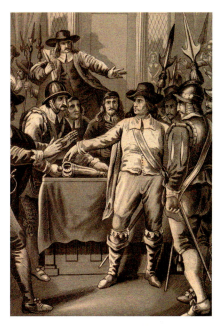

**M 2** Oliver Cromwell im Parlament

Mit dem Tod des Königs im Jahr 1649 war England eine Republik geworden. Das Parlament jedoch hatte nach dem Bürgerkrieg nur noch 90 Mitglieder. Cromwell hatte nämlich über 300 Abgeordnete entlassen, um das Todesurteil gegen den König durchsetzen zu können. Und obwohl Cromwell im Namen des Parlaments gekämpft hatte, maßte er sich immer mehr königliche Rechte an. Er wurde zum Alleinherrscher, der sich vor allem auf seine Soldaten stützte. Mit äußerster Härte achtete er darauf, dass das Volk nach den Vorschriften der puritanischen Kirche lebte. So waren zum Beispiel die meisten öffentlichen Vergnügungen verboten.

Erst nach Cromwells Tod konnte wieder ein Parlament zusammentreten. In der Erinnerung an den Bürgerkrieg und an die Alleinherrschaft Cromwells stimmte es für die Rückkehr zur Monarchie. So bestieg 1660 der Sohn des hingerichteten Königs als Karl II. den englischen Thron. Als er aber Sympathien für die Katholiken zeigte, erzwang das Parlament ein Gesetz, das Katholiken von wichtigen Staatsämtern ausschloss. Trotzdem folgte auf Karl II. sein katholischer Bruder Jakob II. Dieser unterstützte offen seine Glaubensbrüder, wenn sie in höhere Stellungen gelangen wollten. Und als ihm ein Sohn geboren wurde, da schien eine katholische Monarchie im anglikanisch-puritanischen England auf Dauer gesichert. Das aber wollte das Parlament nicht hinnehmen und bot im Geheimen dem protestantischen Statthalter der Niederlande, Wilhelm von Oranien, die englische Krone an. Wilhelm von Oranien war mit der Tochter Jakobs II. verheiratet. Als er mit 15 000 Mann in England an Land gegangen war, floh der König, sein Schwiegervater, nach Frankreich.

Das entschlossene Vorgehen des Parlaments und der unblutige Verlauf der Ereignisse veranlassten Zeitgenossen dazu, von der „Glorreichen Revolution" zu sprechen. Vor seiner Krönung musste der neue König Wilhelm III. eine Erklärung unterschreiben, die die Rechte des Parlaments festlegte. Diese „Bill of Rights" hatte für Jahrhunderte Bestand und wurde so zu einem Grundgesetz (Verfassung) für die Ausübung der Herrschaft in England. England wurde damit eine konstitutionelle Monarchie: eine Herrschaft, in der das schriftlich fixierte Gesetz über dem König stand.

England war der einzige Staat Europas, in dem das Parlament die Macht des Königs so einschränkte. Aber es durften nicht alle Engländer an den Wahlen zum Unterhaus teilnehmen. Die Voraussetzung für das Wahlrecht war ein hohes Einkommen. Nur Kaufleute, der niedere Adel sowie manche Gelehrte und Geistliche verfügten über ein entsprechendes Vermögen. Vor allem die Bauern und Handwerker hatten kein Wahlrecht. Auch die Frauen waren von der Wahl ausgeschlossen. Jeder Engländer hatte aber persönliche Rechte: Er durfte nicht in Haft gehalten werden, sondern musste innerhalb von drei Tagen von einem Richter vernommen werden. Auch die freie Meinungsäußerung und die Pressefreiheit wurden bald eingeführt.

**Republik und Alleinherrschaft Cromwells**

**Die Glorreiche Revolution**

**„Bill of Rights"**

**Gleiche Rechte für alle?**

185

**M 3** Wilhelm von Oranien wird König von England (1689)

## M 4 Parlament und König

*Schon Jakob I., der Vater Karls I., wollte im Jahr 1610 das Parlament übergehen. Das Parlament berief selbst eine Versammlung ein und wandte sich gegen das Verhalten des Königs. Aus der Erklärung des Unterhauses:*

Gnädiger Herr!
Die im Parlament versammelten Untertanen Eurer Majestät haben den Befehl erhalten, sich im Parlament jeder Aussprache über die Erhöhung der Ein- und Aus-
5 fuhrabgaben zu enthalten. Wir erheben daher mit aller schuldigen Ehrfurcht Eurer Majestät gegenüber die nachfolgende Gegendarstellung:
Fürs Erste halten wir es für ein altes, allgemeines und unzweifelhaftes Recht des Parlaments, über alle Ange-
10 legenheiten, die den Untertanen betreffen, frei zu debattieren.
Das Gesetz erkennt dem König keine ständige Einnahme oder Bereicherung aus dem Einkommen oder Eigentum eines Untertans zu. Die Festsetzung einer
15 bestimmten Einnahme kann nur auf dem gesetzlichen Wege, d. h. durch das Parlament, nicht aber nach des Königs eigenem Willen und Ermessen geschehen.
Bei Gesetzen liegt die Gewalt des Königs zugrunde, aber erst die Zustimmung des Oberhauses und des
20 Unterhauses macht sie zur höchsten Gewalt. Das Besteuerungsrecht, das Gesetzgebungsrecht und das Recht der höchstrichterlichen Entscheidung hat der König nur zusammen mit dem Parlament.

Würde das Besteuerungsrecht stillschweigend unseren Königen überlassen, und bedenkt man, zu welchem 25 Hauptzweck sie die Parlamente einberufen, nämlich um sich Geld zu beschaffen, so haben wir keine große Hoffnung, dass wir uns häufig so wie jetzt versammeln könnten.

*Nach: Geschichte in Quellen, Bd. 3. München 1966, S. 165.*

## M 5 Gegen willkürliche Verhaftungen

*1679 beschloss das englische Parlament die Habeas-Corpus-Akte. Sie heißt so nach den lateinischen Eingangsworten eines Haftbefehls: habeas corpus – du mögest den Körper haben. Die folgenden Bestimmungen galten nicht für wegen Verrats oder eines Staatsverbrechens Verhaftete:*

Viele Untertanen des Königs wurden lange im Gefängnis zurückbehalten, in Fällen, in denen man sie hätte freilassen müssen. Um dies zu verhindern, wird durch den König mit Zustimmung des Parlaments beschlossen, dass jedes Mal, wenn eine Person einen Haftbefehl vorzeigt, diese Person innerhalb von drei Tagen vor die Richter geführt wird, die seine Verhaftung beschlossen haben, um ihm die wahren Gründe seiner Verhaftung mitzuteilen. Danach, innerhalb von zwei Tagen, muss der Richter den Gefangenen nach Zahlung einer Bürgschaft freilassen.

*Nach: L'Habeas Corpus, Histoire-Géographie 4. Hachette Paris 1988, S. 43.*

**M 6  Die Houses of Parliament in London heute**
Es ist ein großer Gebäudekomplex mit dem House of Lords (Oberhaus), dem House of Commons (Unterhaus), den Räumen des Speakers (Parlamentspräsident), einer Kapelle, Bibliotheken, Sitzungs- und Aufenthaltsräumen für die Abgeordneten und vielen Büros. Auch der 98 m hohe Clock Tower mit seiner großen Uhr und der 13,5 Tonnen schweren Glocke, dem Big Ben, gehört dazu.

**M 7  Das Grundgesetz Englands**
*In der „Bill of Rights", der Erklärung über die Rechte und Freiheiten des Parlaments, heißt es:*
So erklären die geistlichen und weltlichen Lords und das Unterhaus, zur Rechtfertigung und Behauptung ihrer alten Rechte und Freiheiten und nun in voller und freier Vertretung dieser Nation versammelt:
5 Dass die angebliche Macht, durch königliche Autorität, ohne Zustimmung des Parlaments Gesetze oder ihre Vollstreckung außer Kraft zu setzen, ungesetzlich ist.
Dass die Einhebung von Geld zum Nutzen der Krone ohne Zustimmung des Parlaments, für längere Zeit
10 und in einer anderen Form als dies bewilligt ist oder bewilligt werden wird, ungesetzlich ist. Dass innerhalb des Königreiches die Aushebung und Erhaltung eines stehenden Heeres in Friedenszeiten ohne Zustimmung des Parlaments dem Gesetz widerspricht.
Dass die Freiheit der Rede, dass Debatten oder Ver- 15 handlungen im Parlament an keinem anderen Ort oder Gericht außerhalb des Parlaments unter Anklage gestellt werden dürfen.
Und dass zur Abstellung aller Beschwerden und zur Verbesserung, Stärkung und Bewahrung der Gesetze 20 das Parlament häufig tagen sollte.

*Nach: Musulin, J.: Proklamationen der Freiheit. Frankfurt am Main 1959, S. 49 f.*

### Konstitutionelle Monarchie
Im Gegensatz zum Absolutismus wird die Herrschaft des Königs durch eine schriftlich festgelegte Verfassung (Konstitution) eingeschränkt. Diese Verfassung legt eine Mitwirkung des Parlaments bei der Gesetzgebung fest. Der zunächst noch ziemlich starke Einfluss des Königs wird immer mehr zugunsten des Parlaments zurückgedrängt. So kann England heute als „parlamentarische Monarchie" bezeichnet werden.

### Parlament
Das englische Parlament verfügte im 16. Jh. über zwei Häuser, das House of Lords (Oberhaus) und House of Commons (Unterhaus). In ersterem saßen die Angehörigen des Hochadels und die Bischöfe. Ins Unterhaus wurden gewählte Vertreter einzelner Grafschaften entsandt. Während des 17. Jh. gerieten Parlament und König in Konflikt. Mehrere Bürgerkriege und die Gründung der Republik unter Cromwell waren die Folgen.

### Fragen und Anregungen

1. Erläutere die beiden Abbildungen M2 und M3 hinsichtlich des Verhältnisses König und Parlament.
2. Welches Recht des Parlaments ist lange Zeit das wichtigste? Warum? (M4)
3. Erläutere die Bedeutung der „Bill of Rights" für die Stellung des Parlaments. (M7)
4. Ähnliche Bestimmungen wie die der Habeas-Corpus-Akte sind heute Bestandteil jeder demokratischen Verfassung, auch des deutschen Grundgesetzes. Informiere dich darüber. (M5)

# Erlebnis Geschichte

# 6. Wir „spielen" Geschichte

**Welche Arbeitsschritte gehören zu einem gelungenen Rollenspiel?**

1. **Ausgangslage klären und Situationskarte erstellen (wenn schon vorhanden: austeilen):**
Auf dieser Karte wird der historische Zusammenhang des Rollenspiels erklärt und die Ausgangslage zu Beginn der Szene beschrieben: Welches Problem gibt es? Sie ist die Voraussetzung, damit überhaupt mit dem Spiel begonnen werden kann.

2. **Verteilen der Rollen und Rollenkarten erstellen (wenn schon vorhanden: austeilen):**
Auf den Rollenkarten (jeweils eine für jede am Spiel beteiligte Figur) wird die Person, die dargestellt werden soll, charakterisiert (Alter, Stand, Beruf, Charakterzüge) und ihr Verhalten in der Szene skizziert (Einstellung, Ziele, Vorgehen). Die „Schauspieler" dürfen natürlich improvisieren, ihr Verhalten soll aber der Rollenvorgabe nicht widersprechen.

3. **Vorbereitung und Aufführung des Spiels:**
Die Vorbereitungszeit sollte relativ kurz sein und weniger den Inhalt als organisatorische Probleme zum Thema haben: Stehen gleich alle Figuren auf der „Bühne" oder treten sie nacheinander auf? Wer hat wo zu stehen? Werden Requisiten benötigt? Weiß jeder Bescheid über Situation und auftretende Figuren?

4. **Auswertung des Spiels:**
Diese Phase ist zum Abschluss besonders wichtig. Zuschauer und Spieler sind an ihr gleichermaßen beteiligt. Es sollte besprochen und diskutiert werden: Wie haben sich die Spieler in ihren Rollen gefühlt? War die Darstellung glaubhaft (Begründung)? Was wäre in der historischen Realität sicher anders gewesen? Was ließe sich bei der Aufführung noch verbessern?

Ein Beispiel für ein Rollenspiel:
Das Zeremoniell am Hofe Ludwigs XIV.

### Fragen und Anregungen

1. Führt das vorgegebene Rollenspiel in eurer Klasse auf.

2. Erfindet passende Namen.

3. Überlegt, für welche anderen Themen, die ihr in diesem Jahr behandelt habt, sich ein Rollenspiel eignen würde! Erstellt ein weiteres Rollenspiel.

188

# 7. Wir „schreiben" Geschichte

Ähnliche Ziele wie das Rollenspiel verfolgt auch das kreative Schreiben: Man soll sich in historische Figuren oder Zeiten der Geschichte hineindenken können und dadurch den vielleicht manchmal etwas „trockenen" Stoff besser verstehen und eventuell aus neuer Perspektive noch einmal durchdenken können.
Eine Variante, die sich gut zum Einsteigen eignet, ist das Weiterschreiben oder Umschreiben eines historischen Erfahrungsberichtes oder einer Quelle. Informiere dich in deinem Geschichtsbuch über die historischen Hintergründe der Entdeckung Amerikas.

Versuche nun den Ausschnitt aus dem Bordtagebuch weiterzuschreiben. Arbeite v. a. die Erwartungen des Kolumbus heraus.

*Stellt euch vor, ihr wärt an der Stelle von Christoph Kolumbus, der sich allmählich dem Festland nähert, und würdet am Abend in euer Bordbuch notieren:*
Die Leute der „Niña" meldeten, einen Reiher und einen anderen Vogel gesichtet zu haben; nun sind dies Vögel, die sich nie mehr als etwa 100 Seemeilen vom Lande entfernen. (...)"

*Christoforo Colombo: Schiffstagebuch. Übersetzt v. Roland Erb. Leipzig 1980.*

### Methodische Arbeitsschritte „Kreatives Schreiben":

1. **Verfassen eines Tagebucheintrages** einer historischen Persönlichkeit oder einer erfundenen Figur, die an einem Ereignis oder Zeitabschnitt teilgenommen haben könnte:
   – Kolumbus vor der Heimreise,
   – Schiffsjunge auf der Santa Maria,
   – Alltag eines adeligen Fräuleins im Mittelalter.

2. **Schreiben eines Briefes** einer historischen Persönlichkeit oder einer erfundenen Figur an andere existierende oder erfundene Personen:
   – Martin Luther schreibt, vor Veröffentlichung seiner 95 Thesen, an einen befreundeten Mönch über seine Meinung zu den Ablassbriefen,
   – eine an den Hof von Versailles gekommene deutsche Adelige schreibt an ihre Verwandten über die Eindrücke aus der Umgebung des Sonnenkönigs.

3. **Erstellen eines Dialogs oder Streitgesprächs** zwischen existierenden und/oder erfundenen Personen (besonders bei Entscheidungssituationen bzw. einem sehr umstrittenen Sachverhalt):
   – Bartolomeo de las Casas und Hernán Cortés diskutieren über die Eingeborenen,
   – zwei Bauern streiten um 1524, ob es richtig sei, den Aufstand gegen die Obrigkeit zu wagen.

4. **Ausformulierung einer kurzen Rede** historischer Personen oder erfundener Figuren (besonders in historischen Situationen, bei denen etwas anzuklagen oder zu verteidigen ist):
   – Leonardo da Vinci verteidigt die neuen Methoden der Renaissance-Wissenschaftler,
   – ein Gegner Ludwig XIV. versucht, bei einer geheimen Versammlung in Paris die Zuhörer zu überzeugen, dass es falsch ist, dem König die uneingeschränkte Macht zu überlassen.

### Fragen und Anregungen

❶ Sucht euch von oben genannten Anregungen einige aus, die ihr ausprobieren wollt. Vergesst aber dabei nicht, euch über die historischen Hintergründe zu informieren.

❷ Erstellt eine Liste von weiteren Schreibanlässen, die aus dem Jahresstoff denkbar wären.

# Erlebnis Geschichte

## 8. Wir „suchen" Geschichte

**M 1** Bibliothek der Abtei Waldsassen

**M 2** Basilika von Waldsassen, Oberpfalz

Häufig muss man gar nicht hunderte von Kilometern fahren, um Geschichte vor Ort erleben zu können. Vielleicht finden sich interessante Zeugen der Geschichte direkt vor eurer Haustür.

**Thema Barock**

Die Basilika von Waldsassen in der Oberpfalz (erbaut 1682–1704) ist eine wunderschöne Barockkirche. Besonders prächtig ist der prunkvolle Bibliothekssaal dieser Abtei. Kirchen und Abteien im Stil des Barock oder des Rokoko (Nachfolgestil des Barock) wie diese hier findet man in Bayern ziemlich häufig. Ihr kennt sicher Gotteshäuser in eurer Gegend, die die typischen Barockmerkmale aufweisen (Zwiebeltürme; ovale, geschwungene Fenster; prächtige Innenräume in Gold und Marmor).

**Thema Volksfrömmigkeit**

Aber nicht nur Bauwerke erzählen etwas über Geschichte. Gerade auch auf dem Land lassen sich Zeugnisse für die tief verwurzelte Frömmigkeit der Menschen finden. In der Barockzeit und in der frühen Neuzeit war diese Volksfrömmigkeit besonders ausgeprägt. Religiöse Prozessionen und Wallfahrten waren z. B. für die Menschen ein wichtiger und fester Bestandteil des Brauchtums, das zum Teil bis heute gepflegt wird.

**M 3** Votivtafeln

Ein interessantes Beispiel für Volksfrömmigkeit stellen auch die so genannten Votivtafeln dar (lat. „ex voto" = wegen eines Gelöbnisses), die sich häufig in Wallfahrtskirchen oder Kapellen finden. In Notsituationen wandte man sich an Heilige oder – besonders häufig – an die Gottesmutter Maria, damit den Hilfesuchenden geholfen werde. Kam es dann tatsächlich zu einer Besserung der Situation, zu einer Heilung oder zur Linderung einer Krankheit, wurde zum Dank eine Votivtafel bei einem Handwerker in Auftrag gegeben und gut sichtbar in einem Gotteshaus aufgehängt.

Die rechts dargestellte Votivtafel (gestiftet 1771) findet sich in der Wallfahrtskirche Sammarei bei Passau, in der über 1 200 Votivtafeln aus dem 17. bis 20. Jahrhundert hängen.

Der Text dazu lautet: „Ein gewisse Person hat sich hieher verlobt, weill sie die Wösch auf gehengt, ist die sensten herunter in das aug gefallen durch firbitt Maria geholffen worden. EXVOTO. 1771".

Die häufigste Form der Exkursion ist wahrscheinlich der Besuch eines Museums. Sicher gibt es in eurer Gegend auch interessante Museen, die man mit eurem Geschichtsunterricht in Verbindung bringen kann.

**Thema Museum**

**M 4 Freilichtmuseum**
Im Museumsdorf Bayerischer Wald in Tittling kann man z. B. historische Bauernhäuser vom 15. bis zum 19. Jahrhundert besichtigen.

## Methodische Arbeitsschritte für Exkursionen und Museumsbesuche:

**1. Festlegung des Ziels:**
– Gibt es lohnende Bauwerke, Zeugnisse für Volksfrömmigkeit oder ein interessantes Museum in eurer Gegend?
– Lässt sich ein Bezug zum Geschichtsunterricht herstellen?

**2. Organisatorische Planung:**
– Welcher Tag ist geeignet, wie viel Zeit ist einzuplanen?
– Gibt es bestimmte Öffnungszeiten, ist Eintritt zu zahlen?
– Ist die Anreise zu Fuß möglich oder muss eine Bus- oder Zugfahrt organisiert werden?

**3. Inhaltliche Vorbereitung:**
– Was soll besichtigt und erarbeitet werden?
– Welche Vorinformationen sind nötig?

– Wird eine Führung benötigt oder kann die Klasse bzw. der Lehrer selbst führen?
– Wer hält eventuell thematisch passende Kurzreferate zur Einführung oder Vertiefung?

**4. Eigentliche Exkursion:**
– Wie wird der Unterrichtsgang dokumentiert?
– Wer fotografiert, wer schreibt einen kurzen Exkursionsbericht, wer führt eventuell Interviews?

**5. Auswertung und Nachbesprechung:**
– Wie soll das Gesehene verarbeitet werden?
– Lassen sich die gesammelten Eindrücke und Materialien (Fotos, Prospekte, Kataloge) z. B. in einer Collage oder Ausstellung verwerten?
– Inwiefern bestätigt das Gesehene die Informationen aus dem Geschichtsunterricht?

### Fragen und Anregungen

❶ Kennt ihr Kapellen oder andere Orte in eurer Gegend, an denen Votivbilder angebracht sind? Stellt einige „Fälle" in eurer Klasse vor.

❷ Vorschläge für Referate: Historische und religiöse Bedeutung der Fronleichnamsprozessionen; Wallfahrten in unserer Region; Hintergrund weiterer religiöser Festbräuche, z. B. Palmsonntag oder Kirchweih.

# KULTURGESCHICHTLICHE SPURENSUCHE

Auf den folgenden Seiten begeben wir uns auf Spurensuche. Wir erproben dabei für uns neue Quellen. So versuchen wir zu verfolgen, wie Filmemacher mit Quellenmaterial umgehen, wie Geschichte im Film transportiert wird.

**Filmplakat** zur Verfilmung von 1938

Robin Hood, **König der Diebe** (USA, 1991)

Robin Hood, **König der Vagabunden** (USA, 1938)

**Reichskrone** (10. Jahrhundert)
Die Goldplatten ergeben ein Achteck. Das Emaillebild zeigt den zwischen Engeln thronenden Christus mit der Inschrift „Durch mich regieren die Könige". Auf den anderen Platten sind die alttestamentarischen Könige David und Salomon abgebildet. Über Salomon steht „Fürchte Gott und meide das Unrecht".

Wir wenden uns auch der Architektur zu: Geschichte wird nicht zuletzt an Gebäuden sichtbar. Wenn wir zum Beispiel Burgen und Schlösser betrachten, kommen dabei ganz unterschiedliche Lebens- bzw. Machtvorstellungen zum Ausdruck.
Wie sich Herrschaft ausdrückt, welche Symbole dabei wichtig sind, wird in einem eigenen Kapitel beleuchtet.

**Die Marksburg bei Braubach am Rhein** (12. Jahrhundert)
Die einzige unzerstörte Höhenburg am Mittelrhein.

# Vertiefung

## 1. Darf man das glauben? Geschichte im Spielfilm

**M 1** Szenen aus historischen Spielfilmen

- Der Ötztalmann und seine Welt. Das Jahr, bevor er schlief (A/D, 1999)
- Gladiator (USA/GB 2000)
- Ivanhoe – Der schwarze Ritter (USA, 1952)
- Schindlers Liste (USA, 1993)
- Sissi (A, 1955)
- 1492 – Die Eroberung des Paradieses (GB/F/Sp/USA, 1992)

## Zur Geschichte des Films

Der Film entwickelte sich seit dem Jahr 1895, als erstmals kurze Stummfilme vorgeführt wurden, zum beherrschenden Medium des 20. Jahrhunderts. Seit seiner Erfindung gibt der Film auch Aufschluss über die Menschen, die Filme herstellen, und über die Ereignisse, die dargestellt sind. Er ist also immer auch eine Geschichtsquelle. Eine Auseinandersetzung mit dieser Quellenart ist nicht einfach, zumal jede Filmform, ob Amateurfilme mit Zufallsaufnahmen, Wochen- oder Tagesschauen, wissenschaftliche Dokumentar- oder Spielfilme, jeweils andere Fragestellungen verlangt. Für den Umgang mit Filmen unterschiedlicher Art lassen sich viele Fragen heranziehen, die man auch bei der Betrachtung von Bildern stellt.

## Ein beliebtes Thema: Geschichte im Spielfilm

Viele Spielfilme, die vorwiegend der Unterhaltung dienen wollen, haben Ereignisse aus der Geschichte zum Thema. Aber darf man sie deswegen für bare Münze nehmen? Bilden sie die Vergangenheit wirklich ab? Oder wird sie so gezeigt, wie sie der Regisseur haben will? Sagen sie vielleicht über die Zeit, in der sie entstanden sind, mehr aus als über die Zeit, die sie zum Thema haben?
Das alles sind Fragen, über die sich das Kinopublikum und der Fernsehzuschauer kaum Gedanken machen und auch nicht machen müssen. Will man hingegen einen Film auf seine historische „Zuverlässigkeit" prüfen, dann werden diese Fragen plötzlich wichtig. Der Spielfilm ist sozusagen kritisch wie eine historische „Quelle" zu untersuchen.

## Mögliches „Einordnungsraster"

Es ist schwierig bei Filmen, die in erster Linie unterhalten und weniger über geschichtliche Ereignisse informieren wollen, über ihre historische Aussagekraft zu diskutieren. Dennoch kann man eine gewisse Abstufung hinsichtlich ihres geschichtlichen „Wertes" machen:
– Filme, die zwar eine historische Epoche, Ereignisse oder eine Persönlichkeit als „Aufhänger" haben, ansonsten aber völlig frei erfunden (Fachbegriff: fiktiv) sind und so gut wie nichts mit der historischen Realität zu tun haben.
– Filme, die sich an einzelnen historischen Fakten orientieren, die „Lücken" dazwischen jedoch sehr frei auffüllen und nicht viel über die historische Realität aussagen.
– Filme, die gut recherchiert sind, als historisch relativ zuverlässig gelten können, aber dennoch eine interessante Filmhandlung in den Vordergrund stellen (z. B. Einbau einer Liebesgeschichte).
– Filme, die den Anspruch haben, die historische Realität annähernd zuverlässig wiederzugeben, sich an Fakten zu orientieren und möglichst wenig Handlung zu „erfinden".

### Fragen zu den Filmszenen:

1. Betrachtet die Plakate bzw. Ausschnitte mit Szenen „historischer" Spielfilme. (M1)
2. Welche kennt ihr, welche sind euch unbekannt?
3. Ordnet die Bilder den Filmtiteln zu.
4. Recherchiert in Gruppen nach dem Inhalt der Spielfilme (z. B. über Internet oder Lexika) und stellt der Klasse das Ergebnis vor. Welchen historischen „Kern" enthält der jeweilige Film?
5. Erstellt eine Liste von weiteren, euch bekannten Historienfilmen.
6. Versucht, die abgebildeten Filme und eventuell die eurer eigenen „Liste" in eine dieser vier Kategorien (Einordnungsraster) einzuordnen. Es ist normal, wenn nicht alle in eurer Klasse gleicher Meinung sind. Das zeigt, dass bei vielen Filmen eine genaue Einordnung gar nicht möglich ist. Diskutiert darüber und tauscht Argumente aus. Holt auch die Meinung verschiedener Geschichtslehrer ein.

195

# Vertiefung

**M 2** Vergleich von Filmbildern mit Originalbildern

Interessant kann es auch sein, nachzuforschen, woher die Filmproduzenten und Regisseure ihre Vorlagen nehmen, wenn sie sich bemühen, z. B. in der Ausstattung historisch genau zu sein. Hier ein Beispiel aus dem Film „1492 – Die Eroberung des Paradieses" (GB/F/Sp/USA, 1992).

Links oben: Bild aus dem 16. Jh., wird dem ital. Maler **Sebastiano del Piombo** zugeschrieben
Rechts oben: Porträt, wahrscheinlich von **Ridolfi Ghirlandaio** aus Florenz, entstanden ebenfalls Anfang 16. Jh.
Unten: **Gérard Depardieu als Kolumbus in „1492"**.

**M 3** Aus schriftlichen Quellen erfährt man nur sehr wenig über das Aussehen Kolumbus':

Was sein Äußeres und seine körperliche Erscheinung angeht, so war er mehr als mittelgroß, das Gesicht war lang und gab ihm Autorität; Adlernase, blaue Augen, helle Gesichtsfarbe, die zu Röte neigte; Bart und Haar
5 waren rot, als er jung war, aber sie wurden bald grau von der Last der Arbeit.

*Nach: Geschichte in Quellen, Bd. 3. München 1982, Nr. 14, S. 45 f.*

 **PROJEKTTIPP**

*Schaut (wenn es die Zeit zulässt) in eurer Klasse einen Historienfilm an und untersucht dann anhand verschiedener Lexika, Sachbücher (evtl. Tipps von Lehrern holen) und Internet-Recherche:*
– *Welche Teile der Handlung sind historisch „verbürgt"?*
– *Welche Personen lebten tatsächlich, welche sind „erfunden"?*

## Fragen und Anregungen

1. Diese beiden Porträts von Kolumbus sind in etwa zu dessen Lebenszeit entstanden. Vergleiche sie mit dem Bild aus dem Kolumbus-Spielfilm (M2) und der historischen Quelle (M3).
2. Warum kann man, auch wenn sich Filmemacher an Vorlagen aus der Originalzeit halten, dennoch nicht sicher sein, dass die Figur so ausgesehen hat und so angezogen war, wie sie dargestellt wird?
3. Erkläre, anhand welcher Gesichtspunkte sich die „historische Richtigkeit" eines Films überprüfen lässt.

# 2. Bilder von Herrschaft und Herrschern

Wir reden viel vom Staat und seiner Macht. Aber das ist ein wenig anschaulicher Begriff. Die Mächtigen im Staate sind Menschen. Die müssen auch für sich werben, um gehört zu werden und sich durchzusetzen. Die römischen Kaiser festigten ihre Macht dadurch, dass sie sich nicht nur als mächtige Generäle und Politiker darstellen ließen, sondern als von den Göttern gesandte Friedensbringer und gegenwärtige Gottheiten. Die Christen widersprachen einer solchen Verehrung.

**Herrscher als Götter**

Christliche Herrscher mussten ihre Macht also anders begründen. Dass die Macht von Gott kam, wollte niemand bezweifeln. Aber die Herrscher des Mittelalters und der frühen Neuzeit wurden nicht als Götter gesehen und dargestellt, sondern als Vertreter und Vollstrecker der göttlichen Ordnung. Auch sie waren sterbliche Menschen und mussten sich nach ihrem Tod vor Gott verantworten.

**Vertreter der göttlichen Ordnung**

Der Herrscher war aber mehr als ein gewöhnlicher Mensch; er war notwendig für die Ordnung. Wenn die Herrschaft nicht gesichert war, bedeutete das Unordnung, Krieg und Not für das ganze Land. Die überragende Stellung des Herrschers bezeichnete man dann mit dem Wort „Majestät", d. h. Hoheit, was man sonst nur für Gott verwendete. Nicht immer waren die geistlichen und weltlichen Fürsten, die Päpste, Kaiser und Könige ihrer Aufgabe gewachsen. Wenn sie zu schwach oder zu unfähig waren, wurden sie missachtet und sogar umgebracht.

**Die Majestät**

Aber nur ganz wenige konnten sich einen Staat ohne einen von Gott begünstigten Herrscher vorstellen. Die Amerikanische Republik zeigte dann aber allen Menschen ganz deutlich, dass man durchaus auch ohne König auskommen konnte – mit einem auf eine bestimmte Zeit gewählten Präsidenten. Die Begründung für die Macht des Staates war anders geworden. Man wollte nicht mehr den Willen Gottes mit staatlicher Gewalt vollstrecken, sondern das Zusammenleben der Menschen ordentlich regeln. Das veränderte auch das Bild der Herrscher, die sich dann oft lieber als tüchtige Menschen abbilden ließen, die für das Wohl aller arbeiteten. Wer die Herrschaft ausüben durfte, wurde dann zu einer der wichtigsten Fragen.

**Diener des Gemeinwesens**

**M 1** Kaiser und Papst im Reigen des Todes (Lithografie nach Gemälde von 1463/1466) Dieser „Totentanz" von Bernhardt Notke befand sich in der Lübecker Marienkirche, die aber im Zweiten Weltkrieg zerstört wurde. Solche Bilder waren im Mittelalter sehr beliebt. Sie erinnerten daran, dass der Mensch sterblich ist und dass deshalb auch der Herrscher seine Macht nicht aus sich selbst und für immer besaß.

197

## Vertiefung

**M 2  Karl der Große als Kaiser des Heiligen Römischen Reiches**

Albrecht Dürer hat im Jahre 1512 dieses Fantasie-Porträt von Karl dem Großen gemalt. Es stellt den Kaiser mit den Insignien des mittelalterlichen Reiches dar. Adler- und Lilienwappen weisen darauf hin, dass in seinem Reich Deutschland und Frankreich noch vereint waren. Beschreibe Gewand und Insignien Karls. Was sagen sie über sein Amt als Herrscher aus? Geben sie eine Begründung für seine Macht?

**M 3  „Der Staat bin ich!"**

Dieses stolze Wort wird dem „Sonnenkönig" Ludwig XIV. von Frankreich zugeschrieben. Er versuchte, das Leben seiner Untertanen ganz auf sich auszurichten. Aber auch er glaubte, im Auftrag der göttlichen Ordnung tätig zu sein. Sein Titel war „allerchristlichster König", er verknüpfte das Wohl seines Landes mit seiner Person. So entstand sein prunkvolles Auftreten nicht aus bloßer Eitelkeit, sondern auch aus dem Respekt vor der großen Macht und Verantwortung, die ihm „von Gottes Gnaden" zugefallen war.

**M 4  Menschliche Schwäche**

Das Bild stammt aus späterer Zeit (1850). Es zeigt den Wandel in der Einstellung zum Herrscher. Man will sich von der prächtigen äußeren Erscheinung nicht mehr täuschen lassen, der Reklame für die Mächtigen. „Man sieht sofort, dass die Majestät aus Perücke gemacht ist, den hochhackigen Schuhen und dem Mantel." Vergleiche damit das Bild M3. Was kommt zum Vorschein? Versuche zu klären, ob diese Ansicht der Bedeutung von Ludwig XIV. gerecht wird.

## M 5  Der Lübecker Totentanz

*In niederdeutschen Versen gibt dieser Text einen Kommentar zur bildlichen Darstellung in der Marienkirche:*

Der Kaiser spricht:
O Tod, du schreckliche Gestalt,
veränderst mir mein ganzes Wesen.
Ich war mächtig und reich,
5  der Höchste an Macht, ohnegleichen.
Könige, Fürsten und Herren
mussten sich vor mir neigen und mich ehren.
Jetzt kommst du fürchterliche Gestalt,
um mich zum Fressen für Würmer zu machen.
10 Der Tod spricht:
Du wurdest erwählt, mach es dir nur klar,
um mit dem Schwert der Gerechtigkeit
die heilige Kirche der Christenheit
zu schützen und zu bewahren.
15 Aber Überheblichkeit hat dich blind gemacht.
Du wusstest selber nicht, wer du bist.
Mein Auftritt passt dir nun gar nicht.
Auch du wende dich zu uns, Frau Kaiserin …

*Neuhochdeutsche Übertragung des Verf.*

## M 6  Personen verkörpern den Staat

*Auch in unserer Zeit werden internationale Verträge so abgefasst, als seien sie Vereinbarungen von Einzelpersonen. Am Anfang des „Vertrags über die Europäische Union" von Maastricht aus dem Jahre 1991 heißt es:*

Seine Majestät der König der Belgier, Ihre Majestät die Königin von Dänemark, der Präsident der Bundesrepublik Deutschland, der Präsident der Griechischen Republik, Seine Majestät der König von Spanien, der Präsident der Französischen Republik, der Präsident Irlands, der Präsident der Italienischen Republik, Seine Königliche Hoheit der Großherzog von Luxemburg, Ihre Majestät die Königin der Niederlande, der Präsident der Portugiesischen Republik, Ihre Majestät die Königin des Vereinigten Königreichs Großbritannien und Nordirland (…) haben beschlossen, eine Europäische Union zu gründen; sie haben zu diesem Zweck zu ihren Bevollmächtigten ernannt:
(…) Der Präsident der Bundesrepublik Deutschland: Hans-Dietrich Genscher, Bundesminister des Auswärtigen; Theodor Waigel, Bundesminister der Finanzen; (…)
Diese sind nach Austausch ihrer als gut und gehörig befundenen Vollmachten wie folgt übereingekommen: *(es folgen die einzelnen Bestimmungen des Vertrags).*

*Einleitungstext zum Vertrag über die Europäische Union, 1991*

## M 7  Eine neue Sicht von Herrschaft und Gewalt

Der gekrönte Herrscher trägt zwar die Anzeichen weltlicher und geistlicher Gewalt. Aber sein Körper setzt sich aus den Leibern unzähliger einzelner Menschen zusammen. Das Gesicht und die Gestalt des Königs sind sozusagen eine Verkleidung.
Überlege, welche Folgen das haben muss, wenn diskutiert wird, woher der Herrscher das Recht nimmt, über andere zu bestimmen.
Vergleiche dazu auch das Bild auf Seite 186 (M3).

## Fragen und Anregungen

❶ Versuche, den Unterschied zwischen „persönlich" und „amtlich" zu erklären.

❷ Finde Gründe, warum Herrscher oder mächtige Persönlichkeiten oft in strahlendem Glanz dargestellt wurden oder werden.

❸ Nenne die Ansatzpunkte, die eine allzu verherrlichende Darstellung der Herrscher eingeschränkt haben.

# Vertiefung

## 3. Burgen und Schlösser

**Leben auf einer Burg**

19 000 Burgen soll es im Mittelalter im Deutschen Reich gegeben haben. Bei zwei Dritteln von ihnen sind heute zumindest Mauerreste noch sichtbar. Die Burg Wildenberg im Odenwald zählt zu den gut erhaltenen Burgruinen. 1168 bis 1180 ließ Ruprecht von Durne (Dürn) sie erbauen.

Ein Sprung ins Jahr 1184: Zusammen mit 70 000 anderen Rittern ist Ruprecht beim Hoffest Kaiser Friedrich Barbarossas in Mainz zur Schwertleite der Kaisersöhne versammelt gewesen. Kehren wir mit ihm zurück in seine Burg zu seiner Frau und seinen Kindern. Natürlich sind sie dort nicht allein: Außer ihnen leben hier Knechte und Mägde, zehn bewaffnete Soldaten, der Kaplan und drei jüngere Adelige als Pagen.

**M 1 Burg Wildenberg** (Rekonstruktion)
Ordne folgende Elemente dem Bild entsprechend zu: Bergfried (höchster Turm, letzte Zufluchtsmöglichkeit), Halsgraben (tiefer Graben zum Berg), Burggarten, Herrenhaus (Palas) mit Frauengemach (Kemenate), Zwinger (Platz zwischen innerer und äußerer Burgmauer) der Vorburg, Wirtschaftsgebäude und Stallungen, Burgkapelle, äußeres Tor, inneres Tor, Wehrturm, Brunnen, Zugbrücke, Wehrgang mit Schießscharten, Schildmauer (gegen den Berg)

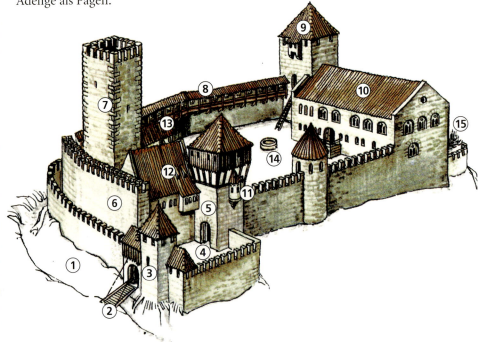

**M 2 Burg Wildenberg** (Fotografie)
Am Beispiel dieser Burg könnt ihr erfahren, was alles zu einer Burg gehörte, wie man eine Burg erkunden kann, wie die Ritterfamilien und die übrigen zur Burg gehörenden Menschen lebten. Wenn ihr dann eine Burg in eurer Nähe besucht, könnt ihr vieles wiedererkennen. Ihr werdet merken: Ein wenig Vorwissen macht einen solchen Ausflug ins Mittelalter noch mal so spannend.

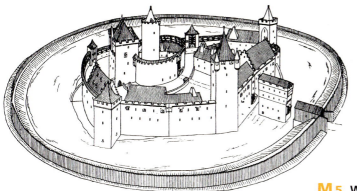

**M 3  Modell einer Wasserburg: Kapellendorf in Thüringen**
Wenn Berge fehlten, errichtete man an Flüssen und Seen Burgen, die durch breite Wassergräben geschützt waren.

**M 4  Über das Burgleben**
*Ulrich von Hutten berichtet um 1500:*
Die Burg ist von Mauern und Gräben umgeben, innen ist es eng und durch Stallungen für Vieh und Pferde zusammengedrängt. (...) Überall stinkt es nach Schießpulver; und dann die Hunde und ihr Dreck, auch das –
5  ich muss schon sagen – ein lieblicher Duft! Reiter kommen und gehen. (...) Man hört das Blöken der Schafe, das Brüllen der Rinder, das Bellen der Hunde, die Rufe der auf dem Feld Arbeitenden, das Knarren der Fuhrwerke. Ja, sogar das Heulen der Wölfe hört man in un-
10  serm Haus, weil es nahe am Wald liegt. Der ganze Tag bringt vom Morgen an Mühe und Plage, ständige Unruhe und dauernden Betrieb. Äcker müssen gepflügt werden, Weinberge müssen bestellt, Bäume gepflanzt, Wiesen bewässert werden. Wenn aber ein schlechtes
15  Erntejahr kommt, dann haben wir fürchterliche Not und Armut.

*Ulrich von Hutten: Schriften. Ulrichi Hutteni Equitis Germani Opera quea reperiri potuerunt omnia. Hg. v. Eduard Böcking. Leipzig 1859 f.*

**M 5  Wie lebte Ruprecht von Durne?**
*Aus folgenden Stichwörtern könnt ihr eine Reportage über das Leben auf der Burg erstellen. Besonders gut funktioniert dies, wenn ihr ein Aufnahmegerät hinzunehmt. Dann könnt ihr an den passenden Stellen auch gleich die entsprechenden Geräusche aufnehmen.*
Lange, dunkle Winter – großer Rittersaal mit Kamin – Versammlungssaal – Kemenate (= Wohnraum der Herrin) – Truhen mit Tuchen und Kleidern – Holzbretter auf Böcken und Bänken – Lehnsessel für den Ritter – kleine, feuchte Räume ohne Heizung – Steinböden –
5  Strohsäcke als Schlafplatz – Gras und Laub auf dem Boden – Himmelbett mit schweren Vorhängen – Wandteppiche, von der Herrin verfertigt – Fenster ohne Glas, aber mit Brettern, Fellen oder Läden verschlossen – Küche mit großem Herd unter dem Ritter-
10  saal – kostbare Leuchter – Geschirr aus Zinn und Silber – irdenes Geschirr – Wachdienste oben auf dem Bergfried – Einstieg über Leitern erst im zweiten Geschoss – Jagden im Herbst und Frühjahr – Waffenkammer mit Rüstungen, Lanzen und Schwertern – Mäuse, Ratten –
15  schimmeliges Brot, Dörrfleisch.

*Stichwortgeschichte des Verf.*

### Fragen und Anregungen

**1** Versuche, mithilfe von M1 den Weg zu beschreiben, den Rupert durch seine Burg nimmt bis hin zu dem Raum, in dem ihn seine Familie wohl empfangen wird.

**2** Bestimme die einzelnen Teile der Wasserburg (M3) mithilfe der Begriffsaufstellung von M1.

**3** Stelle eine Karte der benachbarten Burgen in einem Umkreis von 50 km auf. Bestimme die Arten der Burgen. Welche sind erhalten, welche nur noch als Ruinen vorhanden?

**4** Suche eine Burgruine auf. Zeichne einen Grundriss. Suche dann nach Materialien über die Geschichte und das frühere Aussehen der Burg. Du kannst Fotos machen und eine Stellwand oder einen Schaukasten über die Burg gestalten.

**5** Schreibe selbst einen Text zum Leben auf einer Burg: „Ein Besuch bei Ritter Rüdiger und Burgfräulein Anne"; schau dir die Stichwortgeschichte und den Bericht über das Burgleben an.

**6** Stelle ein Kurzreferat zu Jugendbüchern bzw. historischen Abhandlungen zur Geschichte von Burgen zusammen.

**7** Bastle eine Burg oder ein Burgmodell, vielleicht auch zusammen mit eurer Kunstlehrerin oder eurem Kunstlehrer (vgl. S. 77).

**201**

# Vertiefung

**Lauter kleine Sonnenkönige**

Nach dem Willen Ludwigs XIV. sollte ganz Europa sehen, dass seine Macht alles Bisherige in den Schatten stellte. Deshalb ließ der König in Versailles, 14 Kilometer von Paris entfernt, eine neue Residenz bauen. In einem trocken gelegten Sumpfgebiet entstand in den Jahren 1661 bis 1689 eine gewaltige Schloss- und Gartenanlage. Es waren bis zu 30 000 Arbeiter gleichzeitig am Bau beteiligt. Ein Heer von Architekten, Bildhauern und Malern gestaltete die Schlossräume prunkvoll aus. Die „vornehme Gesellschaft" in Europa bewunderte das, was am Hof Ludwigs XIV. geschah. Versailles wurde zum Vorbild für das Leben an den Fürstenhöfen in ganz Europa. Wer etwas auf sich hielt, kleidete sich nach der französischen Mode, ahmte in allem den Lebensstil des französischen Königs und des Hofadels nach und sprach natürlich französisch. Der König ließ prächtige Feste veranstalten – Jagden, Turniere, Gondelfahrten, aber auch Theater- und Opernaufführungen sowie Feuerwerke.

**Beispiel Clemens August von Köln**

Ihre Macht und ihren Reichtum wollten die Fürsten natürlich auch nach außen zeigen. Sie ließen prunkvolle Bauten errichten, Stadt- und Jagdschlösser inmitten großzügiger Parkanlagen. Die Schlösser wurden in einem neuen Baustil errichtet – dem Barock.

Clemens August (1700–1761), Erzbischof und Kurfürst von Köln und später Bischof von Münster, Paderborn, Hildesheim und Osnabrück, war ein mächtiger deutscher Kirchenfürst. Er war ein gebildeter Mann, der – wie auch andere deutsche Fürsten – nicht nur viele Schlösser, sondern auch Theater, Bibliotheken und Museen bauen ließ. Er förderte Wissenschaft und Kunst und war bestrebt das Land ordentlich zu verwalten. Allerdings störte es ihn auch nicht, dass die Bauern und Bürger seinen Luxus und Reichtum teuer bezahlen mussten.

**M 6** Gesamtansicht der Schlossanlage von Versailles aus der Vogelperspektive
(Gemälde von Pierre Patel, 1668, Öl auf Leinwand, 115 x 161 cm)

**M 7 Schloss Augustusburg in Brühl bei Köln** (Kupferstich, um 1755)
Der Kölner Erzbischof und Kurfürst Clemens August ließ das Schloss zu reinen Repräsentationszwecken ab 1725 bauen.

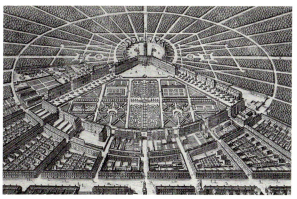

**M 8 Karlsruher Schlossanlage** (Kupferstich, um 1700)
Zu sehen ist ein Ausschnitt der Karlsruher Schlossanlage, wie sie der badische Markgraf ab 1717 mitten in einem Waldgebiet errichten ließ.

**M 9 Schloss Sanssouci bei Potsdam** (erbaut 1745 bis 1747, Kupferstich um 1750)
Ausschnitt eines Entwurfes, den Friedrich II. maßgeblich beeinflusst hat.

**M 10 Pommersfelden (Oberfranken), Schloss Weißenstein** (erbaut 1711/18, Kupferstich 1724)
Die Anlage wurde von Lothar Franz von Schönborn in Auftrag gegeben.

### Fragen und Anregungen

1. Vergleiche die Kupferstiche (M7–M10) mit M6. Welche Gemeinsamkeiten und Unterschiede lassen sich hinsichtlich der Grundrisse feststellen?
2. Wie bringen absolutistische Herrscher architektonisch ihre Macht zum Ausdruck? Vergleiche auch mit den Seiten 178 und 179 im Buch.
3. Wie veränderte sich die Landschaft durch den Bau einer Schlossanlage? Stelle dir vor, welch ungeheurer Eingriff notwendig war, um das Gelände zunächst einmal zu roden. (M6)
4. Vergleiche das Leben auf einer Burg mit dem Leben in einem Schloss. Stelle Gemeinsamkeiten und Unterschiede fest.

# Grundwissen

## Europa im Mittelalter

800 – Kaiserkrönung Karls des Großen
1077 – Heinrich IV. in Canossa

### Adel
Die Gesellschaft des Mittelalters war eine Ständegesellschaft, in der die verschiedenen Stände unterschiedliches Ansehen genossen, verschiedene Rechte und Besitz hatten. Durch Geburt gehörte man einem Stand an. Der Adel war der Stand, der über das Land verfügte und damit über den dritten Stand, die Bauern, herrschte. Sie lebten von dem, was die Bauern erarbeiteten. Ihre Aufgaben bestanden darin, den König auf Kriegszügen zu begleiten und ihm bei der Verwaltung und Regierung des Reiches zu helfen. Das Ansehen einer Adelsfamilie stieg, wenn eines ihrer Mitglieder eine hohe staatliche Funktion erhielt.

### Bürger
Im Mittelalter galten nur die Bewohner als Bürger einer Stadt, die als Meister einen Betrieb führten und alle Rechte, die das Stadtrecht gewährte, besaßen, z. B. politische Mitwirkung und die Mitgliedschaft in den Zünften. Sie machten nur eine Minderheit gegenüber den Frauen, Gesellen, Gesinde und Armen aus. Die Frauen genossen das Bürgerrecht der Männer, hatten jedoch keinen Sitz im Rat, da sie keine politischen Rechte innehatten. Heute sind nicht nur die Städter, sondern alle Angehörigen eines Staates, Männer und Frauen, Bauern und Adelige, Bürger mit gleichen Rechten und Pflichten.

### Getto
Die Bezeichnung rührt vom jüdischen Viertel in Venedig her. Seit dem III. Laterankonzil (1179) lebten Juden zwangsweise in eigenen Vierteln, „von den gemeinsamen Wohnungen der Christen durch einen Zaun, eine Mauer und einen Graben getrennt". Das Anwachsen der Bevölkerung bewirkte, dass die Gettos sehr eng und übervölkert wurden. Im 19. Jahrhundert wurden sie, die ein Zeichen der Unterdrückung der Juden waren, aufgehoben. In Deutschland allerdings bestanden die Gettos nur bis 1500. Viele Juden wurden nach Osteuropa vertrieben, die Verbleibenden lebten in den Dörfern, nicht im Getto.

### Grundherrschaft
Man versteht Grundherrschaft als Herrschaft eines Adeligen über das Land und die Leute. Der Adelige stellte als Grundherr Bauern Land (Hufe) zur Verfügung, das diese bewirtschafteten.
Die Bauern waren als Hörige zu Abgaben und Diensten verpflichtet, sie waren auch in persönlicher Hinsicht vom Grundherrn abhängig. Der Grundherr verurteilte die Hörigen bei Vergehen, außer wenn es sich um ein Verbrechen handelte, das mit dem Tode bestraft wurde.

### Herzog
Das Wort ist germanischen Urprungs (der vor dem „Heer zog") und bezeichnete einen adeligen Heerführer. Die Herzöge konnten ihre führende Stellung innerhalb ihrer Stämme ca. seit dem 7. Jahrhundert auch im Frieden behaupten und strebten danach, ihr Amt zu vererben. So wurden sie in ihrem Streben nach Macht häufig zu Rivalen des Königs.

### Investiturstreit
Das lateinische Wort „investitura" heißt wörtlich eigentlich Einkleidung. Gemeint ist damit aber allgemein die Einsetzung des Bischofs in sein Amt. Der Streit um die Einsetzung der Bischöfe zwischen Papst und König/Kaiser im 11./12. Jahrhundert heißt daher Investiturstreit.

### Kaiser
Den Titel Kaiser trägt der höchste weltliche Herrscher. Er entstand aus dem Namen Caesar und wurde als Titel nach dem Untergang des Weströmischen Reiches von dem Byzantinischen fortgeführt. Mit der Kaiserkrönung Karls des Großen begründete sich das abendländische Kaisertum, welches das Weströmische erneuerte. Der Kaiser ist der Repräsentant der christlichen Völkergemeinschaft, die er beschützt. Eine besondere Rolle spielt der Schutz der Kirche und des Papstes.

### König
Der König steht an der Spitze eines Personenverbandes, über die er bestimmte Befugnisse besitzt. Seine Macht ist regional beschränkt. Die Schutzfunktion, die der König innehat, beschränkt sich auf den jeweiligen Personenverband.
Nach dem Kaiser ist er der höchste weltliche Herrscher. Der fränkische bzw. der deutsche König wurde von Adeligen gewählt. Man hatte die Vorstellung, dass der König sein Reich von Gott erhalten hat (Gottesgnadentum).

### Kreuzzüge
Kreuzzüge waren Kriegszüge, die sich auf einen Aufruf des Papstes 1095 beriefen, das Heilige Grab in Jerusalem von der Herrschaft der Muslime zu befreien. Neben Rittern folgten bis ins 13. Jahrhundert auch andere Gläubige, da sie den Kreuzzug als bewaffnete Pilgerfahrt auffassten, für die sie Erlass ihrer Sünden und den Weg ins Paradies erwarteten. Neben den Kämpfen in Palästina wurde der Begriff auch für Kriege im Namen des Christentums verwendet, so z. B. der Kampf gegen die Muslime in Spanien. Die Begegnung mit der arabischen Kultur brachte den Europäern neue Kenntnisse.

### Lehenswesen
Mit Lehenswesen bezeichnet man die besondere Form der Herrschaft im Mittelalter. Der König verlieh Land als Lehen an Vasallen, die ihm dafür Dienste leisteten. Zwischen Lehensherr und Kronvasall bestand ein persönliches Treueverhältnis, das mit dem Tod endete. Das Lehen musste dann neu vergeben werden. Mit der Zeit wurde es üblich, dass der Sohn eines Kronvasallen dessen Lehen oder Amt erhielt. Seit 1232 war diese Regelung gesetzlich festgeschrieben. Die Macht des Königs war jedoch auch dadurch geschwächt, dass die Untervasallen dem Kronvasallen und nicht dem König durch einen Eid verbunden waren.

### Patrizier
Die Fernhändler und Grundbesitzer führten den Kampf gegen die Stadtherren und konnten sich als herrschende Oberschicht in vielen Städten durchsetzen. Sie lebten wie adelige Familien von ihrem Grundbesitz, besetzten den Stadtrat und die führenden Ämter der Städte und schlossen sich gegenüber den einfachen Bürgern streng ab.

### Reichskirche
So wird die Gesamtheit der hohen geistlichen Würdenträger im Reich (Erzbischöfe, Bischöfe, Äbte, Äbtissinnen) genannt. Auf diese stützten sich vor allem die ottonischen und salischen Könige. Sie setzten Männer ihres Vertrauens auf die wichtigen Kirchenposten und übertrugen ihnen auch wichtige weltliche Ämter, sodass sie mehr oder weniger wie Fürsten

204

herrschen konnten. Im Gegenzug mussten die Bischöfe und Äbte den König beispielsweise im Krieg unterstützen und/oder als Berater dienen. So profitierten beide Seiten – König und Reichskirche – von dieser engen Verbindung.

### Reichsstadt
Im 11. und 12. Jahrhundert gründeten die deutschen Könige Städte auf eigenem Land. Diese Städte errangen im Laufe der Zeit die Selbstverwaltung, denn der König und seine Beauftragten überließen die Regelung der städtischen Angelegenheiten der bürgerlichen Oberschicht. Besonders in Süddeutschland wuchsen Reichsstädte wie Nürnberg und Augsburg zu blühenden Handwerks- und Handelsstädten.

### Ritter
Der Begriff Ritter leitet sich von „Reiter" ab. Wir verstehen darunter einen eigenen Kriegerstand, der sich seit dem 8. Jahrhundert aus Reiterkriegern herausbildete und zum niederen Adel aufstieg. Neben speziellen Kenntnissen im Kampf entwickelten die Ritter auch Ideale wie Milde gegen Schwache, Treue zu Gott und König, maßvolles und faires Verhalten im Kampf. Auch das höfliche Benehmen Damen gegenüber gehörte zur Ritterpflicht. Die Aufnahme in den Ritterstand fand nach Jahren der Lehre als Page und Knappe statt.

### Stadtrecht
Die mittelalterlichen Städte zeichneten sich durch ihr besonderes Stadtrecht aus. Könige oder Fürsten verliehen den Bürgern bestimmte Freiheiten, z. B. einen Markt abzuhalten, eine Währung einzuführen, sich mit einer Mauer zu schützen und sich mit Stadtrat und Bürgermeister selbst zu verwalten. Mitunter übernahmen neue Städte das Stadtrecht von großen und bedeutenden Städten.

### Staufer
Das schwäbische Herzogsgeschlecht der Staufer stellte im 12. und 13. Jahrhundert mehrere Könige und Kaiser. Die bekanntesten sind Friedrich I. Barbarossa und sein Enkel Friedrich II. Im Bemühen, seine Position im Reich zu stärken, trug Barbarossa bewaffnete Konflikte mit den Welfen sowie den oberitalienischen Städten und dem Papst aus.
Friedrich II. war um rechtliche Reformen bemüht. Er interessierte sich für Künste und Wissenschaften und versammelte zahlreiche bedeutende Gelehrte und Dichter an seinem Hof. Mit Friedrichs Sohn Konrad IV. stirbt 1254 der letzte Stauferkönig.

### Vasall
Unter einem Vasallen versteht man einen freien Mann, der sich freiwillig unter die Herrschaft eines anderen begab. Man unterscheidet zwischen Kronvasallen und Untervasallen. Kronvasallen standen unter der Herrschaft des Königs, der ihr Lehensherr war. Es handelte sich zumeist um hochgestellte Adelige wie Bischöfe, Äbte, Herzöge und Grafen. Ein Untervasall war der Vasall eines Kronvasallen. Vasall und Lehensherr standen in einem Treueverhältnis, der Vasall leistete Dienste und gab Rat, der Lehensherr versprach Schutz.

### Zunft
Ein Handwerker musste Mitglied im Berufsverband seines Gewerbes sein. Die Zunft bestimmte die Ausübung des Handwerks, die Beschäftigung der Gesellen und Ausbildung der Lehrlinge, die Zahl der Betriebe, Löhne und Preise. Dies sollte den Meistern die Lebensgrundlage sichern.

---

# Die europäische Staatenwelt auf dem Weg in die Neuzeit

## 1453 – Eroberung Konstantinopels

### Goldene Bulle
Mit „Bulle" wurde im Mittelalter ein Siegel aus Metall und in kreisrunder Form bezeichnet. Die Goldene Bulle ist das bedeutendste Grundgesetz des Heiligen Römischen Reiches deutscher Nation. Es regelte die Stellung der Kurfürsten und die deutsche Königswahl.

### Kurfürsten
Das Wort Kur bedeutet „Wahl". Die Kurfürsten sind die seit dem 14. Jahrhundert allein zur Königswahl berechtigten Reichsfürsten: die Erzbischöfe von Mainz, Köln und Trier, der König von Böhmen, der Pfalzgraf bei Rhein, der Herzog von Sachsen und der Markgraf von Brandenburg. Im 17. Jahrhundert kamen zwei weitere Kurfürsten hinzu: der Herzog von Bayern und der Herzog von Braunschweig-Hannover.

### Ostsiedlung
Die Erschließung des neuen Landes östlich der Elbe und Saale vollzog sich weithin friedlich durch die Arbeit von Bauern und Handwerkern. Sie war allerdings auch mit Eroberungskriegen deutscher Fürsten und des Deutschen Ordens verknüpft.

### Ständewesen
Geistlichkeit, Adel und Stände, die nach ungleichem Recht lebten, beanspruchten Mitbestimmung, als die Landesfürsten ihre Herrschaft ausbauten. Sie erhielten ihre eigenen ständischen Rechte und Mitsprache bei der Festlegung und Verwendung der Steuern. Die Ständeversammlungen und Landtage sind frühe Vorläufer der heutigen Volksvertretungen.

### Territorialstaat/Landesherrschaft
Die Reichsfürsten verstanden sich als Landesherren. Sie bauten die von Kaiser Friedrich II. verliehenen Rechte aus und errichteten eine gleichmäßige Verwaltung in ihrem Staat. Sie versuchten ein geschlossenes Herrschaftsgebiet (ein Territorium) aufzubauen und unterbanden schließlich so die Erbteilungen in ihren Familien.

# Grundwissen

## Neue geistige und räumliche Horizonte

| 1492 | – Entdeckung Amerikas durch Kolumbus |
| 1517 | – Beginn der Reformation |
| 1618–1648 | – Dreißigjähriger Krieg |

**Martin Luther**
| 1483 | Geboren am 10. November in Eisleben im Kurfürstentum Sachsen |
| 1501 | Studium der Philosophie, ab 1505 Studium der Rechtswissenschaften an der Universität Erfurt |
| 1505 | Eintritt ins Kloster der Augustinereremiten in Erfurt
Priesterweihe |
| 1512 | Professor für Theologie |
| 1517 | Veröffentlichung der 95 Thesen |
| 1521 | Bann Luthers durch Papst Leo X. |
| 1521/1522 | Aufenthalt auf der Wartburg (Beginn der Bibelübersetzung, Neues Testament) |
| 1525 | Heirat mit Katherina von Bora, sechs Kinder |
| 1546 | Tod Luthers |

**Neuzeit**
Der Übergang vom Mittelalter zur Neuzeit ist durch eine Vielfalt von Entwicklungen gekennzeichnet, die im Verlauf einiger Jahrzehnte (etwa 1450–1500) die meisten Lebensbereiche und das Denken vor allem der gebildeten europäischen Menschen grundlegend veränderten: Der Buchdruck führte zu einer ungeheuren Verbreitung des Schriftverkehrs, Gelderwerb und Gewinnstreben schufen neues wirtschaftliches Denken und Handeln, Humanismus und Renaissance gaben dem Menschen neues Selbstbewusstsein und neuen Lebenssinn. Revolutionäre Erfindungen schufen neue Lebensmöglichkeiten, unbekannte Erdteile wurden entdeckt und zum Teil erobert, neue Vorstellungen vom Aufbau des Weltalls entwickelt. Die Reformation veränderte die bis dahin vorherrschenden religiösen Vorstellungen grundlegend.

**Renaissance, Humanismus**
Die Begriffe Humanismus und Renaissance sind als Epochenbegriffe für die Übergangszeit vom Mittelalter zur Neuzeit erst seit dem 19. Jahrhundert üblich. Dabei werden sie oft sogar gleichbedeutend gebraucht. Tatsächlich ist es unmöglich, sie klar voneinander abzugrenzen, da beide auf antikem Denken und Handeln beruhen.
Häufig wird der Begriff Humanismus für die philosophischen und literarischen Äußerungen dieser Epoche, der Begriff Renaissance mehr für die Kunst der Zeit verwendet. Beide Bewegungen entstanden in Italien, dem damals kulturell und wirtschaftlich am höchsten entwickelten Land Europas, und breiteten sich von dort im übrigen Europa aus.

**Westfälischer Friede**
Bezeichnung für die Friedensverträge, die 1648 in Münster und Osnabrück abgeschlossen wurden. In Münster verhandelte der deutsche Kaiser mit Frankreich und den katholischen Reichsständen, in Osnabrück verhandelte er mit den Schweden und den protestantischen Reichsständen. Wichtige Ergebnisse waren die Gleichberechtigung der Konfessionen, das Recht der Untertanen, ihr Bekenntnis frei zu wählen, das Recht der Landesfürsten, über Bündnisse weitgehend selbstständig zu entscheiden, und die Beschränkung der Macht des Kaisers durch den Reichstag. Bei den territorialen Entscheidungen musste Deutschland Gebietsverluste hinnehmen, die Niederlande und die Schweiz schieden aus dem Reich aus.

## Frankreich und England setzen neue Maßstäbe

**Absolutismus**
Mit diesem Wort bezeichnet man jene Herrschaftsform, die in Europa im 17. und 18. Jahrhundert vorherrschte. Der Fürst ist oberster Gesetzgeber und oberster Richter. Er ist „legibus solutus", d. h. unabhängig von den menschlichen Gesetzen.

**Gleichgewichtspolitik**
Es ist der Grundsatz der englischen Außenpolitik seit dem 18. Jahrhundert. Die „balance of power" strebt eine gleichmäßige Verteilung der Macht auf mehrere Festlandstaaten Europas an. England übernahme dabei die Rolle eines Schiedsrichters.

**Hegemoniestreben**
Das Wort „Hegemonie" ist griechischen Ursprungs und bedeutete „Oberbefehl". Hegemoniestreben meint heute den Versuch eines Staates, die Vorherrschaft oder das Übergewicht gegenüber den anderen Staaten in einem bestimmten Gebiet zu gewinnen.

**Konstitutionelle Monarchie**
Im Gegensatz zum Absolutismus wird die Herrschaft des Königs durch eine schriftlich festgelegte Verfassung (Konstitution) eingeschränkt. Diese Verfassung legt eine Mitwirkung des Parlaments bei der Gesetzgebung fest. Der zunächst noch ziemlich starke Einfluss des Königs wird im Laufe der Entwicklung immer mehr zugunsten des Parlaments zurückgedrängt. So kann England heute als „parlamentarische Monarchie" bezeichnet werden.

**Merkantilismus**
Diese Form einer vom Staat gelenkten Wirtschaft nannte man zunächst „Colbertismus", dann „Merkantilismus". Die Bezeichnung kommt von dem lateinischen Wort für einen Handelstreibenden (mercans), denn das wichtigste Ziel des Merkantilismus war der Gewinn durch Handel. Colberts Bemühen, Frankreichs Macht durch eine blühende Wirtschaft zu stärken, blieb auf die Dauer erfolglos. Ludwig XIV. verbrauchte mehr Geld, als Colbert beschaffen konnte.

**Parlament**
Das englische Parlament verfügte im 16. Jh. über zwei Häuser, das House of Lords (Oberhaus) und House of Commons (Unterhaus). In ersterem saßen die Angehörigen des Hochadels und die Bischöfe. Ins Unterhaus wurden gewählte Vertreter einzelner Grafschaften entsandt. Während des 17. Jh. gerieten Parlament und König in Konflikt. Mehrere Bürgerkriege und die Gründung der Republik unter Cromwell waren die Folgen.

**Stehendes Heer**
Darunter versteht man ein Heer, das nicht erst für einen bestimmten Kriegszug aufgestellt wird, sondern ständig zur Verfügung steht. Dies erfordert eine entsprechende Unterbringung, Verpflegung und Bezahlung der Soldaten.

## Quellentext beurteilen
1. Wer hat den Text geschrieben?
2. Wann wurde der Text geschrieben?
3. Was ist Thema, Inhalt und wesentliche Aussage des Textes? (Hier hilft es Schlüsselwörter zu suchen; auch Überschriften können ein Anhaltspunkt sein!)
4. Werden besonders auffallende Begriffe verwendet? Was bedeuten sie heute, was bedeuteten sie zur Zeit der Abfassung des Textes?
5. Für wen war der Text bestimmt?
6. Was für Absichten könnten mit der Abfassung des Textes verbunden gewesen sein? Wird ein Sachverhalt parteiisch wiedergegeben, wird eine Person einseitig beurteilt?
7. Findet der Text Bestätigung durch andere Texte aus der Zeit oder auch durch Quellen anderer Art?

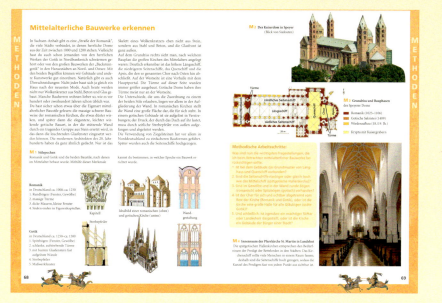

## Briefe als Textquellen
1. Wer sind der Absender und der Empfänger des Briefes? Welche Stellung bzw. Bedeutung haben sie?
2. Erfahre ich etwas über den Anlass des Briefes?
3. Geht der Absender auf diesen Anlass näher ein? Wenn ja, in welcher Weise?
4. Bringt der Absender Bitten vor oder erteilt er Ratschläge oder Befehle? Wenn ja, welche? Begründet er sie? Wie?
5. Spiegelt der Brief die Zeit wider, in der er verfasst wurde?

## Bilder lesen
1. Beschreibe möglichst genau, was du auf dem Bild siehst. Vor der Erklärung brauchst du eine sachliche und genaue Beschreibung.
2. Lege dar: Welche Figuren, Personen, Tiere usw. sind abgebildet?
3. Beschreibe ihre Größe, Kleidung, Körperhaltung etc.
4. Was sagt uns das Bild über das Verhältnis der Figuren zueinander?
5. Welche der Personen kannst du an Merkmalen erkennen?
6. Beschreibe die Tätigkeiten und Gegenstände, die zu erkennen sind, möglichst sachlich genau.
7. Ist die Darstellung naturgetreu oder gibt es Dinge, die so in der Wirklichkeit nicht vorkommen?

## Geschichtskarten verstehen
1. Man unterscheidet zwischen Karten, die einen Zustand wiedergeben, und solchen, die eine Entwicklung verdeutlichen.
2. Informationen einer Karte werden durch die Legende, die Maßstabsangabe, die unterschiedliche Farbgebung, Begriffe, Zeichen und Symbole vermittelt.
3. Stelle das Thema der Karte fest, das durch die Überschrift und einen Text ausgegeben wird.
4. Beachte den Maßstab, der die Größe des dargestellten Raums verdeutlicht.
5. Lies die Legende, die mit ihren Symbolen über die Einzelheiten geographischer und geschichtlicher Art informiert.
6. Beachte den Ausschnitt, der den Raum, dessen Geschichte dargestellt wird, begrenzt.
7. Beachte, dass Karten einen Zustand zu einem bestimmten Zeitpunkt oder eine Entwicklung während eines Zeitraums darstellen.

## Gegenständliche Zeugnisse als Quellen
1. Klärung der Fakten: Wann wurde der Gegenstand gefunden? Wo wurde er gefunden? Bei welcher Gelegenheit wurde er gefunden?
2. Beschreibung des Gegenstandes: Was erkenne ich? Welche Form hat der Gegenstand? Welche Farbe hat er? Was ist an ihm besonders auffällig?
3. Vergleich mit Bekanntem: Woran erinnert mich dieser Gegenstand? Kenne ich etwas, was ähnlich aussieht? Worum handelt es sich dabei? Welche Unterschiede zu dem bekannten Gegenstand fallen mir auf? Was könnten diese Unterschiede bedeuten?

## Mittelalterliche Bauwerke erkennen
1. Ist bei dem Gebäude das Grundmuster von Langhaus und Querschiff vorhanden?
2. Sind die Seitenschiffe niedriger oder gleich hoch wie das Mittelschiff (spätgotische Hallenkirche)?
3. Sind im Gewölbe und in der Wand runde Bögen (romanisch) oder Spitzbögen (gotisch) vorhanden?
4. Ist der Chor für sich und sichtbar abgetrennt vom Rest der Kirche (Romanik und Gotik), oder ist die Kirche eine große Halle für alle Gläubigen (späte Gotik)?
5. Und schließlich: Ist irgendwo ein mächtiger Stifter oder Landesherr dargestellt, oder ist die Kirche ein Gebäude der Bürger einer Stadt?

## Schaubilder erklären
1. Kläre das im Schaubild dargestellte Thema aus Überschrift und Bildunterschrift.
2. Handelt es sich um eine politische oder um eine gesellschaftliche Ordnung?
3. Unterscheide genau die einzelnen Teile des Schaubilds, ihre farbliche Fassung, Größe und Beschriftung.
4. Beschreibe in eigenen Worten die verschiedenen Beziehungen, die durch Linien, Pfeile und andere Symbole verdeutlicht werden.
5. Berücksichtige, dass auch die gewählte Form, z. B. eine Pyramide, Informationen über den dargestellten Sachverhalt mitteilen kann.

# Verzeichnis der Namen, Sachen und Begriffe

**Fett** gesetzt sind historische Grundwissensbegriffe, die im Buch in einem Kastentext erläutert werden. Bei Herrschern finden sich in Klammer die Regierungsdaten, ansonsten die Lebensdaten.

**A**achen 13, 15
Ablass 137–140
**Absolutismus** 164 ff., **168**
**Adel** 23, **25**, 167, 181
Adelige 82 f., 167, 202
Afrika 124, 126, 131, 163
Alexander III. (1159–1181) 35
Alhambra 54
Amerika 121, 124 ff., 128–131, 161
Anglikanische Kirche 184
Antike 114 f., 119, 121
Aquitanien 84
Araber 46 ff., 52 ff., 120
Archäologie 78 f.
Aristoteles (384–322 v. Chr.) 53, 114, 121
Artillerie 120 f.
Asien 124, 126, 160 f.
Astrolabium 122
Astronomie 119
Augsburg 56, 58, 110 ff.
Augsburger Bekenntnis 145 ff.
Augsburger Religionsfrieden 147
Augustiner 131
Azteken 129 ff.

**B**anken 110, 123
Bankiers 110
Barock 180 ff., 190
Bauer 20 ff., 26 ff., 107, 130, 142 ff., 175, 182, 185
Bauernkrieg 142 ff.
Baukunst 116
Bayern 88, 90 ff., 175 ff., 180 ff.
Becket, Thomas (um 1118–1170) 82
Behaim, Martin (1459–1507) 123
Bergbau 112
Bergwerk 111, 131
Bill of Rights 185 f.
Boccaccio, Giovanni (1313–1375) 109
Böhmen 17, 93 ff.
Brahe, Tycho (1546–1601) 119
Brunelleschi Filippo (1377–1446) 116
Buchdruck 119 ff., 123, 163
Burg 42 ff., 76 f., 200 f.
**Bürger 62**, 181
Bürgerkrieg 184

**C**alvin, Jean (1509–1564) 146 f.
Canossa 36 ff.
China 120 f., 158 f.
Christianisierung 131
Cluny 35 ff.
Colbert, Jean-Baptiste (1619–1683) 168–171
Cortés, Hernán (um 1568–1648) 129–132
Cromwell, Oliver (1599–1658) 185 f.

**D**eutscher Orden 48, 94 f.
Diaz, Bartolomeo (um 1450–1500) 126
Doppelte Buchführung 111, 123
Dreifelderwirtschaft 27

Dreißigjähriger Krieg 150–155
Druckerei 119 f.
Druckerpresse 119
Dürer, Albrecht (1471–1528) 114, 117

**E**bstorfer Weltkarte 50
Edikt von Nantes 167
England 82 ff., 184 ff.
Entdeckungsfahrten 121 ff., 161 ff.
Erasmus von Rotterdam (1466/69–1536) 104
Erfindungen 119, 123, 162
Escorial 178 f.
Euklid (um 365–ca. 300 v. Chr.) 114
Europa 107, 110 f., 114 f., 118 ff., 161
Evangelische Union 153

**F**ernhandelsstraße 111
Feuerwaffen 120 f.
Florenz 116
Franken 10 ff.
Frankreich 11, 82 f., 113, 166 ff., 172 ff.
Franziskaner 131
Frauen 18, 29, 34, 36 f., 44 f., 62, 67, 84, 117, 132, 154, 156 f., 184, 189, 194
Friedrich I. Barbarossa (1152/1155–1190) 39 ff., 86
Friedrich II. (1212/1220–1250) 86, 100 f.
Frondienst 21
Frühkapitalismus 111, 116
Frundsberg, Georg von (1473–1528) 120
Fugger 110 ff.
Fugger, Jakob, der Reiche (1459–1525) 110, 113

**G**alilei, Galileo (1564–1642) 162
Gama, Vasco da (um 1469–1524) 124 ff.
Gegenreformation 147
Geißler 107, 109
Genua 107, 111, 123
Geographie 119
Geozentrisches Weltbild 121, 162
**Getto 67**
Geyer, Florian (um 1490–1525) 142 ff.
**Gleichgewichtspolitik 174**
Globus 123, 160 ff.
Glorreiche Revolution 185
**Goldene Bulle** 88 f., **89**
Gotik 68 f.
Gregor VII. (1073–1085) 35 ff.
Grundherr 20 ff.
**Grundherrschaft** 20 ff., **22**, 26 ff., 107
Gryphius, Andreas (1616–1664) 154
Gustav Adolf II. von Schweden (1611–1632) 151 ff.
Gutenberg, Johannes (um 1397–1468) 119 f., 123, 163

**H**absburg 113, 172
Handel 110, 124, 168 f.
Handwerker 60 ff., 110, 113, 182

Hanse 57 f.
Hausmachtpolitik 87
**Hegemoniestreben** 172 ff., **174**
Heiliges Römisches Reich 17, 86 ff.
Heinrich der Löwe (1142–1195) 39 f.
Heinrich der Seefahrer (1394–1460) 122
Heinrich I. (919–936) 16
Heinrich II. (1154–1189) 82
Heinrich III. (1039–1056) 35
Heinrich IV. (1056/1184–1106) 35 ff.
Heinrich VI. (1190/1191–1197) 86
Heliozentrisches Weltbild 121, 162
Henlein, Peter (um 1485–1542) 123
**Herzog 19**
Hippokrates (460–370 v. Chr.) 114
Hirsau 123
Historienfilme 192, 194 ff.
Hohenstaufen 39
Homer 114
Hörige 26
Hugenotten 167
**Humanismus** 114 ff., **118**, 137
Hundertjähriger Krieg 82 ff.
Hus, Jan (um 1370–1415) 134 ff.
Hussiten 94

**I**gnatius von Loyola (1491–1556) 145, 147 f.
Indianer 124 ff.
Indien 106, 121, 125 f.
Indios 131 f.
Inka 129 ff.
Investitur 36
**Investiturstreit** 35 ff., **37**
Irland 184
Isabella I., Königin von Kastilien (1474–1504) 127

**J**akob II. (1685–1688) 185
Jakobsstab 122
Jeanne d'Arc (1412–1431) 84
Jerusalem 50 f., 57 ff., 160
Jesuitenorden 148
Johann Ohneland (1199–1216) 82
Johanniter 48
Juden 48, 64–67, 107 ff.

**K**aiser 12 ff., **15**, 30 ff., 35–41
Karavelle 124, 127
Karl der Große (768/800–814) 10–16, 198
Karl der Kahle (840/875–877) 16
Karl I. (1625–1649) 184
Karl II. (1660–1685) 185
Karl IV. (1346/1355–1378) 86 ff.
Karl V. (1519–1556) 113, 139, 141, 145–148
Karolinger 10–16
Katholische Liga 153
Ketzer 65 f., 136
Kirche 35 ff., 68 f., 114, 134–139, 145 ff., 167, 184 f.
Kirchenbann 36 f., 140 f.

Klosterreform 35
Kolonie, Kolonialismus 124–133
Kolumbus, Christoph (1451–1506) 121–128,
   161, 189, 196
Kompass 121 ff.
**König** 10–16, 23–25, **25**, 30–34, 82, 86 ff.
Königspfalz 13 ff.
Konrad der Rote (gest. 955) 31
Konstantinopel (Byzanz) 49, 96–99, 114, 124
**Konstitutionelle Monarchie** 184 ff., **187**
Kontor 111
Konzil 134 ff., 145 ff.
Kopernikus, Nikolaus (1473–1543) 119 ff.,
   162
Kreuzfahrer 46–52
**Kreuzzüge** 46–52, **49**
Kronvasallen 23
**Kurfürsten** 87–89, **88**

**L**andflucht 107
Landsknechte 120
Landstände 91
Landwirtschaft 26–29
Langobarden 10
Las Casas, Bartolomeo de (1474–1566) 127,
   131, 133
Lechfeldschlacht 32 f.
**Lehenswesen** 23 ff., **25**
Leibeigene 20 f.
Leonardo da Vinci (1452–1519) 114–118
Leviathan 199
Liudolf (gest. 866) 31
Lombardischer Städtebund 40
Lothar I. (817/840–855) 16
Lotzer, Sebastian 142 ff.
Lübeck 8, 58
Ludwig das Kind 16
Ludwig I. der Fromme (813–840) 16
Ludwig XIV. (1643–1715) 164, 166–170,
   172–175, 202
**Luther, Martin** (1483–1546) 137–141, **138**,
   145

**M**agellan, Fernando (um 1480–1521) 124 ff.
Magna Charta Libertatum 82
Magnetkompass 122
Manessische Liederhandschrift 44 f.
Manufaktur 169 f., 176
Marienburg 85
Markt 60 ff.
Mathilde von Tuszien (1046–1115) 37
Mauren 54
Max Emanuel (1679–1726) 175 ff.
Mazarin, Jules (1602–1661) 166
Medizin 55, 65, 106, 115, 119
Merian, Maria Sibylla (1647–1717) 156 f.
**Merkantilismus** 168 ff., **170**, 176
Merowinger 30
Michelangelo Buonarroti (1475–1564) 104,
   115
Ministeriale 42 ff.
Minnesänger 9, 44 ff.
Missionierung 129 ff.
Monarchie 187
Monopol 111, 113
Montezuma (1503–1520) 129 f., 132 ff.

Moslems 52 ff.
Motte 42
München 116

**N**avigation 122
**Neuzeit** 114–123, **118**
Nomaden 131
Normannen 16–19
Nürnberg 56 ff., 123
Nymphenburg 176

**O**berhaus 184
Orléans 84
Österreichischer Erbfolgekrieg 172 f.
Ostfrankenreich 16
**Ostsiedlung** 93 ff., **95**
Otto I. der Große (936/962–973) 30 ff.
Otto II. (973–983) 33
Otto III. (983/996–1002) 30, 33 f.
Ottobeuren 180
Ottonen 30–34

**P**acioli, Luca (um 1445–1518) 123
Papst 35–41
**Parlament** 82 f., 184–187, **187**
**Patrizier** 60–63, **62**
Pest 106 ff.
Petersdom 116
Pharmazie 119
Philipp IV. (1285–1314) 84
Pilger 46, 49, 107
Pizarro, Francisco (1476–1541) 129 ff.
Plantagen 131
Platon (um 428–ca. 347 v. Chr.) 114
Polen 17, 93 ff.
Polo, Marco (1254–1324) 158 f.
Prager Fenstersturz 150
Pressefreiheit 185
Protestanten 145
Ptolemäus (um 85–ca. 165 n. Chr.) 162
Puritaner 184

**R**adkarte 160
Reconquista 17, 54
Reformation 137–141, 145–149
Regensburg 70–73
Reichsacht 36, 137
Reichsinsignien 30
**Reichskirche** 31, **34**
**Reichsstadt 59**
Reichstag in Worms 139, 141
Reichsteilung 16
**Renaissance** 114–118, **118**
Republik 185
Richard I. Löwenherz (1189–1199) 82
Richelieu, Kardinal (1585–1642) 153
Riese, Adam (um 1492–1559) 123
**Ritter** 42–45, **45**, 48
Ritterorden 48
Robin Hood 85, 192
Romanik 68 f.

**S**achsen 10, 30 ff.
Sachsenspiegel 74 f.
Saladin (um 1137–1193) 46 f.
Salier 30 ff.

Sarazenen 17
Savonarola, Girolamo (1452–1498) 136
Schießpulver 120, 123
Schutzzölle 170
Schweizer Garde 110
Schwertleite 43
Sklaven 131
Söldner 154
Spanischer Erbfolgekrieg 172 ff.
Stadt 56–59, 70–73
**Stadtrecht 59**
Ständegesellschaft/Ständeordnung 26 ff.
**Ständewesen 92**
**Staufer** 30, 39–41, **39**
**Stehendes Heer 168**
Steuern 83, 170

**T**empler 48
Tenochtitlan 105, 130
Teppich von Bayeux 83
**Territorialstaat** 91 f., **92**
Tilly, Johann Tserclaes (1559–1632) 151 ff.
Tizian (gest. 1576) 116
Tonnengewölbe 116
Toscanelli, Paolo (1397–1482) 121, 161
Totentanz 197
Tschechen 93 ff.
Turnier 44

**U**ngarn 17 f.
Unterhaus 161, 184
Uomo universale 115

**V**asall 23 ff., **25**
Vauban, Sébastien le Prestre de (1633–1707)
   173
Venedig 110 f., 116, 123
Verlagssystem 110, 113
Verleger 110 f., 113
Versailles 167 f., 202
Vertrag von Tordesillas 124
Vertrag von Verdun 16
Vespucci, Amerigo (1454–1512) 126, 163
Volksfrömmigkeit 190
Votivbilder 190

**W**ahlrecht 185
Wallenstein, Albrecht von (1583–1643) 151 ff.
Walther von der Vogelweide (1170–1230) 45
Wechsel 111
Wechselstuben 111
Welfen 39 ff.
Weltbild 121, 123, 160–163
**Westfälischer Friede** 152 f., **153**
Westfrankenreich 16
Wikinger 17, 19, 121
Wilhelm der Eroberer (1066–1087) 82
Wilhelm von Oranien (1689–1702) 185 f.
Wittelsbacher 87, 90 ff., 175 ff.
Wolfram von Eschenbach (1170–1220) 43
Wormser Edikt 139, 141
Wormser Konkordat 36
Würzburg 164 f., 177
Wyclif, John (um 1330–1384) 136
**Zunft** 55 ff., 60–63, **62**, 107
Zwingli Ulrich (1484–1531) 146

# Bildnachweis

**3,** Globus: AKG, Berlin; Sonne: Bibliothèque nationale de France, Paris; Lupe: Mönnich, Andreas, Ellighofen

**4, 5,** Globus, AKG, Berlin; Sonne: Bibliothèque nationale de France, Paris; Lupe: Mönnich, Andreas, Ellighofen; Nürnberg, Holzschnitt 1493: AKG, Berlin; Jeanne d'Arc: AKG, Berlin; Tycho Brahe: Österreichische Nationalbibliothek, Wien; Ludwig XIV.: AKG, Berlin

**8/9,** Ein Dorf um 1100: aus: „Das Dorf der Salierzeit" von Norbert Wand Thorbecke Verlag, Sigmaringen 1991, Illustration von Fanny Hartmann; Ein Bauer sät: AKG, Berlin; Zwei Bauern pflügen: Herzog-August-Bibliothek, Wolfenbüttel; Stadtsiegel von Lübeck: Hansestadt Lübeck; Otto I. gründet das Erzbistum Magdeburg: Forschungsbibliothek Gotha, Universität Erfurt; Minnesänger Hiltold tanzt mit zwei Damen: AKG, Berlin; Kampfszene zwischen Kreuzrittern und Muslimen: Ullstein-Bild, Berlin; Friedrich Barbarossa als Kreuzfahrer: Biblioteca Apostolica Vaticana, Rom

**10,** M1: AKG, Berlin

**11,** M2: Klett-Archiv, Stuttgart

**12,** M1: Klett-Archiv, Stuttgart; M2: Bridgeman Art Library, London

**13,** M3: Klett-Archiv, Stuttgart

**15,** M8: Bildarchiv Steffens, Mainz

**16,** M1: Klett-Archiv, Stuttgart

**17,** M2: Studio Scheuner, Wien

**18,** M4: Mandl, Susanne, Landsberg; M5: Silye, Adam, Wien

**19,** M7: Pierpont Morgan Library, New York

**20,** M1, M2: Klett-Archiv, Stuttgart

**21,** M3: AKG, Berlin

**23,** M1: Mandl, Susanne, Landsberg

**24,** M2: AKG, Berlin

**26,** M1, oben: AKG, Berlin; unten: Corbis (Archivo Iconografico), Düsseldorf

**27,** M2, M3: Klett-Archiv, Stuttgart

**28,** M6: AKG, Berlin; M7: aus: Kaiser Heinrich II. (1002–1024). Hg. v. Josef Kirmeier, Bernd Schneidmüller, Stefan Weinfurter, Evamaria Brockhoff. Katalog zur Bayerischen Landesausstellung 2002. Haus der Bayerischen Geschichte, Augsburg 2002

**29,** M9: Staats- und Universitätsbibliothek, Bremen

**30,** M2: AKG, Berlin; M3: Kunsthistorisches Museum, Wien

**31,** M4: AKG, Berlin

**33,** M8: Bayerisches Nationalmuseum, München

**34,** M10 beide: Bayerische Staatsbibliothek, München

**35,** M1: The Bridgeman Art Library (Giraudon), London; M2: Mandl, Susanne, Landsberg

**36,** M3: BPK, Berlin

**37,** M6: AKG, Berlin

**38,** M7 beide: AKG, Berlin

**39,** M1: Hessische Landesbibliothek, Handschriftensammlung, Fulda; M2, Hohenstaufen: AKG, Berlin; M2, Wappen: Mandl, Susanne, Landsberg

**41,** M3: Mandl, Susanne, Landsberg

**42,** M1: Dorling Kindersley Ltd., London

**43,** M2: AKG, Berlin; M3: Bibliothèque nationale de France, Paris

**44,** M4: Universitätsbibliothek Heidelberg; M5: British Library, London

**45,** M6: AKG, Berlin

**46,** M1: Scala, Florenz; M2: British Library, London

**47,** M3: Mandl, Susanne, Landsberg

**48,** M4: Bavaria Bildagentur, Gauting

**49,** M5: Bodleian Library, Oxford

**50,** M1: Silye, Adam, Wien; M2: Klett-Archiv, Stuttgart

**51,** M3: Bibliothèque nationale de France, Paris

**52,** M1: Bodleian Library, Oxford

**53,** M2: Patrimonio National, Madrid; M3: aus: Fiore, Silvestro: Über die Beziehungen zwischen der arabischen und der frühitalienischen Lyrik, Kölner Romanistische Arbeiten, Köln, 1956

**54,** M4: Mauritius, Stuttgart (Thonig)

**55,** M5: Chester Beatty Library, Dublin

**56,** M1: Stadtbibliothek Nürnberg; M2: AKG, Berlin

**57,** M3: Klett-Archiv, Stuttgart; M4: ZEFA, Düsseldorf

**58,** M5: AKG, Berlin; M6: Mandl, Susanne, Landsberg

**60,** M1: Scala, Florenz; M2: Germanisches Nationalmuseum, Nürnberg

**61,** M3: The Bridgeman Art Library, London; M4: AKG, Berlin

**63,** M8: Stadt Nürnberg, Hochbauamt, Bildstelle; M9: BPK, Berlin

**64,** M1: Salomon Ludwig Steinheim-Institut, Gidal Bildarchiv, Duisburg

**65,** M3: aus: „Entdecken und Verstehen 2, Baden-Württemberg", Cornelsen, Frankfurt am Main 1990, S. 67

**66,** M4: AKG, Berlin; M6: Interfoto, München

**67,** M8: Staats- und Universitätsbibliothek Hamburg; M9: Bodleian Library, Oxford; M10: Hessische Landes- und Hochschulbibliothek, Darmstadt

**68,** M1: Werner Müller, Gunther Vogel, dtv-Atlas Baukunst, Band 2, 1981, Illustrationen von Inge und Ivan Szasz. München: Deutscher Taschenbuch Verlag 2002

**69,** M2: Ullstein-Bild, Berlin; M3: Klett-Archiv, Stuttgart; M4: Reiter, Daniel, München

**70,** M1: Contrast, Wien; M2: aus: Karl Bauer, Regensburg. Kunst-, Kultur- und Alltagsgeschichte. Regensburg 1997, S. 61 oben; M3: Mandl, Susanne, Landsberg

**72,** M4, M5: Reiter, Daniel, München

**73,** M6: Reiter, Daniel, München

**74,** AKG, Berlin

**75,** M1, M2: AKG, Berlin

**76,** M1: Mandl, Susanne, Landsberg; nach: Wilfried Koch, Baustilkunde. Europäische Baukunst von der Antike bis zur Gegenwart. München, o. J., S. 298

**77,** M2: Studio Scheuner, Wien

**78,** M1: Bayerisches Landesamt für Denkmalpflege

**79,** M2: Bayerisches Landesamt für Denkmalpflege

**80/81,** Ritter: Klett-Archiv, Stuttgart; Ritterfehde: Kestner-Museum, Hannover; Englischer König Eduard I. im Parlament: AKG, Berlin; Wappen der Kurpfalz: Mandl, Susanne, Landsberg; Zisterzienserkloster Treblitz: Herder-Institut, Marburg; Kniefall: Staats- und Universitätsbibliothek Bremen

**82,** M1: AKG, Berlin

**83,** M2: Interfoto, München; M3: Klett-Archiv, Stuttgart

**84,** M4: AKG, Berlin

**85,** M5: Cinetext Bildarchiv, Frankfurt am Main

**86,** M1: BPK, Berlin

**87,** M2: AKG, Berlin; M3: Klett-Archiv, Stuttgart

**88,** M4: BPK, Berlin; M5: Mandl, Susanne, Landsberg

**89,** M7: Daniel, Reiter, München

**90,** M1: Mandl, Susanne, Landsberg

**91,** M3: Bayerische Verwaltung der Staatlichen Schlösser, Gärten und Seen, München

**92,** M4: Stadtarchiv Würzburg

**93,** M1: AKG, Berlin; M2: Mandl, Susanne, Landsberg

**94,** M3: AKG, Berlin

**95,** M4: Jürgens Photo, Berlin

**96,** M1: Giraudon, Paris

**97,** M2: Contrast, Wien

**98,** M3: AKG, Berlin

**99,** M7: Klett-Archiv, Stuttgart

**100,** M1: AKG, Berlin

**101,** M2: AKG, Berlin

**102,** Reiter, Daniel, München

**104/105,** Globus: AKG, Berlin; David von Michelangelo: AKG, Berlin; Erasmus: AKG, Berlin; Erde kreist um die Sonne: AKG, Berlin; Kolumbus begegnet den „Indianern": AKG, Berlin; Blick auf Tenochtitlan: Scala, Florenz; Christus symbolisiert die Einheit der Kirche: AKG, Berlin

**106,** M1: Contrast, Wien; M2: Bibliothèque Royale, Brüssel

**107,** M3: Bernlochner, Ludwig, München

**108,** M6: Bibliothèque nationale de France, Paris
**109,** M7: AKG, Berlin
**110,** M1: Herzog-Anton-Ulrich-Museum, Braunschweig; M2: Contrast, Wien
**111,** M3: Silye, Adam, Wien
**112,** M5: Österreichische Nationalbibliothek, Wien; M6: Reiter, Daniel, München
**113,** M9: Mandl, Susanne, Landsberg
**114,** M1: AKG, Berlin
**115,** M2, M3: AKG, Berlin
**116,** M4: Reiter, Daniel, München; M5: Mandl, Susanne, Landsberg
**117,** M6, M7: AKG, Berlin
**118,** M10 beide: AKG, Berlin
**119,** M1: Österreichische Nationalbibliothek, Wien
**120,** M2: Klett-Archiv, Stuttgart
**121,** M3: Österreichische Nationalbibliothek, Wien; M4, M5: AKG, Berlin
**122,** M6: Jakobsstab: AKG, Berlin; Astrolabium: Deutsches Museum, München; Kompass: National Maritime Museum, London; Windrose: Moritsch, Otmar, Wien
**123,** M8: AKG, Berlin
**124,** M1: Ulrich Grünewald, Otzberg; M2: Klett-Archiv, Stuttgart
**125,** M3: AKG, Berlin
**126,** M4: Ausschnitt aus De Bry, 1593, Tanz brasilianischer Indianer: BPK, Berlin; São Paulo: argus-Fotoarchiv, Hamburg, Boris Rostami-Rabet; Leben in einer Großstadt, Wasserversorgung: argus-Fotoarchiv, Hamburg, Foto: Boris Rostami-Rabet
**127,** M6: AKG, Berlin
**128,** M7: Klett-Archiv, Stuttgart
**129,** M1: BPK, Berlin; M2: Biblioteca Medicea Laurenzia, Florenz
**130,** M3: BPK, Berlin
**131,** M4: Scala, Florenz
**132,** M7: aus: Azteken, Katalog zur Ausstellung. Köln: DuMont Kunstverlag 2002, S. 248; M10: AKG, Berlin
**134,** M1: AKG, Berlin
**135,** M2: Germanisches Nationalmuseum, Nürnberg
**136,** M5: Interfoto Pressebild – Agentur
**137,** M1: Städtisches Museum Braunschweig
**138,** M2: AKG, Berlin
**139,** M3: AKG, Berlin
**140,** M7: AKG, Berlin
**141,** M9: AKG, Berlin
**142,** M1: AKG, Berlin
**143,** M2: Klett-Archiv, Stuttgart

**144,** M6: AKG, Berlin
**145,** M1: Anton H. Konrad Verlag, Weißenhorn
**146,** M2: AKG, Berlin
**148,** M4: BPK, Berlin; M6: AKG, Berlin
**149,** M8: Mandl, Susanne, Landsberg
**150,** M1: BPK, Berlin; M2: AKG, Berlin
**151,** M3: Österreichische Nationalbibliothek, Wien
**152,** M4: Stadtarchiv Münster
**154,** M9: Interfoto München; M10: AKG, Berlin
**155,** M11: Klett-Archiv, Stuttgart; M12: AKG, Berlin
**156,** M1: Mandl, Susanne, Landsberg; M2: AKG, Berlin; M3: Österreichische Nationalbibliothek, Wien
**157,** M4, M5: Österreichische Nationalbibliothek, Wien
**158,** M1: Österreichische Nationalbibliothek, Wien; M2: aus Otto Emersleben, Marco Polo, Reinbek bei Hamburg: Rowohlt, S. 622
**159,** M3: Mandl, Susanne, Landsberg, nach: Otto Emersleben, Marco Polo. Reinbek bei Hamburg: Rowohlt, S. 18, 19; M4: Contrast, Wien; M5: Bibliothèque nationale de France, Paris (fol. 76v)
**160,** M1: Robert Harding Picture Library, London
**161,** M2: Klett-Archiv, Stuttgart
**162,** M3: Focus, Hamburg; M4: Österreichische Nationalbibliothek, Wien; M5, M6: AKG, Berlin
**163,** M7: AKG, Berlin
**164/165,** Sonne: Bibliothèque nationale de France, Paris; Herrscherporträt Ludwig XIV.: AKG, Berlin; Darstellung der Residenz der Würzburger Fürstbischöfe aus dem Jahr 1760: AKG, Berlin; Das englische Unterhaus: AKG, Berlin
**166,** M1: Bibliothèque nationale de France, Paris; M2: AKG, Berlin
**167,** M3: AKG, Berlin
**168,** M4: AKG, Berlin
**169,** M5: Bulloz, Paris
**170,** M9: Mandl, Susanne, Landsberg
**171,** Colbert: AKG, Berlin; Frontenac: Silye, Adam, Wien
**172,** M1: AKG, Berlin; M2: Silye, Adam, Wien
**173,** M3: Klaus Sturm, Stadtbergen
**174,** M4: Mandl, Susanne, Landsberg
**175,** M1: AKG, Berlin
**176,** M2: BPK, Berlin

**177,** M4: AKG, Berlin; M5: Reiter, Daniel, München
**178,** M1: AKG, Berlin
**179,** M2: AKG, Berlin; M3: Studio Scheuner, Wien
**180,** M1, M2: Reiter, Daniel, München; M3: Sturm, Klaus, Stadtbergen
**181,** M4: Reiter, Daniel, München
**182,** M5: Sturm, Klaus, Stadtbergen
**183,** M7: Bibliothèque nationale de France, Paris
**184,** M1: Contrast, Wien
**185,** M2: AKG, Berlin
**186,** M3: BPK, Berlin
**187,** M6: Photodisc
**189,** aufgeschlagenes Buch: Silye, Adam, Wien
**190,** M1, M2: Touristeninformation Waldsassen, www.waldsassen.de; M3: Memminger, Sepp, Regensburg
**191,** M4: Museumsdorf Bayerischer Wald, Tittling
**192/193,** Lupe: Mönnich, Andreas, Ellighofen; Robin Hood, König der Diebe: Cinetext Bildarchiv Frankfurt am Main; Robin Hood, König der Vagabunden: Cinetext Bildarchiv Frankfurt am Main; Robin Hood, Filmplakat: Cinetext Bildarchiv Frankfurt am Main; Reichskrone: AKG, Berlin; Marksburg Braubach Mittelrhein: F. G. Zeitz KG
**194,** M1 alle: Cinetext Bildarchiv Frankfurt am Main
**196,** M2: historische Bilder oben: AKG, Berlin; Depardieu als Kolumbus: Cinetext Bildarchiv Frankfurt am Main
**197,** M1: AKG, Berlin
**198,** M2: Germanisches Nationalmuseum, Nürnberg; M3: Louvre, Paris; M4: Mary Evans, Picture Library, London
**199,** M7: Österreichische Nationalbibliothek, Wien
**200,** M1: Klett-Archiv, Stuttgart; M2: Krapohl Verlag, Grevenbroich (Luftaufnahme)
**201,** M3: Klett-Archiv, Stuttgart
**202,** M6: BPK, Berlin
**203,** M7: Rheinisches Bildarchiv, Köln; M8: Badische Landesbibliothek, Karlsruhe; M9: BPK, Berlin; M10: AKG, Berlin

*Nicht in allen Fällen war es uns möglich, den Rechteinhaber der Abbildungen ausfindig zu machen. Berechtigte Ansprüche werden selbstverständlich im Rahmen der üblichen Vereinbarungen abgegolten.*